中國學術思想 研究輯刊

十四編

林慶彰 主編

第 27 冊

章太炎語言文字之學的知識（精神）系譜

黃錦樹 著

花木蘭文化出版社

國家圖書館出版品預行編目資料

章太炎語言文字之學的知識（精神）系譜／黃錦樹 著 — 初版
— 新北市：花木蘭文化出版社，2012〔民 101〕
序 2+ 目 2+194 面；19×26 公分
（中國學術思想研究輯刊 十四編：第 27 冊）
ISBN：978-986-322-037-4（精裝）
1. 章炳麟　2. 學術思想　3. 經學
030.8　　　　　　　　　　　　　　　　　101015393

ISBN-978-986-322-037-4

9 789863 220374

中國學術思想研究輯刊
十四編　第二七冊　　　　　ISBN：978-986-322-037-4

章太炎語言文字之學的知識（精神）系譜

作　　　者	黃錦樹	
主　　　編	林慶彰	
總 編 輯	杜潔祥	
出　　　版	花木蘭文化出版社	
發 行 所	花木蘭文化出版社	
發 行 人	高小娟	
聯絡地址	新北市永和區中正路五九五號七樓	
	電話：02-2923-1455 ／傳眞：02-2923-1452	
網　　　址	http://www.huamulan.tw 信箱 sut81518@gmail.com	
印　　　刷	普羅文化出版廣告事業	
封面設計	劉開工作室	
初　　　版	2012 年 9 月	
定　　　價	十四編 34 冊（精裝）新台幣 56,000 元	

章太炎語言文字之學的知識（精神）系譜

黃錦樹　著

作者簡介

黃錦樹，一九六七年於馬來西亞柔佛州，一九八七年到台灣留學。台大中文系畢業，淡江中文所碩士，清華大學中文博士。現為國立暨南大學中文系專任教授。著有碩士論文《章太炎語言文字之學的知識（精神）譜系》（1994）、博士論文《近代國學的起源》（1998）、論文集《馬華文學與中國性》（元尊，1998）、《謊言與真理的技藝》（麥田，2003）、《文與魂與體》（麥田，2006）、小說集《夢與豬與黎明》（九歌，1994）、《由島至島》（麥田，2001）等。

提　要

　　本論文以章太炎的語言文字之學為對象，做一番類思想史的分析。論文嘗試同時聚焦於「有學問的革命家」的激進與保守的雙重性，但最主要的還是試圖對「樸學」、「小學」做一番學術精神譜系的「精神分析」。希望藉由章太炎這一極為獨特的近代個案去瞭解戒嚴時代台灣國學隱秘的精神身世。論文共分七章，第一章緒論，對研究目的、方法、論題等做約略的說明。第二章「乾嘉樸學的知識場景」嘗試一探乾嘉樸學的精神狀態，尤其關注古韻學突破的精神史意義、樸學表述形式的精神特性。第三章「（實踐）主體與「大體」的復歸」從章太炎的個人思想史去處理憂患與文字、小學與寫作的關係。第四章「言文合一：語言本體與文字表徵」嘗試全面的探討章太炎語言文字之學的幾個不同面向，勾勒出其理論的結構，回到文字學史、漢字史的源初、探勘字與象的歷史關聯與理論關聯，並解釋他的偏執與焦慮、他視域之外的非思之地的意義等等。第五章「在佛莊會通的場域」處理章太炎〈齊物論釋〉這一章氏個人思想史上的「認識論的褶痕」。第六章「遊於『物之初』」探討章太炎的文學論，他的文學復古論、文學退化史論及極其特殊的白話文論等。第七章「總結：革命、光復、學隱」對全文做總結，兼對碩論口委的提問做答覆。

自　序

　　這本碩士論文完成於一九九四年，寫於淡水。那年暑假論文修訂完成後，我曾寫了篇長序，感謝一些師友，卻不無憤懣之意，因為經歷了一趟非常不友善的口試。

　　十八年過去了，多年來我對這本論文沒甚麼興趣，懶得重看，也從沒想過要出版。「自藏本」跟著我搬遷多次，書背上的印刷字有的都掉了。

　　這四五年來花木蘭出版社每年都給我寄博碩士論文出版的同意書，每年寄每年丟，丟到我都有點不好意思了，只好寄出「自藏本」。但收到一校稿時又後悔了，更何況出版社給的時間又要命的短。

　　這幾天硬著頭皮重看，覺得有的部分還真不錯——縱使有這樣那樣的缺點——還蠻有想像力的，也挺能「作文」。尤其第二章和第四章，特別有趣味。

　　初稿及修訂稿第四章均遺漏了從 26 至 31 這六個註，幸好手稿還沒有丟掉，特撿出補上。當年口試也沒有人注意到這疏失。

　　因為畢竟是近 20 年前的習作，這次出版便沒做甚麼修改（除非是明顯的錯誤），好些轉引的資料也沒有還原，以見證彼時讀書的限制。而〈提要〉卻是新寫的。

　　校對這本書勾起我留學淡水三年的許多回憶。還是得感謝當年的諸多師友、同學，昔年的女友而今的妻；與及時在中學大學植病所就讀的胞兄，大部分的文稿都是他用研究室的電腦幫我逐字打出來的。

目

次

第一章　緒論：理解・門檻・章太炎

一、(不) 被理解的章太炎

　　章太炎在近代被稱爲「國學大師」，[註1] 以他在學術上涉及面之廣、之深，也確乎當之無愧。然而章太炎之所以異於他人又在於他是一個激進的反滿先鋒，一個非常重要的反清革命元老。兩個形象的結合，便是魯迅給他的蓋棺論定：「有學問的革命家」。[註2] 章太炎的學術和生命張力，部份便藏蘊於這兩個形象蘊含的內在矛盾之中。

　　也就因爲章太炎在學術上涉及面廣，對當時的政治又勤於發言勇於參與，就給了不同立場的研究者「各取所需」的便利，在各個不同的理論立場上、或者從各個不同的角度給章太炎下他們需要的「定論」。而對章太炎的論斷，最常見的思考格局是傳統／反傳統，[註3] 這當然頗切合章太炎的時代處境；而相關的研究，在成爲主流論述之後，也業已成爲理解章太炎的基本前提。然而在台灣中文學界，自西元 1949 年以來章太炎就飽受冷落，研究者鮮矣寡矣，即使是在國立師範大學，他晚年在「章氏國學講習會」收的一些弟

〔註 1〕許壽裳，《章炳麟》（收入存萃學社編，《章炳麟傳記彙編》，大東圖書公司，1978）。

〔註 2〕魯迅，〈關於太炎先生二三事〉（《魯迅全集》（6），谷風，1989）。

〔註 3〕如王汎森，《章太炎的思想（1868～1919）及其對儒學傳統的衝擊》（時報，1985 年；汪榮祖，《康章合論》，聯經，1988；湯志鈞，《改良與革命的中國情懷》，商務，1990；龔鵬程，〈傳統與反傳統──以章太炎爲線索，論晚清到五四的文化變遷〉（收於氏著《傳統・現代・未來──五四後文化的省思》，金楓，1989）其中湯志鈞堪稱章太炎專家，因爲他寫得最多，惟觀點也最陳舊。此一思考局堪稱章太炎研究的主流。

子也並沒能指導出一些關於章太炎的、有規模的學位論文，〔註4〕即使是曾親炙於他的入室弟子，對章太炎學術的闡發也極為有限，使得章太炎的形象輕易的被窄化為一個皓首窮經的「小學」研究者。而章太炎在台灣之所以受到那麼冷淡的對待，也許是潛在的政治因素使然。章太炎作為一個否定的思想家及永遠的反對者，那種衝決網羅、見佛殺佛的衝勁是戒嚴體制、權威統治最忌諱的，中文系作為國民黨大中華沙文主義的意識型態共謀者，或者乾脆以忽略來讓他沈默，或者把他的形象漂白閹割，讓死後的他「安心講學，勿涉政治」。〔註5〕況且章太炎生前即曾和孫中山交惡，是中華民國「國父」孫中山永不止歇的批判者；〔註6〕章太炎對蔣介石對日的「不抵抗政策」也毫不客氣的公開抨擊過。〔註7〕而在偏安局面下國民黨重新建構起來的「中華民國史」中，為了保持政統傳承譜系的血緣純淨度，章太炎這個給「中華民國」命名的「父親」〔註8〕和許許多多其他革命元老一樣，注定被省略、被出局、被遺忘。另一個可能原因是，章太炎的學術成就相對而言，其實是建立在總結上而非開創上。〔註9〕

套句章太炎常引述的戴東原的話「大國手門下，不能出大國手。二國手三國手門下，反能出大國手。」章氏解釋說：

蓋前者倚師以為牆壁，後者勤於自求故也。〔註10〕

在《國學概論》中，他以惠棟和戴東原為例，解釋何以學問不如惠棟的戴東原，門下竟然出了幾位「大國手」。最主要的原因是：惠棟「墨守漢人師說，

〔註4〕 揭至西元 1990 年為止章門弟子只指導出一本學位論文，即袁乃瑛，《餘杭章氏之經學》（《師大國文研究所集刊（6）》1962 年）。

〔註5〕 西元 1933 年在章太炎公然批評蔣介石對日本侵略的「不抵抗政策」，批評國民黨「勇於私鬥，怯於公戰」之後，章太炎的拜把弟張繼（時任國民黨政府華北辦事處主任）卻托李根源傳達蔣的旨意，要求他「安心講學，勿議時事」。詳王有為《章太炎傳》，廣東人民出版社，1984 年：180。

〔註6〕 參許壽裳，〈國父中山先生和章太炎先生〉，收於章念馳編，《章太炎生平與思想研究文選》，浙江人民出版社，1986 年。

〔註7〕 詳湯志鈞編，《章太炎年譜長編（1919～1936 年）》下冊，中華書局，1979 年：929～934。

〔註8〕 章太炎撰有〈中華民國解〉（《章太炎全集（四）》，上海人民出版社，1985 年）為中華民國命名。以現在的目光來看，「國父」應不只一人，而是一群人。現有的「國父」也無非是一項某種政治需要之下的政治建構。

〔註9〕 這部份決定於他的弟子是否有能力「開發」他留下來的資源，開創與總結並非截然對立。又詳第六章第一節。

〔註10〕 章太炎，〈菿漢閒話〉，《章太炎全集（五）》，上海人民出版社，1985 年：107。

不能讓學者自由探求，留發展餘地」，而戴震「從音韻上闢出新途徑，發明『以聲音合文字，以文字考訓詁』的法則」，二者「手段已有高下。〔註11〕這段耐人尋味的話相當辯證的同時褒貶了惠戴，也同時點出了身為「大國手」的章太炎在傳承上的困窘。他的一些傳統學術領域內的代表性著作，無一不是「總結性」的；把清儒的研究方法貫徹到極致（如《文始》、《新方言》），把「以佛解莊」的研究路向推到極端（《齊物論釋》），卻也由於他涉及的學術領域太多，一如《國學概論》體例上的無所不包卻又前有所承，難免易於被穿透者遺忘。之所以如此，責不在章太炎，那是時代的尷尬：中國（文化）正處於千古未有之變局，在政經社會結構和生產方式的急驟變遷之下，不斷湧進的新思潮會讓曾經熱切汲取西學的章太炎在相形之下「自然」顯得保守，而他的弟子門生，普遍上又魄力不足。再者，章太炎的學術論域是一個複雜異質的整體，而他又站在經學「終結」〔註12〕的臨界點上在他的生命**裏**，經、史、小學、哲學⋯⋯不分。而他死後，「道術為天下裂」，西式的學院分科統馭了新一代的知識結構。章太炎的許多學術創見也被不具名的援引剽竊，輾轉引述抄襲之後，不止祖祧難明，更糟的還淪降為普通常識。〔註13〕

　　中國大陸的章太炎研究，深度和格局始終沒有超出侯外廬氏《近代中國思想學說史》中的章太炎論述。投入的人力原本就不多（相對於《魯迅研究》、《文心雕龍研究》、《郭沫若研究》之類有期刊支撐的），更加上以教條馬克思主義和毛澤東教條哲學為學術研究的最高指導原則，所有學術問題都被化約為認識論（唯心／唯物——是非題）、傾向性—階級成份（「章太炎是小資產階級革命家」。〔註14〕於是死後的章太炎就一直被政治凌遲。不論是姜義華、

〔註11〕　章太炎，《國學概論》，河洛，1974：43～44。

〔註12〕　「經學終結」是大陸近代經學史研究者常見的提法（如湯志鈞，《近代經學與政治》，中華書局，1989，最後一章即題為〈經學的終結〉），而國內的經學（小學？）研究者卻始終無法接受。這種提法是相當有意義的：經學（不論今古文）產於帝制大一統確立之後（秦、漢），在長期和帝制政權的依附中，二者實已唇齒相依：政權給予它文化、典籍權威的無上地位（所以在目錄學中經學典籍永遠列在首位）；而它提供一套完整的象徵符碼來證成政治權威。帝制的終結之後經學的地位也隨之直線下墜，聖典《春秋》被譏為斷爛朝報，寶典《說文解字》淪為不完善的辭典。如此，「經學」業已從「經世致用」之業降為抱殘守缺之務。

〔註13〕　章太炎的諸子學研究是一個顯著的例子。胡適等人明引暗襲，幾番「稀釋」之後，早已成了普通常識，而忘卻了起源。

〔註14〕　中國大陸1961～1980年間的章太炎研究都充斥著這種腔調。參章念馳編，〈章

湯志鈞、唐文權、羅福惠、李潤蒼，無不以政治傾向爲論述前提。〔註 15〕而對於章太炎晚年的論斷，論者都異口同聲的拾魯迅的餘唾──在魯迅的章太炎論述裏，在價值上章太炎是革命與學術斷爲兩橛的；章太炎既是可敬的革命先鋒，又是落伍的國學大師；晚年更「既離民眾，漸入頹唐」。〔註 16〕魯迅這種論斷，在不斷的否定之中，暴露的是他對中國文化的徹底否定。然而他那種忘乎所以的入世姿態，恰又被看做是革命的章太炎的精神庚續。〔註 17〕於是魯迅畢生刀筆事業最終的未竟之章（〈因太炎先生而想起的二三事〉），竟還是反芻著他早年印象中革命啓蒙者章太炎的身影，文末的空白，確是充滿著象徵意味。〔註 18〕

　　章太炎的困難和誘人之處也許正在於他思想的駁雜性；他的涉獵太廣，中國文化傳統中的典籍他漫無邊際的碰觸之外，其時透過中、日文翻譯的歐陸哲學、自然科學、印度哲學……他也普遍接觸，以致學術資源來源複雜，而他又偏好艱難的表達方式，是以不易親近，更不容易理解。兼之他又活動在一個古老中國從下層建築到上層建築都激烈震動的大時代，一個難以理解的歷史轉折期。難以理解的時代中的一個難以理解的人，就某方面而言，卻是一個古老文化的象徵，他的身世是那個時化一幅色調強烈的側影，一則引詭的寓言，他的著述串成了一部多雜質的《國學概論》。

二、關鍵詞 I：「語言文字之學」

　　大陸和台灣對章太炎的共同冷落都有著難以忽略的政治因素，而冷落的結果則是讓章太炎就某方面而言仍然是個謎。尤其在「小學」細分爲文字、聲韻、訓詁之後，以小學爲學問入手處與學術根柢的章太炎就愈發難以瞭解

太炎先生研究論著索引初編（二）〉，載於《近代中國史研究通訊》第九期。
〔註 15〕姜義華的《章太炎》（東大，1991 年）算是箇中較平實的一本，因爲教條前提比較隱匿。湯志鈞也難逃此窠臼。唐、羅合著有《章太炎思想研究》（華中師範大學，1986 年），羅列式的全面，教條氣味相當濃。李潤蒼的《論章太炎》（四川人民出版社，1985 年）亦然。李澤厚的〈章太炎剖析〉（收於章念馳編，《章太炎生平與學術》三聯書店，1988 年）也不例外。
〔註 16〕魯迅，同註 2 引文。
〔註 17〕島田虔次，〈章太炎的事業及其與魯迅的關係〉（收於章念馳編，《章太炎生平與思想研究文選》。
〔註 18〕魯迅的〈因太炎先生而想起的二三事〉（《魯迅全集（6）》，谷風，1989 年：551～554）是他生平的後最後一篇文章，至臨終尚未完稿。是文頗慨嘆太炎文集不收早年鋒銳的論戰文字，便宜了小人（吳稚輝），而「貽患千古」。至死無悔的戰將魯迅，在回憶的末尾留下一片懸疑的空白。

了。而通常討論「章太炎（哲學）思想」的學者，章太炎的「小學」論著若非三兩筆帶過去，就是有意無意的忽略；把《文始》、《新方言》擺入「訓詁學」範疇內討論的著作，又總是把它從章太炎的思想體系和生命史中抽離。〔註19〕把它客觀化的同時卻也讓它失去了原有的豐富性和生命力。能把這兩者結合起來而凸顯「小學」在章太炎思想／學術中的意義的，一是侯外廬，一是傅樂詩（Charlotte Furth）。

在進入侯、傅二人的論點之前，得先解釋一下本論文標題中的第一個關鍵詞：「語言文字之學」。為何選擇此一特殊的措辭？它和「小學」之間有著甚麼樣的關連和差異？對章太炎而言又具有怎麼樣的象徵意義？

章太炎於光緒32年年初在《國粹學報》第24、25期上發表了一篇〈論語言文字之學〉，在中國「國學」的視域內首度為這一門近代化中的學術命名。〔註20〕命名實為正名。在該文中他道出了這措辭的意涵、它和傳統「小學」之間的關係等等。且讓原文自我表述：

> 今欲知國學，則不得不先知語言文字。此「語言文字之學」古稱「小學」。蓋古者八歲入小學，教之識字。……故以「小學」為名。〔註21〕

接著談到了「小學」的內容，舉了一些必讀經典：《說文解字》、《爾雅》、《方言》……《廣韻》等等文字、音韻、訓詁的代表作，而總結說：

> 合此三種，乃成語言文字之學。

說明了小學和語言文字之學的範圍是一致的。他接著解釋了何以要「正名」（易名），換言之，也就是道出二者的差異：「此固非兒童占畢所能盡著。」（道出了「名」早已離「實」）「然猶名為『小學』則以襲用古稱，便於指示。」：

> 實當名「語言文字之學」，方為愜切。此種學問，漢《藝文志》附入六藝。今日言小學者，皆似以此為經學之附屬品，實則小學之用，非專以誦經而已。周秦諸子，《史記》《漢書》之屬，皆多古言古字，非知小學者，必不能讀。若欲專求文學，更非小學不可。漢時相如子雲唐時韓柳，皆通小學，故其文字閎深淵雅，迥非後人所及。中

〔註19〕學科的分割造成這種狀況，特定的學科之成立，正是以大量的排除為前提。排除是一種遺忘，忘卻了它們原屬於某個整體。排除也是一種簡單化，因為在那分割線上存在著的常常是被遮蔽的豐富性。

〔註20〕姜義華，《章太炎》：「事實證明，語言文字作為一門獨立的近代科學，在中國是由章太炎最初奠定的。」1991年：63。

〔註21〕頁碼依大漢出版社的影印本（1972年）頁2971。

間東漢六朝，諸文學家亦無不通小學者，一披文選，便可略知梗概。
外自中唐以後，小學漸衰，韓退之言：「凡作文字，宜略識字。」可
知當日文人已多不識字者。自宋以來，歐曾王蘇諸家，皆於此事茫
然不省。……要之文辭之本，在乎文字。未有不識字而能爲文者。……
吾生幾四十歲，所見能文之士，大抵未能識字。（頁 2971～2973）

這段文字非常重要，談到了小學在傳統學術領域內的重要性：既爲經學的附
屬又不止於此。更有感而發的談到小學訓練對於文學創作的重要性，及其在
歷史中「淪落」的歷史，而提出了一個大問題：「識字」的問題。他也論及小
學對當代的重要性——做爲翻譯的基礎。而下了一個很重的結論：

……小學者，非專爲通經之學，而爲一切學問之單位之學。（頁 2973
～2974）

於是「小學」的地位便被提升到空前的高度，傅樂詩敏銳的指出章太炎把「小
學」看做是國學的「基礎科學」，〔註22〕既是不得不然的基礎訓練，也是一道
古舊堅硬的門檻。「小學」在章太炎學術中的關鍵地位，也已是不言而喻。

回到〈論語言文之學〉。在下完結論之後，章太炎似乎已忘記了「語言文
字之學」此一措辭，而回頭介紹「小學」中的各個領域（形體、音聲、訓詁）
之內容（古韻分部、六書說……）。如此，問題就出現了。

他並沒有一如期待的指出「語言文字之學」和「小學」的差異，只在前
頭暗示——「正名」似乎是爲了讓這門學術脫離經學附庸而成爲一門獨立的
學科。這層涵意指出之後馬上隱沒入「小學」的不斷前景化之中。更妙的是，
此文不見於章太炎自己結集的著作裏，在章太炎往後的著作中，也不見再用
「語言文字之學」之名。此文分兩期刊載，上下篇其實論述內涵大不同，上
修改增補後易名爲〈小學略說〉收入《國故論衡》；下篇修改易名爲〈語言緣
起說〉〔註23〕也收入同書，借勝論「格」經學上的語言緣起。換言之，「語言
文字之學」此一措辭章太炎後來放棄了。而「語言文字之學」其實通向受歐
美實證主義語言學影響而成爲獨立學科的「中國語言學」，其研究範圍和「小
學」差不多，而精神卻大異其趣。它其實象徵了經學終結之後，在精神上和

〔註22〕 傅樂詩，〈獨行孤見的哲人〉，收於傅樂詩等著《近代中國思想人物論：保守
主義》，時報，1985 年：115～116。

〔註23〕 湯志鈞在〈章太炎著作繫年〉中提到了這一點，然而他只提到「下篇」的修
改，全然不提「上篇」的下落。湯志鈞文收於章念馳編，《章太炎生平與思想
文選》，頁 381。

經學唇齒相依的「小學」也隨之萎頓，「小學」內隱含的神祕色彩也被逐漸洗淨。這被章太炎刪除卻留下來的不可磨滅的痕跡，恰足以做為章太炎知識／精神處境的一個隱喻：他把腳踩在時代的分界線——門檻——上。〔註24〕

三、問題設定：「識字」

身為古文經學最後的大師，他佇立在經學「終結」的臨界點上——帝制的瓦解，使得經學失去了它在政治上的可見形式，可是做為一種論述型構（discovrsive formation）〔註25〕它卻早已深入中國文化的內在，為諸多可見的領域提供不可見的形式，難以追溯起源的隱匿之流。〔註26〕換言之，經學的不可見形式仍舊完好的存活著，並且為中國文化的整個象徵系統提供深層架構，為所有的理解提供前理解的條件〔註27〕於是章太炎之站在「小學」和「語

〔註24〕 汪榮祖在〈章太炎的中國語言文字之學〉一文中認為章太炎把中國語言學帶離經學／小學，而讓它「近代化」；且認為章太炎並不反對白話文。（氏著，《章太炎研究》，李敖出版社，1991 年）為賢者諱或為賢者辯証用心誠然可貴，不過那些說法在學術上是站不住腳的，詳本論文第四章。

〔註25〕 借自傅柯的修辭。詳參米歇‧傅柯著，王德威譯《知識的考掘》（麥田，1993年）箇中的關鍵詞 discourse 或譯「言說」（採自佛家名相）、「話語」、「論述」……均偏重於語言，而忽略了此一型構經常是作用於非語語的層面上，是各個學科、領域、範疇共同遵守的內在假定，決定了「何以如此運作」的機制。它的可見形式是權力關係。

〔註26〕 這是一個非常值得探討，卻仍然很少人致力的重要課題。蔣年豐的〈從「興」的精神現象論《春秋》經傳的解釋學基礎〉（《清華學報》，新二十二卷第一期，1992）直接針對此一問題來談，立意頗佳，而不知道甚麼緣故—除了一些西方的大名詞之外，全部依賴盲從近代人（徐復觀等）的二手詮釋，似乎連《春秋》經傳正文也進不去：一些西方大名詞（如「原始語言」）在運用上內涵也交待不清，以致近乎「望文生訓」。結果使得此一「行政院國科會補助之專題計劃『儒家經學的解釋學基礎』的成果之一」淪為偷工減料的玩笑。此一論題牽涉極廣，倒是「從文學批評出發」的龔鵬程先生做了一些可喜的嘗試。詳〈論詩史〉（氏著《詩史本色與妙語》，學生書局，1986），在該文中他注意到「清代常州今文派的詮釋系統不是特指的，而是廣涵的，舉凡一切經史小學詩文詞賦，都涵蓋在這個解釋系統之下。」（頁71）這便是蔣年豐呼之不出的「經傳的解釋學基礎」。另外在〈細部批評導論〉一文中，龔先生也指出了細部批評（如：評點）在模式上和解經的體例是可以互通的，《春秋》書法和文章的法則有結構上的雷同。（收於氏著《文學批評的視野》，大安出版社，1990）。

〔註27〕 前理解（preunderstanding）受傳統和語言的制約：「『前理解』給了解釋者理解作品的能力，同時也限定了他能理解作品的範圍。」殷鼎，《理解的命運》，東大 1990 年：65。有關前理解的各種問題，本書有簡要的分梳。

言文字之學」的臨界點上，在那小學和經學仍然相互依存、語言文字之學尚未分化為近代的西方的（科學？實證）語言學之際，該論述型構的豐富性尚未遭受割裂，它作用在章太炎身上而呈顯出來的文化癥狀恰恰可以讓我們窺見經學在由可見形式全然轉向不可見形式之際的若干殘餘形跡。

在討論上，相對於已然分化的語言文字之學（已分化為「聲韻」、「訓詁」、「文字」三大學科，甚至許多小學科也已獨立出去），〔註28〕本文的立場是準備開倒車，回到學科尚未分化、正在分化之際；對於傳統「小學」而言，本文的立場則是把原有的問題設定（problematic）轉移，〔註29〕關注的是此一特殊的論述型構是如何形成的、如何構成一封閉的文化網路，……最簡單的說，則是「識字何以成了問題」。在該論述型構中，這是一個進入中國文化之門的最基本要求，但也是最困難、最終極的問題。因此它所涉及的相關問題，是難以想像的糾結與複雜。在這裏，可以再度與侯、傅二氏相會。

侯外廬氏相當敏銳的看出章太炎的語言文字學除了繼承清代樸學家法之外，又結合了荀墨名學、西方形式邏輯，而與他的經史之學結合〔註30〕而傅樂詩則更進一步指出：

> 在清之學術界裏，小學不安於僅是狹隘的技術性學問，而要求享有一種基礎科學的地位，係了解歷史、哲學與政治一切層面的需要的根本方法。在大師戴震及章氏本人手中，小學幾乎成為研究所有哲學與文化所採取的一種語言學的方法。章氏對其他中國學術的評斷，首先是以其對古典的語言學代表意理（truth and meaning）之基本議題。〔註31〕

〔註28〕 如：聲韻學之依時代、材料（方言、韻書）而細分，文字學亦然—分為古文字學、俗字……依需要可以不斷細分。

〔註29〕 襲自巴歇拉爾（Gaston Bachelard）和阿圖塞（Louis Athusser）對於「問題設定」的理解：它是理論的問題結構，即是對某一理論所要解決的問題的提出所必然採取的形式的絕對規定（頁46～47），而每一個學科、每一種理論對只能在特定的問題設定內思考和運作。所以問題設定本身是排他性的，不可見的和不能解決的都被排除在外。然而在排除的過程中，許多矛盾會以空白、缺失、筆誤等等痕跡的方式做為結構性的症兆而呈現，所以阿圖塞又強調「對症解讀法」（Symptomatic reading）（頁47），詳柯林尼可斯著，杜章智譯《阿圖塞的馬克思主義》（遠流，1990年）本文的「轉移」意即從「小學」原有的問題設定中擺盪出去，在幾個學科的邊界遊走。

〔註30〕 侯外廬，〈章太炎的科學成就及其對於公羊學派的批判〉（收於章念馳編《章太炎生平與學術》）頁125～131。

〔註31〕 同註22引文。

傅樂詩的洞察相當可觀。循著她的思路，可以進一步窺探章太炎和清代樸學
在研究方法上，思路上的內在聯繫，甚至進而探掘章太炎所屬的「古文經學
派」究竟是在一個怎樣的典範（pradigm）、世界觀、理論預設之下從事學術研
究。甚至可以問：

　　清代在音韻學上取得突破之後，對於傳統文字學／訓計理論究竟進行了
怎樣的改造？這些改造的思想史、學術史意義何在？而循著侯外盧的提示，
章太炎的語言文字之學其實和他的哲學密不可分。不止關連著他的經史之
學，且還關乎章太炎的文學觀、世界觀而和整個章太炎的思想體系密切關連。

　　結合上述二者，章太炎的「小學」論著於焉便可以理解爲是某種語言哲
學論著，或是某種語言哲學實踐下的產物。而在章太炎手上，經史尚未分家，
經學也尚未被宣告死亡；於是在討論上勢必要把問題擺在經學的論域**裏**；在
訓詁學上被視爲瑕疵的，在思想上未必無意義──同理，章太炎之始終反對
吉金甲文、白話文等等，也可以獲得結構上的解釋。

　　另外，章太炎研究無可避免的必須觸他早／晚年思想轉變的問題，前述
論者反傳統／傳統、激進／頹唐的評斷或多或少也是受到章太炎自我論斷的
提示。他在〈菿漢微言〉中反省自己接受唯識法相時，說道那是因爲法相唯
識「從入之涂與平生樸學相似」「以分析名相始，以排遣名相終」；〔註32〕而
談及個人的學術思想史時，又說：

　　　　自揣平生學術，始則轉俗成眞，終乃回眞向俗。〔註33〕

前一組文字明顯的關涉章太炎的語言哲學，尤其牽涉「樸學」的語言學方法
和法相語言哲學的相同與差異。一般研究者常輕輕略過，而沒有更細緻的考
察章太炎「從入之涂與平生樸學相似」，這句話究竟說出了甚麼，與及更重要
的，沒說出的又是甚麼？因爲很顯然的，在「分析」和「排遣」之間其實存
在著極大的跳躍，並不是單純的方法論問題。甚至牽涉到是否產生了認識論
的斷裂（epitemological break），〔註34〕關連著章太炎中後期（以《齊物論釋》

〔註32〕章太炎，《章氏叢書》，世界書局，1982：960。

〔註33〕《章氏叢書》，頁961。

〔註34〕「認識論的斷裂」是巴歇拉爾提出的觀念。巴歇拉爾主張「在一門科學發展
　　　　過程中，認識的發展達到一個限度就中止了知識的繼續累積，中斷了認識的
　　　　緩慢發展，迫使它進入一個新的時期，與它的經驗來源和原動力割斷了關
　　　　係，把這些經驗來源和原動力從它的聯繫中清洗出去。」（引文據尹太貽譯，
　　　　伊・庫茲韋爾著，《結構主義時代》上海譯文出版社，1988年：30）原文出
　　　　自傅柯的《知識考古學》的〈緒論〉，前引王德威譯書此段文字在頁70。又

為代表）的轉變。也就是在《文始》、《新方言》和《齊物論釋》這些性質完全不同的著作中，章太炎在兩種自相衝突的語言哲學之間如何調適折衷，以致他竟然會認為兩者間不成問題？在這一點上，章太炎或許已經在替清代樸學進行體質上的改造，在那始終之間，或許也已涉及漢、宋、考據／義理的辯證問題。這一組問題的處理，可以進而延伸到對「始則轉俗成眞，終乃回眞向俗」的理解與詮釋。

四、方法、章次。關鍵詞 II：知識、精神

「理解」是任何方法的起點，也是先決條件。〔註35〕假使不能有效的理解研究的對象，就像「正統」馬克思主義者那樣先預設一個唯物的階級套子，從「章太炎不是甚麼」出發，去尋找「章太炎是甚麼」，得到的也只是該套子投射出來的蜃影數列。如：

> 章太炎是唯心論者，是資產階級革命派⋯⋯
> 章太炎不是唯物者，不是無產階級同志⋯⋯

是與不是可以無限舉例，二者互為鏡像。而「章太炎」作為一個對象，卻在是與不是中隱遁了。如此的研究，不過是研究者理論教條和刻板印象的自我表述罷了，對象業已成為虛構。理解的有效與否端看研究者把對象安頓在怎樣的上下文（Context，又譯語境、情境）之中，〔註36〕是否充份重對象的特殊性，並且能夠隨時把自己的成見、先期理解（preunderstanding）加括，站在對方的立場、思路、處境去思考對象的思考，以達致視域融合。〔註37〕然而在那樣的過程中，卻也不能沒有立足點，否則就陷溺其中，失去了批判能力，淪為「述而不作」，而被對象吞沒〔註38〕。上下文的召喚考驗著研究者的能力，那受著學養和智力的制約。

有大陸學者謝強的譯文（收於陳啓偉主編，《現代西方哲學論著選錄》，北京大學出版社，1992 年：822），譯文各有差異。選擇伊太貼也就是選擇了他的理解。

〔註35〕「方法是理解之後的事」。殷鼎，《理解的命運》，東大，1990 年：106。

〔註36〕參 H.P.里克曼著，殷曉蓉、吳曉明譯，《狄爾泰》（中國社會科學出版社，1989 年）第七章〈表達式〉。又詳後文討論代碼的小節。

〔註37〕加達默爾（Hans-Geory Gadamer）著，洪漢鼎譯《眞理與方法》（時報，1993 年：393～400）。

〔註38〕加達默爾特別強調了這一點：「把自己置入他人的處境中」，但不（只）是「丟棄自己」（前揭書，頁398）。

　　在理解和操作上，我把論題分爲幾個結構性的面向。每一個結構性切面都有它各自的困難度；每一個結構性切面都企圖在它的世界**裏**解釋／解決一些問題，但也必然留下更多無法處理的問題。因爲文化是一張近乎沒有邊際的織錦，作爲「入口」的章太炎就像是一個線頭連接著古文化層層的密織。我們充其量也只能夠在自己認知的範圍內盡可能的提供一些解釋所需要的上下文，把問題擺在各個可以爭議、有所依據且言之成理的理解脈絡中。強調「可以爭議」，原因很簡單，因爲理解和表達都不可能是透明的，對於「表達」的理解更是如此。因而，理解和表達都必然是可以爭議的。

　　這麼做的目的是：看看章太炎的「語言文字之學」從哪**裏**來（透過他的召喚），與及被他帶去哪**裏**。二者有時可以分開，有時根本就是一回事。而以下的幾個結構切面，正是在章太炎的認知**裏**讓「識字」成爲問題（議題）的理解脈絡。

　　第一個結構性切面是清儒在音韻學（古韻學）取得重大突破之後逐漸發展完成的一套論述型構，一套以「音」爲中心的意義理論。在此一切面中，試圖展示它是如何讓「識字」成爲議題的。在處理上並不直接讓章太炎現身，而是藉著一種描述和解釋的技術展示章太炎襲自乾嘉樸學的認知結構。是爲第二章〈乾嘉樸學的知識場景〉。

　　知識在一定程度上又是精神活動的產物，在精神的投注中知識才成爲知識。因而任何一門學術、學科當它成立時──當它有一套完整的體製──在它的方法、規範、材料範圍、理論前提中，凝結的是一種特殊的精神狀態。〔註39〕在知識的深層處，被掩蓋、壓抑的是意識（型態），所以知識是精神的某種表徵。知識場景故而也就可以理解爲是精神場景。

　　知識愈是表現得愈純粹、客觀，就表示它離開它的經驗根源愈遠，那是一種強迫遺忘和壓抑。冰冷的知識閉鎖著認知主體的感性，而體現爲無言的憂鬱與焦躁。純粹樸學的研究論著之難以卒讀說明了這一點。章太炎的特殊性正在於他不只是個國學大師，他更是一個果敢、激越的革命家。他把那套語言文字之學帶進他的革命活動去，放進時代的脈動**裏**，在古今東西文化的碰撞中，「識字」再度成爲議題。是爲第三章〈實踐主體與大體的復歸〉。

　　這第二個結構面向關涉是章太炎的生命史和個人思想史，和傳統研究中的「作者生平」材料的範圍一致，差別在於問題架構。這一部分是把章太炎

〔註39〕《狄爾泰》，頁 133。

的語言文字之學放進他的存有脈絡中去，看他如何讓它與知識的存有論基礎
──經驗〔註 40〕──遭遇，這樣的「遭遇」對於章太炎生命史、思想史及語
言文字之學三者分別造成怎麼樣的衝擊，是此一面向關切的重心。這樣的安
排有一個基本前提：知性活動和感性活動是無法分割的，所知即為所感，所
感亦為所知，二者互相融蝕、互補，而對應於某個時代的特殊情境，構成一
個人或一群人特殊的感覺結構（Structure of feeling），〔註 41〕型塑了某些個人
獨特的表達風格。對於章太炎這樣一個積極介入政治社會活動、且具有怪異
個人表達風格的實踐主體而言，這樣的強調是必要的。

　　感覺結構通常具體化為對某些語詞，Raymond Williams 稱之為關鍵詞
（Key words）〔註 42〕的特殊理解。因而我把問題帶到「表達情境」中去，以
下借雅各布森交際理論（Communication theory）的圖示來做一些補充說明：

$$\text{送話人} \quad \frac{\text{語境信息}}{\text{接觸代碼}} \quad \text{收話人}$$

　　六個要素構成一次語語事件，〔註 43〕我把它稱為「一個完整的表達情
境」。箇中的中介便是代碼（code，也可譯為符碼），約等於前述的語詞。一個
表達、溝通情境同時也就是一個以語言為中介的經驗「單位」。在這樣的經驗
單位中，語詞（代碼）被運用、擺進一個特定的上下文（情境），對於表達者
而言，語詞不可能被一成不變的搬進來，而是必須把表達者的知性和感性（知
識──精神）注入，把語詞符碼化（coding）；收話人則必須解碼（decode），
否則無由理解。而送話人（表達者）在符碼化之前，卻又必須依他的理解去
為固有的代碼做先期的解碼，所以他的符碼化便是再符碼化（recoding）。作
為古老代碼的保衛者和新時代的思想啟蒙者，章太炎的處境之艱難可想而
知。身為一個反清革命志士，章太炎必然的超越樸學的精神封閉，而讓實踐
主體復歸；再則是把他的存在轉化成一則文化象徵。本章在論析時基於當事

〔註 40〕《狄爾泰》：「我們的一切知識都來源於同現實的這些接觸，即來源于經驗；
　　　　關於外部世界的知識是如此，關于自我（它在從事著經驗）的知識也是如此。」
　　　　（頁 103〜104）。

〔註 41〕Raymond Williams, "Marxism and Literature" Oxford University Press, 1975, 128
　　　　〜135。

〔註 42〕具體的實踐參 Roymond Williams 著，彭淮棟譯《文化與社會》，聯經，1985
　　　　年。

〔註 43〕羅伯特・休斯著，劉豫譯，《文學結構主義》，三聯書店，1988 年，36〜37。

人早已物故，只能以遺文遺跡爲理解的憑據，不得不把那些文件的總體當成象徵文本（Symbolic text）來從事象徵分析（Symbolical analysis），閱讀與書寫。如此，他的個人思想史〔註44〕和生命史都成了象徵歷程。

第三個結構面向是作爲（古文）經學附庸的小學。從一些邊緣性的問題（金文甲骨文、方言、白話文）逐漸進入一個結構的中心。「識字」在邊緣和中心都成爲問題。這一章主要是透過章太炎遠較樸學學者帶有神秘色彩的語言文字論述，蹤跡他精神的逃逸之路，直逼他意識最爲幽深的處所，以親近他所裁斷和廢黜的本，爲中華文化建之在「古文」之上的文化理性做嘗試性的精神分析。在這一章中，也嘗試把傳統的經學上的今古文之爭還原到它的「基本單位」——它們最原初的爭議——文字——上，把相關的歷史記載做寓言似的解讀。是爲第四章〈語言本體和文字始源〉。

第四個結構面向是佛莊會通的場域。「識字」在這裏成爲哲學（認識論、本體論）問題。是爲第五章〈在佛莊會通的場域〉。這兩部份由於前一節談得較多，這裏從簡。

最後的一個結構面向是「文學」場域。是爲第六章〈遊於「物之初」〉。本論文始於章太炎的〈論語言文字之學〉；而該文把小學（淪落）史和文學（衰退）史相提並論，所以「文學」對於章太炎而言是一個非常重要的場域，然而卻也是一個難以解釋的場域，因爲它涉及了章太炎對於文字表達（「書寫」）的特殊構想。一如「小學」在他的觀念裡是「一切學術之單位之學」，「文學」在他的構想中涉的卻是「基本表達」的問題，所以具有根本的重要性。

要特別補充的是，以上諸「結構面向」之間並非截然分開的，而毋寧是互補、部份相互重疊的。之間的關連，也正是「結構性」的。

第七章〈總結：革命・光復・學隱〉對於上述各章中意猶未盡的部份做一些延伸與補充，也讓各個結構切面在那裡會合，同時也對批評者做一些簡單的答覆。

五、關鍵詞 III：系譜／譜系

這樣的討論方式，很難擺進一個固定的學科範圍內，而那也正是本論文的目的——希望在諸多的學科邊界（小學〔史〕、語言哲學、文學、經學〔史〕、

〔註44〕孫萬國在〈也談章太炎與王陽明—兼談太炎思想的兩個世界〉一文中首先用「思想脈絡」、「內在理路」來考察章太炎的個人思想史（頁358），本文在運用此概念時略同於孫氏。孫文收於章念馳編，《章太炎生平與思想研究文選》。

文獻學、思想〔史〕上，有一個更寬闊的解釋／理解空間。而如此也造成了本論文命名上的困難。不得已而強為之名，曰「系譜」或「譜系」。而如此，也不得不和後結構主義大師米歇·傅柯（Michel Foucault）在語詞上遭遇。

傅柯在〈尼采·系譜學·歷史〉一文中詳細的論及他的「系譜學」（Genealogy）時說：

> 系譜學的角色便是為了記錄詮釋的歷史：道德的、理念的、形上學概念的歷史、自由概念或禁慾生活的歷史等等；一旦它們以不同詮釋的面貌出現，它們便以歷史過程的舞台上諸不同事件這面目現身。〔註45〕

它不只是一種知識的考古學，更是一種知識的生理學，「研究最封閉的東西」，卻「全神貫注的去作診斷並陳述差異」。〔註46〕要求在世俗的連續中去發現斷裂，在單一的聲音中去聆聽被遮蔽的喧嘩，揭露道德的血淋淋起源。

傅柯的思想辯證繁淵，這裏的任何概述都必然吃力不討好。因而在這裏我不妨先承認是在誤解傅柯的意義上去用「系譜」這一個修辭──因為在中文裏，系譜或譜系（古書中多用「譜系」）幾乎都特指載錄家族系統的書，或者是擬仿家族統系的結構的書。「譜」單行時不具宗族意味，指記載事物類別或系統的書。二者都強調系統和分類，在本論文中，「系譜」兼指這兩種含義（擬宗族、系統），而前者內含了「根源」的觀念，那正是傅柯「系譜學」所反對的。〔註47〕不管怎樣，隱含的血源、根源仍以古老的回憶的方式被保存

〔註45〕 Michel Foucault 作。李宗榮譯，〈尼采·系譜學·歷史（上）〉（《島嶼邊緣》5，1992 年 10 月），頁 119。

〔註46〕 Michel Foucault 作。李宗榮譯，〈尼采·系譜學·歷史（下）〉（《島嶼邊緣》6，1993 年 1 月），頁 121。

〔註47〕 註 45 引文：「它反對搜尋根源（origin）。」（頁 114）傅柯此文力破根源之說，故而和中國五四的實驗主義者（如胡適）的「祖孫的方法」（genetic method）正相背。而王德威在《知識的考掘》中，把 genealogy 譯為「宗譜學」，耐人尋味的挑了一個最具血緣根源意義的修辭（「宗譜」專指宗族系譜，而系譜、譜系則可以指一種特定的體製或狀態），翻譯是一種理解，似乎也是一種誤解。本論文的系譜／譜系兼含二義：就其傳統意義而言，那是為了描述章太炎「族譜」式的小學知識建構，指涉的是一個最封閉、強調牢固的歷史連續性、且內含著血緣似的本質主義的森嚴結構。就其做為 genealogy 的譯名而言，指的卻是尼采—傅柯的系譜學，和前述的傳統觀念恰為背反。它是為了揭露章太炎系譜的隱蔽結構、揭盃它的陰暗面和蘊含的權力關係、理性之下的非理性預設；以在它的內部制造裂隙，在它的盡頭和邊界處再做延伸。就前者而言，是跟章太炎去他想去的地方；而後者，則是帶他去他不想去的地方。

在該語詞內，在需要的時刻，它總會被有心人解碼。

六、研究目的

　　既然小學／語言文字之學是「研究一切學問的單位之學」，且成為進入典籍中華文化的門檻，其重要性自不言而喻。如此，研究這門學術最後的大師，意義自也非凡。而且章太炎的上述主張在今日（有歷史的）中文系仍然獲得普遍的信從與實踐，所以研究的目的也無妨簡約為：理解我們宿命的門鑑，在入口與出口處。

第二章　乾嘉樸學的知識場景

一、沉重的開場

在「中國近三百年學術史」這一論述範圍中，對於歷史開場的建構是一件饒富意趣的事，因爲建構即已包含了解釋以及解釋者的立場。論述者都是生在那三百年之後，目睹了那場歷史劇的謝幕，站在後見之明的位置上。是以開場（「起源」）的建構其實總不免是以那之後三百年的歷史經驗爲參照，而帶有著「總結」的意味——以往後三百年經驗的沉重，去「總結」一個開場。〔註1〕

在此一開場的建構中，爭議的焦點在於清初兩大家〔註2〕顧炎武、黃宗羲的歸屬問題，這一問題又可以再縮約爲對江藩《國朝漢學師承記》對清初二大家的處理安頓的解釋和批判上。在江藩的論述中，「漢學師承」肇始於閻若璩、胡渭，而黃宗羲、顧炎武被移入「附錄」。這很顯然違反了時間順序，有某種價值判斷在內。因爲江氏的論述著眼於「漢學」，這也間接說明了處於世代交替中的清初三大家和清代「漢學」系譜之間，有著根本的認知上的斷裂。

〔註1〕 就其方法而言，又稱做「考據學」；就其精神投射的朝代、就其眞理依據而言，又稱做「漢學」；而它其實又是從經學的局部研究延伸出來的，經學終究是它最主要的材料範圍，故又有稱之爲「經學」者。各種名目都有它存在的理由，也都各有其象徵意義。這裏取「樸學」著眼於它象徵了某種共同的精神狀態。清代每一個階段都有一些學者力圖爲它「正名」（如焦循《雕菰集》卷十三，〈與孫淵如觀察論考據著作書〉），可以看做是對某一種象徵和意義的強調。

〔註2〕 「中國近三百年學術史」的建構和寫作往往是從清初「三大家」（含王船山）或四大家（含王船山、朱舜水），依建構者對於源／流的構想而定。王船山在清代被冷藏幾近二百年，至清末曾國藩始明目張膽的刊刻他的「遺書」。《船山遺書》在晚清有頗大的影響力，是以在起源的建構上總無可避免的被重新賦予重要性。

不論是梁啓超、錢穆、侯外廬、還是皮錫瑞，在以時間爲先後的論述中，把顧、黃、王置於清代學術的開場，勢必要優先處理上述開場中的斷裂。

梁啓超在他的《中國近三百年學術史》中，把顧炎武推爲「清學開山之祖」（頁281）；在《清代學術概論》中，把「清代思潮」分四期，其中第一期「啓蒙期」代表人物是顧炎武、胡渭、閻若璩；第二期「全盛（期）」代表人物惠棟、戴震、段玉裁、王念孫、王引之，梁又名之爲「正統派」（頁611～612）。梁啓超的論述對於上述「斷裂」的處理相當含混，甚至直接把顧炎武接在江藩「漢學譜系」的頭上，但他也還是看出了顧、閻二者的精神差異，雖然並沒有在論述中強調。換言之，這已變成了論者的共識。在錢穆的《中國近三百年學術史（上）》和侯外廬的《中國思想通史（第五卷）》中，方清楚的注意到譜系的斷裂意味著精神的差異。

江藩之所以列閻、胡諸人爲漢學譜系的開場，因爲他們是清朝新的帝制政權獲得知識份子普遍接受的一種精神表徵，是清初經世精神徹底萎縮的象徵。對於清初諸儒而言，閻、胡等人的意義在於，他們代表了對於漢民族血緣——文化記憶的忘卻；對於新王朝政權亦然，新王朝政權的合理化通常需要一定的時間和血腥的高壓，以便把舊王朝血緣的尊奉者和記憶守護人（文化和政治上的遺民）加以自然和人爲的洗刷，讓他們的精神族滅，以塑造出一個沒有（近代）歷史記憶的世代；再經由文化的網路和生理——精神上需求的滿足，去建構一整套對新王朝有利的、建立於忘卻之上的記憶。在結構上是這樣的：

（帝王）血緣 I ————文化————政權 I

（帝王）血緣 II————文化————政權 II

政權的更替造成了帝王血緣宗譜的更替，那是清初三大家最無法忍受且不肯妥協的。因爲他們身在朝代交替的歷史轉折中。在他們的年代，一部十七史／廿二史其實已說明了朝代交替、帝王易姓換血是古已有之、有諸多前例可尋的偶然。清之於明，猶之於明之於元。唯一可以找到的區辨是種族上的「夷夏之防」：異族和我族（漢）的區別。這是最雄辯的理由，然而再怎麼雄辯也敵不過時勢，敵不過時間。清初三大家紛紛著眼於著述潛在的說明了，他們或許也已意識到，當「血緣——政權」無法抗爭時（即已在結構上取得穩定），唯一可能的突破口是中間的環結：文化。他們的希望、絕望、憂鬱都植入形式各異的論著中，悲哀的是，大變動時代中培植出來的思辨和感性，在一個昇平高壓的年代中難以流佈，無從解碼。那個被寄以殘存希望的中間

環結，藉著文獻（尤其是經典，科舉考試標準答案的權威依據）而保持了一定的穩定性，在政府有意的操控下（文字獄、焚燬、編四庫、科舉……）反倒成了遺忘的機制。〔註3〕

　　在另一個朝代更替（「三百年」！）之後，當類似的時代更替重現，清初三大家著述中的感性因素和亂世的特殊思辨的解碼突然變得輕易、自然，也因而我們才發現，朝代更替的創痛悲抑源於那段歷史和他們個人的生命史重疊，前朝的歷史尚未走到宿命的時間盡頭。他們似乎可以挽回一點什麼，也似乎必須去挽回（身爲傳統的士大夫）──經驗讓歷史可以觸摸和感受，然而當經驗的主體物故之後，他留下的物質形跡並無法保障他的經驗──記憶的傳遞。無可預期的讀者反應，無可避免的各取所需，讓死後的顧炎武只剩下「半個」。〔註4〕

　　被「總結」出來的「一整個顧炎武」的精神可以用他自己的一句話概括：「博學於文」「行己有恥」，〔註5〕這也涉及他對經學的特殊理解（「古之所謂

〔註3〕 章太炎《檢論・清儒》：「清世理學之言，竭而無餘華；多忌，故歌詩文史楛；患民，故經世先王之志衰。」頁473。四庫的編纂雖在清中葉以後，廣收天下圖書卻在乾隆三十七年，其後其時的重要學者幾乎都被網羅入閣校書，規模之大，歷朝罕見。自清朝建國以來，對跨朝學者的威逼利誘進行得非常積極且全面，在政權的搜尋之下，每一個學者都面臨了嚴酷的考驗，他們自身即使勉強可以自保，子弟們在生活上也必須找到合宜的出路。清政府「稽古右文」的文化政策提供了他們可以接受的文化理由，可見把政治問題暫時存而不論；然而，如此也等於默認了異族政權的（「文化的」）合法性。這便是章太炎「學隱論」的合理性基礎（詳後）。四庫的先遣和後續作業足以長時期的安頓龐大的專業人材，也因爲這大規模的校書才提供了樸學方法滋長和發育的肥沃土壤。清代的文字獄雖承明而來，規模之大，遷連之廣，卻爲歷朝所僅見。文字獄和四庫校書、編明史等等實爲一體之兩面；它以血腥的權力爲文人知識份子劃出不可碰觸的範圍，而那不可碰觸的禁忌，無非是前朝的歷史記憶和當朝政權的合法性問題。

〔註4〕 「半個亭林」典出梁啓超，《中國近三百年學術史》，頁288；又錢穆也有類似的說法，而且十分有趣：「若論亭林本意，則顯然以講治道、救世爲主。故後之學亭林者，忘其行己之教，而師其博文之訓，已爲得半而失半；又於其所以爲博文者，棄其研治道、論救世，而專趨於講經術、務博聞，則半之中，又失其半焉。」（同名書，頁145）據錢穆的說法，剩下的只是1/4個。王夫之並沒有這樣的問題，因爲他是「整個」的被遺忘。黃宗羲的問題頗爲棘手，詳第七章。顧炎武的問題之所以複雜，也就在於他還剩下「半個」。換言之，因著這保留的「半個」，「另一半」也就成了必須處理的問題。

〔註5〕 顧炎武，〈與友人論學書〉，《顧亭林詩文集》，頁40；侯外廬，1992：218～219；錢穆，1990：130～131。

理學，經學也」。）〔註6〕「博學於文」在顧炎武的思想體系中並不能和「行己有恥」分割，二者是相互依存的；前者是他經世致用的方法、內容和文化依據，《日知錄》中的部分內容和一整套的《天下郡國利病書》便是他這方面的成績。治世空談無益，一方面要針對「當務之急」，〔註7〕一方面卻也必須關切文化史上的大問題，甚至解決「當務之急」的對象和方法也要有經典的依據，方可能予以文化上總體的解決。同樣重要的是主體的作用，是決定、規範「博學於文」避免全然墮入客體化而以「經世」為標的的保障，那便是「行己有恥」所界定的道德——社會實踐主體。〔註8〕二者合而為一便是顧炎武所謂的「古之所謂理學」的「經學」。〔註9〕他這樣的理解可以說是一種新的「總結」，因為他身處宋明理學之後（明朝結束所象徵的），在宋明理學的遺緒中，卻也是在一個「救弊」的位置上，因此他必須把六經所指涉的客體（典章制度）重新召喚回來，以限制晚明過度膨脹的實踐主體；然而卻也不能讓主體的動力因而萎縮。對他而言，「亡國」這樣的創傷提供了絕佳的保障。從前者，他必須發展出一條回到古代（先秦）的路，那便是他開創的一套特殊的方法論；在那目的地上，經學和理學尚未分家（「古之所謂理學，經學也。」），主客體尚未分離。換言之，他並無法把「遺民」的朝代創傷在他的方法論中延續下去，而遠溯既古其實也只是勉強提供一個可能，同樣無法保障主體的能動性。在「博學於文」「行己有恥」之間，存在的裂隙於焉便是結構性的。〔註10〕

〔註6〕 顧炎武，〈與施愚山書〉，頁58。全文：「古之所謂理學，經學也，非數十年不能通也。故曰，君子之于春秋，汲身而已矣。今之所謂理學，禪學也。不取之五經，而但資之語錄，校諸帖括之文而尤易也。」

〔註7〕 顧炎武，《日知錄‧致知》。侯外廬氏有精采的疏解，前引書，頁214。

〔註8〕 〈與友人論學書〉：「自一身以至於天下國家，皆學之事也；自子臣弟友以至出入、往來、辭受、取與之間，皆有恥之事也。……士而不先言恥，則為無本之人，非好古而多聞，則為空虛之學，以無本之人，而講空虛之學，吾見其日從於聖人而去之彌遠也。」（頁41）

〔註9〕 侯外廬十分細心的指出顧炎武「理學，經學也」的命題在〈與施愚山書〉中其實表述為「古之所謂理學，經學也」，而全祖望在〈亭林先生神道表〉中卻倒置了命題的主詞與述詞，而表述為「經學即理學也」。清儒的精神取向和清儒及後世學者對亭林的理解，大體依循全氏對顧炎武的「倒置」轉述。差別在於，前者是「一個顧炎武」，主張「古之」理學並非離事而言理，所謂的「理」必須在具體的生活經驗和典章制度中見出。侯外廬前揭書，1992：206～208。

〔註10〕 林安梧承繼全祖望對顧炎武的誤讀，且全然依傍錢穆的論述，而把責任全推

二、「經世」的萎縮與「經」的懸擱

於是從顧炎武到閻若璩，便象徵著「經世」精神的萎縮，「當務之急」的「世」被取消了；不僅如此，「經」也從名、動兼具的詞性被凝結矮化爲只是個名詞，而被純然的客體化爲一種梳理文獻間交涉關係的文獻學。〔註11〕甚至已有論者指出，在閻若璩手上其實已確立從宋明到清之間學術典範的更替〔註12〕在新的學術典範中，「經」的邊界被溶蝕，「考證學」取代「理學」和「經學」而成爲新的學術主體。在這新的典範中，舊的世界觀理氣二元論轉變爲氣一元論的哲學：

> 在理氣二元、理在氣先的哲學裏，強調的是理、道、形上、體、本體、理學、經的世界；而在理氣一元、理在氣中、以氣爲本的哲學裏，所強調的則是氣、器、形下、用、工夫、經學、史的世界，唯有當哲學上肯定了氣、器的世界，學者始得以在這形下的世界裏安身立命。〔註13〕

閻若璩的「不朽功業」，正在於把實踐／認知主體封入此一形下的器的小「天井」〔註14〕裏，以《古文尚書疏證》雄辯的完成了新的哲學基礎託付的時代使命，證成了新的哲學基礎存在的合法性。《古文尚書疏證》的豐瞻繁複及無

到顧炎武身上，因偷懶而厚誣古人。詳氏著〈章學誠「六經皆史」及相關問題的哲學反省〉，中研院文哲所主辦，「清代經學國際研討會」論文，1992 年 12 月 22、23 日，頁 4）。

〔註11〕顧炎武（1613～1682 年）和閻若璩實爲同時代人，因此本文中的「到」字便非指歷時意義上的轉變，而是就他們二人精神特質上的差異所象徵的時代形象立論。閻若璩之於顧炎武是「同時代中的年輕人」，而他（們）的特徵在於：他們比「同時代中的老人」更能適應新的時代，更加的「識時務」，擱置老一輩「不合時宜」的堅持而代之以順應時趨是他們的精神特徵。關於這兩種人的簡要討論可以參考勒文森，《梁啓超與中國近代思想》四川人民出版社，1992 年：12～14。

〔註12〕參劉人鵬，《閻若璩與古文尚書辯僞──一個學術史的個案研究》（台大中研所博士論文，1991 年）第四章，一、二節。

〔註13〕前揭書，頁 319。劉氏的解釋相當關鍵，因爲典範的更替必須是哲學基礎上，或認識論上的轉變。惟她的解釋卻並沒有說出轉換的機制是甚麼，或者何以產生那樣的轉換？而似乎是自然而然的，因此她的解釋似未脫觀念史「內在理路」說的窠臼，捨文本之外別無依據。在這裏，也許仍然必須強調清初三大家的作用。他們對晚明王學末流的批判和「救弊」，讓「道」重新回到「器」中，惟當實踐主體被捨棄之後，「器」反而取得了自身的主體性，這卻也是始料未及的。

〔註14〕侯外廬的專用修辭，前揭書，頁 206。

可辯駁爲新的典範提供了最好的示範，這種示範自有其方法論的意義。依照劉人鵬的研究，閻若璩之古文尙書辨僞的方法可以稱做「由根柢而之枝葉」，〔註15〕所謂的「根柢」，也就是他辨僞的前提，也不過是「兩漢有眞《古文尙書》」。〔註16〕在清代尊漢的時代風氣中，此一易於理解的、建立於普通常識之上的認知就被當做無可質疑的眞理；而根柢操縱了枝葉，前提決定了結論，假說的演繹變成了歸納的事實。在這種情形之下，閻氏《疏證》的方法論意義也就在於，它是尊漢學風的因，也是果。因爲辨僞本身其實是一場關於時間的戰爭，所謂的「眞本」是一假設性的存有。佇立在該「眞本」被生產（或第一次被載錄）的時間起源點上，也只有在那時間尙未開始流動的靜止之點上，「眞本」才可能保留它的完整性，它的處子之身。當時間開始流動，它就面臨了時間的腐蝕和損耗的危險（諸如天災人禍焚書坑儒及物質本身的易朽性）。也就是說，在流傳的過程中，整體可能被拆散、分解，甚至以碎片（他書的引文）、游離（散入類書）的方式繼續存有；或者失去它的原名、被易名，或者只保留了名字（目錄），而內容全佚；也可能增多──拼湊重組、傳注闌入正文……。〔註17〕總而言之，「眞本」必然會在時間之中失去貞操，也就是說它完全有理由被證明是「僞造」的。因爲它已經不純粹了。可是，失去貞操卻也讓它獲得了生產性，反之「眞本」是不具生產性的。「眞本」的生產已在時間的起點上完成了，因而它是封閉的；而時間流傳中的副本卻由於時間的作用令它在意義的生產上更豐富，更不具確定性，也更具挑戰性。〔註18〕

　　從這裏回頭看閻若璩，就可以看出他那「由根柢而之枝葉」的方法論中潛藏的文化憂鬱：站在「眞本」的時間起點之後的他，面對的早已不是筍而是長得老高的竹子。〔註19〕他的考證所引以爲據的所有文獻，也都是經過時

〔註15〕 劉人鵬，前揭書，第二章第一節。

〔註16〕 同前引書，頁 161。

〔註17〕 鄭樵《通志‧校讎略》中的〈書有名亡而實不亡〉、〈編次失書論〉、〈闕書備於後世論〉、〈亡書出於後世論〉等文可以參看。

〔註18〕 詳筆者〈僞造的時間〉，手稿，1992 年。又可以參考左民安《〈讀書雜志〉校讎類析》的簡要歸納（《古漢語論集》第二輯，湖南教育出版社，1988 年）略舉數條：「明文義而糾妄改」、「明文義而刪妄加」、「明文義而補妄刪」、「辨假借字，明注文混入本文」……。這些都是脫離原始生產之後的再生產，「妄加」、「妄改」、「妄刪」和「刪」、「補」在這一點上是對等的。

〔註19〕 俞樾：「執今日傳刻之書，而以爲是古人之眞本，譬猶聞人言筍可食，歸而煮其簀也。」（《古書疑義舉例》‧序）俞樾的用語十分誇張（簀、竹席），竹還可以說是「樸」，有可塑性（可製成不同的「器」，可簀可筌）；而簀卻是已定

間中不斷再生產而存留下來的混雜之物，因而所謂的「考證」也無非是一場時間的大混戰。

然而，卻也因為閻若璩《古文尚書疏證》在那個時代獲得的成功，卻也讓學者（究）們找到一條窄化顧炎武之路，那也就是顧炎武和閻若璩在精神上可以互通的地方（「博學於文」）。而那卻也是顧炎武有所開創，而閻若璩明顯不足的地方。在與時間的戰爭中，顧炎武其實已經找到一條比閻若璩可靠的逃逸和追蹤之路：他發現了「逝去的聲音」的秘密——他學會了傾聽遠末的喧囂和靜默。那便是顧炎武在古音學上的突破性成就，以及一套建立在古音學上的特殊方法論。這就是那被繼承下來的「半個顧炎武」的魅力。

三、一種以古音為中心的論述型構之形成

（一）古韻始明

顧炎武其實也已充分意識到對於古音的掌握是古今時間之戰中致勝與否的鎖鑰。顧炎武其時面對的是在時間中不斷再生產之後留下的物質形跡：業經宋明人校改之後的「定本」。尤其是官方頒行的刻本，或大學者如朱熹的改本；參照流傳的不同版本之後，他發現關鍵在於聲韻——物質形跡是受它內在的、可以或無法傾聽的聲音左右的（「古人之音亡而文亦亡」）而得出結論：

> 三代六經之音，失其傳也久矣，其文之存於世者，多後人所不能通，
> 而輒以今世之音改之，於是乎有改經之病。〔註20〕

把古音重新召喚回來，讓音變以後無法傾聽、不協韻的文字重新顯示古昔的和諧；也為考訂和校勘立下規範和可以依循的途徑，而總結為一句名言：

> ……讀九經自考文始，考文自知音始。以至諸子百家之書，亦莫不
> 然。（頁 73）

在顧炎武看來，以今音讀古（經）文，其實是時代錯置；猶有讀不出、聽不見的靜默在那物質形跡背後。而那靜默之所以隱匿得如此之深，乃源於兩千餘年來（顧炎武相信「詩三百五篇，上自商頌，下逮陳靈，以十五國之遠，千數百年之久，而其音未嘗有異」〔註 21〕）業經數變，以致在不斷的遺忘中

型之器，不太具有還原性。

〔註20〕顧炎武，《顧亭林文集·答李子德書》，頁 69。

〔註21〕顧炎武，〈音學五書序〉（《顧亭林文集》，頁 25）這種心態十分值得探究，詳後。是中國傳統士大夫復古心態的一種呈現，有其普遍性。許多學者在不同的學術領域都有類似的主張。

被積壓得如此之深。於是他就必須把轉變的樞扭找出來，透過幾度的還原，而回到那時間開始流動的臨界點上，三百篇完成迄秦漢之間的一段茫昧之域。

因爲「魏晉以下……今音行而古音亡」；宋元以來「宋韻行而唐韻亡」，於是他：

> 據唐人以正宋人之失，據古經以正沈氏唐人之失，而三代以上之音部分秩如，至蹟而不可亂。（頁 25）

「自是而六經之文乃可讀」（頁 26）。如是逝去的聲音乃復可以傾聽。

然而也就這樣，顧炎武「博學於文」「行已有恥」中的結構裂隙才被全然暴露出來，使得「經世」的萎縮和「經（學）」的懸擱都有著方法論的依據。他提供了一條精神的逃逸之路，透過可以撫觸的物質形跡（字、詞、書……），在聲音的指引之下，讓精神投注在那詞與物剛剛分離，被指涉的客體（the real，典章制度）仍還是眞實的存有而非懷舊想像的時代。

（二）專門漢學

從這「半個顧炎武」出發，一個新的精神／學術系統被建構出來，那便是皮錫瑞所謂的「專門漢學」之形成：

> 國朝漢學凡三變。國初，漢學方萌芽，皆以宋學爲根柢，不分門戶，各取所長，是爲漢守兼采之學。乾隆以後，許、鄭之學大明，治宋學者已尟。說經皆主實證，不空談義理，是爲專門漢學。〔註22〕

而「專門漢學」在形式上的特徵，皮氏拈出兩點：「一曰傳家法」，「一曰守顓門」：

> 家法顓門，後漢已絕，至國朝乃能尋墜緒而繼宗風。傳家法則有本原，守顓門則無淆雜。（皮錫瑞，頁 320～321）

皮氏的系譜建構有他的特殊用心在，他隱然把「專門漢學」視爲「古文經學」的同義詞。因此他特地把二者的共同性指出，隱含的其實卻是一個相反的問題：何以當時人及後世的歷史建構者不逕直稱之爲「古文經學」，而稱之爲「專門漢學」？顯然皮氏也有意識到二者其實在關鍵之處還是不同的，而「古文經學」名目的復張其實正是受今文經學的重振的激發。〔註23〕「專門漢學」

〔註22〕 皮錫瑞，《經學歷史》，頁 341。

〔註23〕 在皮氏的論述裏，今文經學的復興其實正是「專門漢學」形成的必然結果。因爲「專門漢學」如果不涉及今文經學就不能反映漢代學術的全貌，做爲漢代學術主流之一的今文經學也必然會隨著「專門漢學」的召喚漢代而被重新召喚出來。於是他說：「嘉道以後，又由許鄭之學導源而上」（341）。而皮氏

之為「專門」必涉及一套獨殊的方法論，及與該方法和方法論相依存的世界觀。做為專門漢學的後繼者和古文經學最後的大師，章太炎對「專門漢學」有以下的總結：

> 始故明職方郎崑山顧炎武為《唐韻正》、《易·詩本音》，古音始明，其後言聲音訓詁者稟焉。大原閻若璩撰《古文尚書疏證》，定東晉晚書為作偽，學者宗之；濟陽張爾岐始明《儀禮》；而德清胡渭審察地望，系之《禹貢》，皆為碩儒。然草創未精博，時糅雜元、明讕言。其成學著系統者，自乾隆朝始。一自吳，一自皖南。（《檢論·清儒》，頁 473）

在這裏，顧炎武成為章氏論述開場的始祖，而他的功績特別標明是在於「古韻始明」，成為清儒聲音訓詁的開風氣者。在〈清儒〉一文中，章氏把「成學著系統者」分為三派：吳、皖南、浙東；吳「始惠棟」「綴次古義」，鮮下己見，守成甚於開創；〔註 24〕浙東史學承自黃宗羲；而在方法論上繼承顧炎武的，只有皖南一派，也就是梁啓超所謂的「正統派」，始自戴震：

> 震生休寧，受學婺源江永，治小學、禮經、算術、輿地，皆深通。其鄉里同學者有金榜、程瑤田，後有凌廷堪、三胡。……震又教於京師。任大椿、盧文弨、孔廣森，皆從受業。弟子最知名者，金壇

之強調「家法顓門」也隱然暗示「古文經學」式的學派已然形成，而其「宿敵」今文經學也已呼之欲出。因為今古文經學基本上是共生的。今文經學的復興問題其實十分複雜，參艾爾曼（Benjamin. A. Elman）"Classicism, Political, and Kinship"。另外，清代漢學和漢代漢學在精神上有根本的差異，章太炎業已指出：「大氏清世經儒，自『今文』而外，大體與漢儒絕異。不以經術明治亂，故短於風議；不以陰陽斷事，故長於求是。」（《檢論·清儒》頁 476）本文接受皮氏的提法，著眼點在於討論自戴震迄段玉裁王念孫（甚至阮元之間）一種特殊論述型構之形成，他們的理論首先便是奠基在漢人的故訓之上（甚至也較偏重於古文經學派），而且有相當明顯的師承關係（但卻極反對墨守）。這一切當然是為後來古文經學派復振提供了先決條件，可是卻不能逕直稱之為「古文經學派」（湯志鈞在《近代經學與政治》中就這麼做，1989 年：37，中華書局），那是混淆了歷史，因為古文經學派的提出恰恰是對應於今文經學派的復興。一直到龔自珍，還在〈與江子屏箋〉中為經學「正名」（《龔定庵全集類編》，1991 年：211～212）。可見「漢學」和「經學」在範疇和精神上是頗有不同的。因此，學者們屢次的「正名」舉措就十分值得注意，那是觀念變遷的象徵。

〔註 24〕 這和惠棟「僅守師說」有關。梁啓超甚至為惠氏下了這樣的定論：「凡古必真，凡漢必好」「不問『真不真』，唯問『漢不漢』」。（《清代學術概論》，頁 632～633）

段玉裁，高郵王念孫。玉裁爲《六書音韻表》以解《説文》，《説文》
明。念孫疏《廣雅》，以經傳諸子轉相證明，諸古書文義詰詘者皆理
解；授子引之，爲《經傳釋詞》，明三古辭氣，漢儒所不能理繹。其
小學訓詁，自魏以來，未嘗有也。……近世德清俞樾、瑞安孫詒讓，
皆承念孫之學。樾爲《古書疑義舉例》，辨古人稱名牴牾者，各從條
列，使人無所疑眩，尤微至。世多以段、王、愈、孫爲經儒，卒最
精者乃在小學，往往得名家之流，非漢世《凡將》、《急就》之儔也。
（《檢論・清儒》，頁 474）

詳細的勾勒出專門漢學中一個族裔繁盛的「學派」（School），道出其中各里程
碑人物的代表作、特殊建樹。而這其實也是章太炎的師承系譜，俞樾是他業
師，「詁經精舍」正是標榜許、鄭、段、王。在這一精神系譜的建構中，戴震
被擺在樞扭的地位上，反之曾影響過戴震的同一時代的大師江永〔註 25〕卻被
淡化處理，原因很可能是江永「勤一世於山巖屋壁間，竟無所遇以老死」，〔註
26〕影響不大；而戴震「遭際稽古右文之盛，得出所學於承明著作之廷」「聲譽
隆隆滿天下」（頁 275），入四庫館，廣交當時學術精英，而且門下出了幾個成
就很大的弟子，他的學術觀點和一些獨特的理論見解，都獲得傳播、認可、
闡發；〔註 27〕而段、王諸人也各自以一部或多部代表作完成了「專門漢學」
此一特殊的論述結構。

（三）形的「結構性在外」

戴震和江永一樣，是在接受了顧炎武的前提之後，在顧炎武止步的地方
開始起跑。所以他們都批評顧氏「考古之功多，審音之功淺」，〔註 28〕嫌顧炎
武古韻分部不夠細密（「明陳氏、近顧氏考證益詳，而古韻今韻，究未得其條

〔註 25〕 戴震對江永推崇備至，在〈江鎮修先生事略狀〉中說：「審先生之學，自漢經
師康成，罕其儔匹。」（《戴震文集》，頁 181）至於戴震和江永之間的關係和
相關的爭論，參余英時《論戴震與章學誠》（華世，1977 年）〈外篇〉第一章
〈戴震的經學考與早期學術路向——兼論戴震與江永的關係〉。

〔註 26〕 余廷燦〈戴東原先生事略〉（《戴震文集》：274～275）。

〔註 27〕 章太炎對戴震的開創之功極爲推崇，在晚年的《國學概論》中猶提及惠棟「墨
守漢人學說，不能讓學者自由探求，留發展餘地」；而戴震「從音韻上闖出新
途徑」（頁 43）開發了一個新的學術天地。

〔註 28〕 戴震的批評見〈書廣韻四江後〉，措詞：「蓋隋唐諸人辨聲之功多，考古之功
少；吳氏陳氏顧氏則又考古之功多，辨聲之功少也。」（《戴震文集》，頁 184）
江永的批評見戴震〈江鎮修先生事略狀〉：「古韻起於吳才老，而崑山顧氏據
證尤精博。先生則謂顧氏考古之功多，而審音之功淺。」（同書，頁 179）

貫。」〔註29〕古韻分部——釐清古今韻部及道出變遷、轉換的機制——確是一大關鍵，是把展現於眼前的物質形跡中積累的混淆的時間性依層級劃分開來的主要依據和參照。而沿著聲韻學的突破，其實也逐漸開展了一種新的意義理論，對字、對書、對「道」……也有著不同的理解。

戴震開啟的這一套新的意義理論的核心關切可以說就是「識字」——閱讀「偉大的古人的偉大的精神遺產」（經典）的最基本要求、先決條件、基礎工作。這也正是此一奠基於古韻之上的意義理論的基進（radical）之處。「識字」問題在古代是由「小學」擔荷，「小學」是為了解經而構設起來的一套輔翼系統，它的建構和古文經學的形成有著密切的關聯。〔註30〕在一個假設性的遙遠古代，那時的語音尚未有如戴震所處的時代那般的大差別，在那種原始的和諧中，語音不是問題，於是「識字」便只是小孩童蒙的基礎教育，由辨認字形入手，以認識字。然而當「遺文垂絕，今古縣隔」之後，「識字」便成了一個大問題，所以他說：

> 自昔儒者，其結髮從事，必先小學。小學者，六書之文是也。……
> 故其時儒者治經有法，不歧以異端。後世道闕，小學不修，古文絕
> 於嬴氏，佐隸起於獄吏。〔註31〕

「小學不修」是讓識字成為問題的一大主因，而小學之所以「不修」又和中國文化史的一大革命性開場有關——秦之統一六國，建立大一統帝國。秦的文字政策把之前的歷史驅趕入茫昧之域；對於先秦古籍而言，隸書的創生普及毋寧是物質表徵上的一次徹底的改朝換代，從此原初的「象」被置入集體遺忘的原始蠻荒，難以確認。〔註32〕戴震十分清楚的意識到，在那樣的新的

〔註29〕戴震，〈書廣韻四江後〉，頁84。

〔註30〕據胡奇光的解釋，「小學」做為一個學科創始於西漢，正是肇因於「古文」經的「出土」。這些古文經為當時的讀者提出了「識字」的問題—不先讀懂那些古文字，就無法解讀古文經。而小學做為一個學科而建立關鍵人物正是劉向歆父子。他們因校書中秘而讓古文經再度「出土」，讓它成為學術和政治上的問題。劉向把校中秘的成果總結為《別錄》，劉歆撮其要而為《七略》：「他們在書中把周秦以來的字書及『六書』之學，稱為『小學』。『小學』的定名正宣告中國語言文字的創立。」（《中國小學史》，頁52～53。）後班固刪《七略》而「小學」之名卻保留在《漢書·藝文志》中，成為一個重要的類目。又，漢代古文經學家多為小學家，詳王國維《觀堂集林》中的〈漢代古文經學家多為小學家說〉。

〔註31〕〈六書論序〉（《戴震文集》，頁66）。

〔註32〕這些問題在這只是做一個引子，討論章太炎時會有較全面的論及。詳第四章五、六、七、八節。

歷史開場之後，「字形」早已喪失了抗拒時間的能力（「自有書契以來，科斗而篆籀，篆籀而徒隸，字畫俛仰，浸失本眞。」〔註33〕），因此他的意義理論的第一個要點便是：在策略上放棄字形。

於是戴震便從內部上改造了「小學」，把其中很大的一部份彊域（尤其是字樣之學）切割出去，於是他們對文字的理解就和古韻取得突破之前的儒者大不相同。「字」的內在結構也獲得了調整：

於是字的形跡在認知上便失去了結構上的優先性，它總是等待被穿透，也總是被穿透。在這一前提上，戴震在〈論韻書中字義答秦尚書蕙田〉中論述了（形）音義的六種關係，也就是（形）音義在時間流變中的再生產：

> 字書主於故訓，韻書主於音聲，然二者恆相因。〔註34〕

「形」淡淡的被置入括弧，直接被理解爲是義的問題。

> 音聲有不隨故訓變者，則一音或數義。音聲有隨故訓而變者，則一字或數音。大致一字既定其本義，則外此音義引伸，咸六書之假借。
>
> 其例：或義由聲出……凡故訓之失傳者，於此亦可因聲而知義矣。
>
> 或聲同義別……或聲義各別……六書假借之法，舉例可推。（同頁）

這是戴震意義理論中音／義的三種最主要的關係，在這三者中，形都不具決定性（甚至不具重要性），而是音義在時間的流變中隨著音的變或不變而帶來語義生產，那基本上是受音決定的，而戴震的整個理論的重心，也就是企圖證成音／義的結構性關係。在此一論述中，「本義」也被置入括弧之中，接著是另外三種關係：

> 其或異字異音，絕不相通，而傳寫致譌，涇渭莫辨；……又有本無其字，因譌而成字；……有字雖不譌，本無其音，譌而成音……（同頁）

〔註33〕〈與王內翰鳳喈書〉（《戴震文集》，頁66）。
〔註34〕《戴震文集》，頁48。

此三者皆錯誤的再生產，因為它生產於錯誤，也生產出錯誤。三者都與義無關，是聲和形的關係，而透過文獻的比對，戴震發現這些「因偽而新造」的形或音唯一的意義是被更正。換言之，它不具有結構上的意義，只具有技術上的意義，相關的技術手段便是校勘。然而由於它的辨識依據的還是古韻學的專門知識，因此可以說仍和戴震的意義理論有著相當的關係——是對「形」的不信任、排斥、意圖加以還原（讓它回到原初的樣貌）修正（正其譌）——的一種結構性的延伸，因此仍然反映了「形」在戴震的意義理論中，是結構性的在外〔註35〕

　　在前三種音／義關係中，戰場其實已經從「字」延伸到中國最古老也最權威的文字理論——六書說——之中，為了讓他的古韻學在六書中也取得結構上的重要性，要讓字的內在結構變遷獲得傳統解字理論的保障，也只有在六書中予以確證。換言之，字的內在結構轉換，必然是在「六書」之內的。

　　（四）「六書」的結構轉換

　　在戴震的論述**裏**，六書之所以重要，因為它可以在總體上、原理上統馭文字，有功於治經：

> 六書也者，文字之綱領，而治經之津涉也。載籍極博，統之不外文字，文字雖廣，統之不越六書。〔註36〕

也只有把做為「文字之綱領」的六書也進行內在結構的轉換，才算是從總體上解決了「字」的解釋問題；同時，也等於提出了一套對於經的局部釋義學。

　　戴震首先是以體用分六書：書之體（指事、象形、諧聲、會意）；字之用（轉注、假借）。值得注意的是，在初始的字的創造中，聲音並不具有優先性——具優先性的是「事」與「物」：

> 大致造字之始，無所憑依。宇宙間，事與物兩大端而已。指其事之實曰指事，一、二、上、下是也；象其形之大體曰象形，日、月、水、火是也。文字既立，則聲寄於字，而字有可調之聲；意寄於字，而字有可通之意；是又文字之兩大端也。因而博衍之；取乎聲諧曰諧聲，聲不諧而會合其意曰會意。四者，書之體止此矣。〔註37〕

聲音的可見形式是在「形」成立之後才添加——「借住」（寄）進去的。接著

〔註35〕討論章太炎時，這一點會更被強調。詳第四章第八節。
〔註36〕戴震，〈六書論序〉（《戴震文集》，頁66）。
〔註37〕戴震，〈答江慎修先生論小學〉（《戴震文集》，頁64）。

在「字之用」上展現他的創意：

> 由是之於用：數字共一用者，如初、哉、首、基、之皆爲始，卬、
> 吾、台、予、之皆爲我，其義轉相爲注，曰轉注；一字具數用者，
> 依於義以引伸，依於聲而旁寄，假此以施於彼，曰假借。所以用文
> 字者，斯兩大端也。（同頁）

在這兩段耐人尋味的文字中，戴震之論六書除了四體二用之外，其實整體而言又分爲三層：在四體之內又分爲二層。指事和象形是最初級、最簡單、最始原的造字，以形爲主體；接著是「聲」的因素加入後，聲變成主體的「諧聲」、和以意爲主體的「會意」。此二者正是戴震意義理論的重點，也是他論述「字之用」的起點。在此段引文中，戴震似乎暗示，這三層之間有一種發展的關係，最初始的體（象形、指事）那隸屬於形的生產業已完成於歷史的起點；以聲和意爲主體的「體」仍具有一定的生產性，既然是「合體」，在長遠的歷史過程中就預設了拆散／重組的可能，那種生產是以聲或意來召喚形。然而由於它們必然是合體字（形符、聲符、義符的組合），在構成合體字時做爲「體」的生產性業已完成；合體完成後，一如象形、指事，它們的形業已固定；形的固定就等於封閉了做爲「體」的生產性。〔註 38〕於是在長遠的歷史中，字以固定的形在龐大的文獻裏、無盡的上下文中洄游穿梭，音和義的變化就隱沒在形之下，由於懸擱了形，而難以辨識。這是一種更繁複、更抽象的生產性，和語言與社會的變遷（不同情境的具體存在）息息相關，戴震把它稱做「字之用」。在假借、轉注二者中，於前者就戴震目前可以看到的著作而言，似乎討論得並不多，只有原則性的提示，而理論上的完成，還有待段玉裁、王念孫等。他似乎僅著力於後者。

他在同一篇文章裏說：

> 震謂考老二字，屬諧聲會意者，字之體；引之言轉注者，字之用。
> 轉注之云，古人以其語言，立爲名類，通以今人語言，猶曰「互訓」
> 云爾。轉相爲注，互相爲訓，古今語也。《説文》於「考」字訓之曰
> 「老也」，於「老」字訓之曰「考也」，是以序中論轉注舉之。《爾雅·
> 釋詁》有多至四十字共一義，其六書轉注之法歟？別俗異言，古雅

〔註38〕 形變當然是一大問題，也可視爲是一種生產；可是在戴震的論述裏，這已被排除出去。在中國文化史上，歷代的字形演變及官方、教育體系裏字形標準化的問題，是另一個繁複的論述領域。在它被某種論述排除出去之後，卻自成論域。

殊語，轉注而可知。故曰「建類一首，同意相受。」（頁64）

《說文》序中論六書，轉注是最不清楚的一環，但卻也給後人留下廣大的想像空間。在「互訓」中，關聯的似乎只是字（詞）意之間的關係，可是戴震的創意卻正在於：他把「互訓」理解爲是音／義──音／義的關係。換言之，他體系中的「互訓」仍是以古韻爲內在的結構關係。在〈轉語二十章序〉中他同樣舉了上述《爾雅》中的例子，再予以理論上的說明：「凡同位爲正轉，位同爲變轉」：

> 凡同位則同聲，同聲則可以通乎其義；位同則聲變而同，聲變而同
> 則其義亦可以比之而通。〔註39〕

其中「同位」指發音部分相同的聲母；「位同」指發音方法相同的聲母，戴震認爲在時空中語音的變化只要是在這兩大關聯域內，語詞間的意義就可以互通。這樣的論述意義在於：指出詞義在時空中變化的可能範圍、追蹤的方式、它的邊際，甚至交叉網絡的結構。戴震也頗清楚他要解決的究竟是什麼問題──「別俗異言，古雅俗語，轉注而可知」──易言之，是語言文字之學的古老焦慮：「南北是非，古今通塞」，〔註40〕意即時間和地理所造成的各種難以掌握且足以引發文化焦慮的差異。

　　（五）「家族指認」

　　爲了處理這樣的問題，戴震做爲一個未來學科的初始建構者，除了承繼該狹隘傳統（吳才老、陳第、顧炎武）之注重《廣韻》和《毛詩故訓傳》之外，他尤其注重《爾雅》和《方言》，並且試圖爲前者做「〈文字考〉」，爲後者做「〈疏證〉」。而他之所以把「轉注」建構在《爾雅》之上，也因爲他充份意識到《爾雅》做爲一部經學密碼書的無比重要性。在〈爾雅文字考序〉〔註41〕中，他就已指出《爾雅》做爲該論述（且在後世成爲一個學科）必讀的一本入門教科書：

> 余竊謂儒者治經，宜自《爾雅》始。取而諟之，殫心於茲十年。〔註42〕

〔註39〕《戴震文集》，頁91。
〔註40〕陸法言，〈切韻序〉，收於汪壽明選注《歷代漢語音韻學文選》，上海古籍出版社，頁14。陸氏本專指音韻，這裏做了引伸。
〔註41〕本章論述戴震並不考慮戴氏各著作完成的先後問題，也就是不考慮他個人思想的「發展」問題（如錢穆、余英時、岑溢成諸氏所著力的）而只就戴震個人思想中此一特殊的論述結構立論。
〔註42〕《戴震文集》，頁44。

在經和解經之間，與其說是主從關係，不如說是一種辯證的互動關係，相互
提供文脈（context）：

> 夫援《爾雅》以釋《詩》《書》，據《詩》《書》以證《爾雅》，由是
> 旁及先秦已上，凡古籍之存者，綜覈條貫，而又本之六書、音聲，
> 確然於故訓之原，庶幾可與於是學……。（同頁）

在另一篇文章中又說：

> 援《爾雅》附經而經明，證《爾雅》以經而《爾雅》明。〔註43〕

《爾雅》在內容和來源上比較可靠的說法是秦漢經師故訓之纂集，〔註44〕而
且偏向古文經的系統。因此在性質上它便是經裂解後的《經》的局部——把
語詞、「名」從所有特定的文脈中拆散——在某個世界觀底下再予以歸納式的
據義分類重組。重組後的詞語有了它自己的形式（甲、乙、丙、丁也。），而
且在時移事後之後忘卻了它的來源。在它那奇異的文脈中（詞的聚合，所有
「上」「下」文都不成其爲上下文，彼此都是孤立的，也幾乎多是各自獨立的），
總是難於釋讀——似乎總是缺乏一個多元、多重的文脈（它的來源）來說明
那一個個孤立的詞。反之，在《經》的正文中，詞語也似都被封錮在一個個
過於具體的上下文中，它的訓解缺乏一個既成系統的保障（易淪爲「緣詞生
訓」〔註45〕）因此理解的可能、意義的釋放就在於二者辯證的互動中，互相
召喚，讓各個相關的語詞和它們的上下文都浮露，在聲與義的諸多指涉可能
中，達致一種「家族指認」〔註46〕的效果。而所謂的「互訓」，指的便是這麼
一回事；聲韻關係，就是該隱形家族的隱匿血緣；古韻分部，便是該家族族
譜的宗祧結構。

〔註43〕戴震，〈爾雅注疏箋補序〉（《戴震文集》，頁 45）。

〔註44〕顧廷龍。王世偉《爾雅導讀》，巴蜀書社，1991 年，頁 4。

〔註45〕戴震在〈古經解鉤沈序〉中說「鑿空之弊有二：其一，緣詞生訓也，其一，
　　　守訛傳謬也。緣詞生訓者，所釋之義非其本義。守訛傳謬者，所據之經併非
　　　其本經。」（《戴震文集》，146）這裏的「本義」並非「造字之本」，「造字之
　　　本」的本義在戴的體系中已被懸擱。這裏的「本義」毋寧是「用之本」，也就
　　　是經典文獻規範的解釋可能。

〔註46〕後期維持根斯坦哲學把語言的使用視爲「語言遊戲」，把各個語言遊戲間的關
　　　係描述爲「家族相似」（參維特根斯坦，《哲學研究》，三聯書店，1992 年：45
　　　～47；洪漢鼎，《語言學的轉向》，遠流，1992 年：201～207）這裏做了一點
　　　俏皮的轉化。必須指出的是，「家族相似」是反本質主義的構設，而「家族指
　　　認」卻傾向於本質主義。前者的重點在於「相似」，後者的焦點在於「家族」
　　　——血緣遺傳的本質關聯。

　　然而戴震的意義理論在很多方面其實並未完成，從段玉裁、王念孫、阮元到章太炎都一直持續開發中。他的「轉注」理論，也只有在章太炎手上，才顯影出一幅完整的「族譜」（詳第四章第八節）。除了開發《爾雅》，戴震之「復活」《方言》也頗具象徵意義。他「從《永樂大典》內得善本，因廣搜群籍之引用《方言》及注者，交互參訂，改正譌字二百八十一，補脫字二十七，刪衍字十七，逐項詳證之」，〔註47〕而整理出一個可讀的《方言》本子。《方言》是該論述領域中另一本重要的教科書，而《方言》所呈現的問題則更難以掌握。在討論《爾雅》時，他就已注意到時間和空間在「距離」上的類似性：

> 蓋士生三古後，時之相去千百年之久，視夫地之相隔千百里之遠無
> 以異。〔註48〕

《方言》做爲一部古書，同時要面對時間和地理，在理論上似乎更難以處理。可是在兩個條件之下讓《方言》變得可以掌握：（1）它的某部分和《爾雅》是互補的；而且似乎是在解釋《爾雅》內的當時的方言；〔註49〕換言之，它暴露了《爾雅》古今雅俗語中隱匿的方言。（2）當「方言」被載錄時，它就已進入了書面語的世界，甚至揚雄可能也只是憑自己淵博深厚的語言文字素養，把一些經典中的語詞的方言性暴露出來。如此，這些「方言」就是可以掌握的，它們見證了語詞在地域中也如同在時間中依同樣的邏輯在同樣的結**構裏**轉變。〔註50〕戴震對方言著墨不多，但是已漸漸可以預示他那意義理論後續的發展：一種類似共時性的系統〔註51〕──一種「地質學」。〔註52〕所以

〔註47〕戴震〈方言疏證序〉（《戴震文集》，頁154）。

〔註48〕戴震〈爾雅文字考序〉（《戴震文集》，頁44）。

〔註49〕這樣的例子不少。試舉一例：《爾雅·釋詁》：「如、適、之、嫁、徂、逝，往也。」《方言》卷一：「嫁、逝、徂、適，往也。自家而出謂之嫁；由女而出爲嫁也。逝，秦晉語也。徂，齊語也。適，宋魯語也。往，凡語也。」

〔註50〕錢大昕在〈與段若膺書〉中說：「聲音之變，由於方言，始於一方而偏於天下，久之遂失其最初之音。」（周斌武選注，《中國古代語言學文選》，上海古籍出版社，1988年：124）可見地理和時間在「距離」上是同質的。這種觀念在章太炎那**裏**有更極端的發展。詳第四章第三節。

〔註51〕戴震建構的那一套理論似乎是在解決歷時現象（音義變遷），然而當他以音爲主體以一種結構的觀念（「疑於義者，以聲求之；疑於聲者，以義正之」）來處理問題時，實際已經把歷時現象做共時處理。而依索緒爾的看法，歷時現象也不具自足性，歷時描述其實是從共時描述中產生的──歷時現象終歸是事後建構的產物，並且總是以共時系統爲參照。參喬納森·卡勒著，張景智譯，《索緒爾》（桂冠，1992：30～31）。

戴震十分謹慎的不追蹤本源，在六書中優先把「造字之本」存而不論，在討論語音時也十分簡單的做生理學上的解釋（「人之語言萬變，而聲氣之微，有自然之節限」），〔註53〕所謂「自然之節限」，便是「始喉，下底脣末」的「口」），從而避免了形上學，從這裏也可以看出他執著於器的實證精神。

（六）「形」的假借性保留

戴震的理論至此大體已備。他的同時代人錢大昕、段玉裁、王念孫等從不同的角度予以補充、推展。尤其是段、王二氏，對於整個體系的完善方面，盡了不少力。所以在前引章太炎〈清儒〉的斷片中，章氏特別標舉二氏（「弟子最知名者，金壇段玉裁，高郵王念孫。玉裁為《六書音韻表》以解《說文》，《說文》明。念孫疏《廣雅》，以經傳諸子轉相證明，諸古書文義詰詘者皆理解；援子引之，為《經傳釋詞》，明三古辭氣，漢儒所不能理繹。」）首先二氏分別各以一部「密碼書」為場域展開自己的理論，王念孫選擇魏・張揖的《廣雅》做「疏證」，這和戴震之「疏證」《方言》、為《爾雅》做「文字考」有內在的關聯；段玉裁之為《說文解字》做「讀」、做「注」更與他對此一論述形構的補允開發有必然的關係。王念孫在《廣雅疏證》中的實踐正是以實際的演練論證了「形」在此一論述體系中的「結構性的在外」。在把《廣雅》列為該「學科」（訓詁學／小學）的同時，更以一句話總結了「形」的「在外」：

　　……就古音以求古義，引伸觸類，不限形體。〔註54〕

其子引之引述他的話，補充道：

〔註52〕這裏參考埃德蒙・利奇對列維—斯特勞斯的批評（于慶仁譯，《列維—斯特勞斯》，三聯書店，1986）。埃氏批評後者的「時間意識是地質學式的」（頁16）。兩塊菊石在形成的時間上可以有上千萬年的差別，可是卻共時呈現在觀者（列維氏）面前，二者都是時間的沉積物，然而在現前的呈現中，卻不具有時間性，時間性僅僅表現為共時狀態下的物質差異（頁17）。
〔註53〕戴震，〈轉語二十章序〉（《戴震文集》，頁91）這一觀念阮元的陳述更清楚：「古今天下之言皆有部居，而不抵乎喉舌之地。」（〈與郝、蘭皋戶論爾雅書〉，周斌武選注《中國古代語言學文選》，頁195）而「自然之節限」又可以延伸到戴震的地理學。洪榜的〈戴先生行狀〉中記錄了以下戴氏的話：「今古遷移，不可究詰。治斯學者，因川原之派別，知山勢之逶迤；由山鎮之陰陽，水行所逕過，知卅群之沿革遷徙。大凡水之上流，川出於兩山之間，歷千百年如其故道，至於委流，地平衍而土斥，不數歲輒遷徙不常，……」（《戴震文集》，256）水和地的關係，就如語言和口舌的關係，戴震仍是以非常實證的態度去把握。然而地理和語言之間，其實還存在著隱喻的關係。
〔註54〕王念孫，《廣雅疏證・序》，頁1（江蘇古籍出版社，1984）。

訓詁之指，存乎聲音，字之聲同聲近者，經傳往往假借，學者以聲
求義，破其假借之字而讀以本字，則渙然冰釋。〔註55〕

假借字在古籍中是普遍存在的一大閱讀障礙，它是聲音被時間遺忘之後留存
的物質遺跡，在它那可以辨識的形跡背後有著不為人知的曖昧身世，正文提
供的上下文並不足以讓閱讀者破譯，因為它另有上下文在其他地方，在那**裏**，
它以真實的物質形貌（本字）呈顯它自己。在這「欺瞞的形」（形 I）和「真
實的形」（形 II）之間，關聯著的是聲音的秘密——在經其文本生產的時間（包
括了某段流傳——再生產的時間），它們之間可以經由傾聽分辨——分辨出它
們在聲音上是相同的族類（聲同、聲近）。然而古今音變之後，「形 I」和「形
II」的內在通路被遮蔽，「形 I」的工具意義因而被遺忘，它本身的詞義卻因而
彰顯，把一段文意脈絡的理解帶向其他地方。王念孫的工作卻是，把這「迷
途」的存有，帶回原來的地方。「破假借」也意味著破去時間的物質外殼。「回
到原來的地方」，也就是回到「經」——一個宣稱可以凝結時間的繁複場域。
〔註56〕所以他說：

訓詁、聲音明而小學明，小學明而經學明。〔註57〕

「明」，可以理解為「去蔽」。

有趣的是，王念孫和段玉裁一些關鍵性、綱領性的理論陳述部份展現在
為對方的注疏寫的〈序〉中，其作用是在為對方的注疏做方法論說明。而這
些精采的說明，卻被論者理解為是他們自己的理論展示。段玉裁在〈廣雅疏
證序〉中把形、音、義的繁雜關係以他自己的語言說出：

小學有形、有音、有義，三者互求，舉一可得其二。有古形，有今
形，有古音，有今音，有古義，有今義，六者互相求，舉一可得其
五。古今者，不定之名。三代為古，則漢為今。漢魏晉為古，則唐
宋以下為今。聖人之制字，有義而後有音，有音而後有形。學者之
考字，因形以得其音，因音以得其義。治經莫重於得義，得義莫切
於得音。〔註58〕

〔註55〕王引之，《經義述聞・自序》，商務，1979：3。
〔註56〕乾嘉學者對於「經」的構想遠不限於十三經，在「經」的邊界被特定的研究
　　　　方法拆散之後，在「考證」、注疏取材的對象上甚至還包括先秦諸子。關鍵在
　　　　於生產時間上的「去古未遠」。
〔註57〕王念孫，〈說文解字注序〉（段玉裁，《說文解字注》，藝文印書館，1966：1）。
〔註58〕《廣雅疏證》，頁 2。

形、音、義三者中，自戴震以降迄王念孫，「形」的優先性早已被破除，而段玉裁卻再度把它召喚回來，並且再度賦予它結構上的重要性（「舉一可得其二」）；並且進一步把時間因素也考量進去（一種相對的「古今」觀念），注入時間之後，形仍舊具有結構上的重要性，而且和音、義對等，這是怎麼一回事？他甚至還在結構上調整這三者的次第：

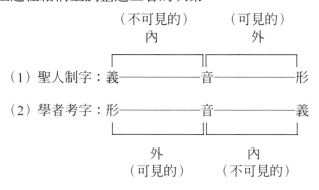

　　他發現「制字」和「考字」在順序上恰是互為逆反；內在之義和音（音又是義的形式），轉化為外在的、可見的物質形式，是原初的符碼化（coding）過程，當義和音被封閉入形之後，「聖人」心中的音和義便隱沒。於是「考字者」在從事「考字」時，其實面對的首先便是那可見的物質形跡。因此在他看來，完全的「忘形」是不可能的，因為形恰恰是辨識那隱匿的內在（音、義）唯一可靠的物質依據。這當然和他研究《說文解字》有關，反之，他之研究《說文》說不定也正是源於這樣特殊的認知。妙的是，他以這樣的結構關係來說明王念孫的《廣雅疏證》（「懷祖氏能以三者互求，以六者互求，尤能以古音得經義，蓋天下一人而已矣。」），而王念孫在〈說文解字序〉中也說：

> 吾友段氏若膺，於古音之條理，察之精，剖之密。嘗為《六書音均表》，立十七部以綜核之。因是為《說文注》，形聲、讀若，一以十七部之遠近分合求，而聲音之道大明。於許氏之說正義、借義，知其典要，觀其會通，而引經與今本異者，不以本字廢借字，不以借字易本字，揆諸經義，例以本書，若合符，而訓詁之道大明。〔註59〕

王念孫強調段氏是以他的古韻學為基礎來治《說文》，而且也盛讚段氏有助於

〔註59〕同註57，頁1。

訓詁聲音之道，對於字形，卻只是作用上的保存：「不以本字廢借字，不以借字易本字」——換言之，讓物質形跡保留它做為「遺跡」的原始樣貌，以做為「考字」的參照。於是「破借字讀以本字」其實便意謂著「不廢借字」——保留古書正文的原始形貌，而「讀」則是一種注疏型態的存有。物質形跡在做為認知的依據上仍具有某種優先性。某些可以辨識的因素（字形的結構原則）隱約的暗示了音與義隱匿的秘密（六書中的象形、指事、形聲、為意做為「體」就負載著這樣的使命）。然而段氏對形的召喚其實也只是做為一種結構上的補充，形並未能取代音在該體系中的能動性（如王念孫準確指出的），古音仍有主導性，段氏對形的注重仍是以他的古音學為前提的。然而，也就在段氏對形的召喚中，此一形成中的「學科」的基本教科書就從戴震所開列的《爾雅》、《方言》擴增為五：

> 《說文解字》者，象形、指事、會意、諧聲之書也；《爾雅》《廣雅》
> 《方言》者，轉注假借之書也。〔註60〕

《說文》在其中佔有顯著的重要位置。喚回形也就等於把《說文》納入該體系，而讓原有的音—義結構復原為形——音——義。

於是在王念孫「引伸觸類，不限形體」的宣言中，段玉裁恰恰在那論述形構接近完成的關鍵時刻重新賦予「形」一個重要的位置，它們共同構成了形與形、經典正文的物質表徵上的相關性、差異性之下，一個龐大的音與義綿延的交錯網路；那是某段經典文本的生產時間（古，去古未遠）中典籍裏在「形」被作用上的保存，但也是作用上的遺忘之後，音與義的結構關係，一個隱形的家族和它們那依賴於傾聽的族譜。

合形、音、義三者而構成的論述型構便是所謂的「小學」，〔註61〕在戴震、

〔註60〕段玉裁，《六書音均表·六書說》。段玉裁對「形」的召喚顯然和戴震對形的懸擱在結構上有所不同，因而有論者把段、戴的理論視為兩個系統（胡奇光，《中國小學史》上海人民出版社，1987：250～281），那顯然是受近代西方語言學觀念的影響。我這裏寧願比較保守的把它當做是同一個系統的內部差異，而且二者間有著辯證的補充關係。

〔註61〕「小學」的範疇自漢以來變化頗大。大略而言，清代小學和漢代小學在精神上比較接近，只是更為徵實，也更為實證；漢化小學中沾染的今文經、陰陽五行、讖諱等神秘色彩都被有意的淡化。清代「小學」論述範疇的劃定和戴震訖段玉裁等人的「復活」文字、聲韻、訓詁當有密切的關連。是以《四庫全書總目提要》卷十四〈小學類〉稱：「惟以《爾雅》以下編為訓詁，《說文》以下編為字書，《廣韻》以下編為韻書。」在清代樸學學者眼中，漢以後的小學發展基本上是一種「退化史」，章太炎在觀念上便是承繼

段玉裁等人逐一「復活」了此一論述型構中關鍵的「密碼書」之後，「去古未遠」的漢儒故訓於焉大明，六經聖典的解讀才有可能；更重要的是他們建構出一套完整、有效的方法，「以六者互求」可以穿破地質學式的時間沉積，去聆聽逝去的聲音。以這兩者為基礎，他們還可以走得更遠，王念孫王引之父子首開風氣，「以經傳諸子轉相證明」，把解碼的領域擴大——如果他們的那一套理論是有效的，理應適用於所有留存的先秦古籍——擴大到先秦諸子。清代學術之所以呈現為總體上的古學復興（歷史的偶然性又讓它成為總體上的總結），恰可以看做是他們征服了時間之後的驚人成果。

四、書的還原式重構

皮錫瑞雖然身屬今文經學派，卻相當準確的捉到要點且做了適切的總結：

國朝經師有功於後學者有三事。一曰輯佚書……至國朝而此學極盛。惠棟教弟子，親授體例，分輯古書。余蕭客《古經解鉤沈》，采唐以前遺說略備。王謨《漢魏遺書鈔》，章宗源《玉函山房叢書》，輯漢、魏、六朝經說尤多。孫星衍輯馬、鄭《尚書注》，李貽德述《左傳》賈、服《注》，陳壽祺、喬樅父子考《今文尚書》、《三家詩》。其餘間見諸家叢書，抱闕守殘，得窺崖略，有功後學者，此其一。一曰精校勘。校勘之學，……國朝多以此名家，戴震、盧文弨、丁

了這樣的偏見。他們認為魏晉猶篤守古風，五胡亂華之後便無足觀，唐以後幾無「小學」可言。究其實是「小學」的內容產生了質變，離於古學。六朝以降，每一個朝代都受俗字的衝擊，目錄學中的「小學」疆域一大部份都給俗字（「正字」）之學所據。因正字而有字樣之學；因佛經的翻譯和相關的文化交流而有中外譯典、反切之學……文化交流而造成了語音變化、字形變化等等，與及因異族統治而讓外國文字（侵略國的文字）也成為對象，「小學」的範疇不斷的膨脹。元代周德清著《中原音韻》以後，今音的研究幾乎掩沒了古音之學；俗字的著錄更已遠遠超過了說文之學。（詳劉葉秋，《中國字典史略》，漢京，1984；胡樹裕主編，《中國學術名著提要·語言文字卷》，復旦大學，1992；姜聿華，《中國傳統語言學要籍述論》，書目文獻，1992；王力，《中國語言學史》等。市面上一般的中國語言學史教科書都有雷同的歷史描述。歷史的「大體」難以推翻，但許多問題卻可以重新解釋。）宋代學術整體上的疑經之風使得小學也難有復興之望，王安石的《字說》可以說是「小學」史上的一齣滑稽擬倣劇。明代持續、全面的復古主義為「小學」的復古埋下了種子，也奠下了基礎。從吳才老到陳第，有計劃的離析今古音，倡「古音不同於今韻」之說，「古」逐漸的浮出歷史的地表。詳胡奇光，《中國小學史》。

杰、顧廣圻尤精此學。阮元十三經校勘記，爲經學之淵海。餘亦間
見諸家叢書，刊誤訂，具析疑滯，有功後學者，又其一。一曰通小
學。……小學兼聲音故訓。宋吳棫、明陳第講求古音，猶多疏失。
顧炎武《音學五書》始返於古。江、戴、段、孔，益加闡明。是爲
音韻之學。段玉裁《說文解字注》，昌明許慎之書。同時有嚴可均、
鈕樹玉、桂馥，後有王筠、苗夔諸人，益加闡明。是爲音韻兼文字
之學。經師多通訓詁假借，亦即在音韻文字之中；而經學訓詁以高
郵王氏念孫、引之父子爲最精，郝懿行次之。是爲訓詁之學。有功
於後學者，又其一。〔註62〕

皮錫瑞這段冗長的引文表面上談了三件事：輯佚書、精校勘、通小學；而在
「通小學」一事上，花的文字最多，更尤其突顯了音韻訓詁。這段引文比前
引章太炎文更詳備的道出清儒在某一論述型構範圍內的總體成績——也就是
說，皮氏所論述的「三事」，在結構上是相關的，而且也都可以說是和古韻學
的取得突破之間有著互動的因果關係。三者在操作上有一個共同的對象——
做爲「遺文遺跡」（monument）的「書」（文獻、檔案）。〔註63〕前二者都是對
文獻（一篇文章、一本書、一部集子、一套說解）的還原（整理出一「最接
近原貌」的版本，最近古、近眞的樣貌）與重構（試圖把在時間流逝中殘存
的局部重新拼湊成一「權威的」的破蔽的整體），二者雖然在操作上有所不同，
可是依據的都是同樣的預設和慾望，二者都是「重構式的還原」——「還原
式的重構」，是一種把時間純化的過程，在一共時的現前中，讓諸文諸書以最
初始的生產時間的樣貌呈現。二者共同的目標是「整體性」，「其結果是惹起
許多古書之復活」，〔註64〕爲的是提供（初）學者一個「可靠的」（或「可讀
的」）版本。而「書的復活」連帶的結果便是「學的復興」，有其書乃有其學
／有其學乃有其書，〔註65〕二者是互動的。書的存在讓某一特定的學問有最
基本的存在依據，而某一學問的復興又促進了該一學問領域內書的再生產。

〔註62〕皮錫瑞，《經學歷史》，頁330～331。
〔註63〕這裏有限度的運用米歇・傅柯（Michel Foucault）的《知識的考掘》（麥田，
　　　　1993）中的觀念。參閱是書第三部。
〔註64〕梁啓超語，《中國近三百年學術史》，頁452。這裏是斷章取義。
〔註65〕這正是前引皮氏文強烈暗示的。此一觀念鄭樵在不同的學科脈絡中有精彩的
　　　　陳述：「有專門之書，則有專門之學；有專門之學，則有世守之能。人守其學，
　　　　學守其書，書守其類。人有存沒，而學不息；世有變故，而書不亡。」（《通
　　　　志・校讎略・編次必謹類例論》）。

在校勘出一個「定本」此一原始／始原的生產之外，接著便是注釋（疏）。

不論是經、子還是任何其他的「書」，一個假定的最原始的版本一定是單經本；此後在接受的過程中只要不亡佚，就會有人參與注釋的工件，注釋便是讀者反應（reader respone）的一種方式；在物質型態上，注釋是撐開章句與章句之間的距離，但也是企圖填補文句解釋上的空白。不論是哪一種訓詁體式（即使是最特別的「傳」）都起著雙重做用：讓正文更多（如「傳」之長篇敘述整個事件過程），但同時也是劃定解釋的空間和想像的界限。在某個時代中，每一部受關注的「書」都會在競爭的過程中產生一部權威性的注釋，為正文的解釋提供一個特定的可能，也把其他的可能性排除出去。當權威的注釋超過一部，往往便產生學派的競爭。在隔朝異代之間，「重注」便是一種解釋權的爭奪戰。〔註66〕清儒全面的整理、重注舊籍的政治性在這**裏**暴露無餘：不止挑戰前代的解釋權、釋放正文解釋的其他可能；當戰場從疏、從注這樣的地域延伸到正文時，戰爭的層次便昇級了。時間的作用給予清儒合理的懷疑的藉口，讓他們敢於著手參於正文的重新再生產，那已不僅解釋權的爭奪戰，而是更終極的──「解釋可能的再生產。甚至也可說是企圖再生產初始的生產者」──原始時間本身。〔註67〕

另外，「注疏」同時也是一個對典籍的「拆散」過程──把諸多典籍拆散成碎片，去注釋一段正文；而學者們大體也都承繼了顧炎武《日知錄》的札記體著述型態，以諸多支離的碎片（在保留碎片的狀況下）去構築一個整體。業已有學者注意到這和宋儒之語錄體是一個相當大的差異，〔註68〕而這種物質表徵的差異同時也正象徵了宋清儒者精神上的差異：「語錄」載錄的是為人師的學者日常的隨機表述，常以當時口語（白話）記錄，記錄者且非學者本

〔註66〕龔自珍在〈與江子屏箋〉中企圖重新為清代經學「正名」，在為去除「漢學」之名而進行的辯難而提出的十大理由（「十不安」）中，有一條便涉及此。他說：「本朝別有絕特之士。涵詠白文，刱獲於經。非漢為宋，亦惟其是而已矣。」（《龔定庵全集類編》，中國書店，1991：212）。

〔註67〕再延伸下去，就是「生產聖人」了。那也就是康有為《新學偽經考》和《孔子改制考》中達致的嘲諷性功業。章實齋對此一時間的爭奪戰其實已有相當清楚的認識。在〈博約中〉他說道：「蓋逐於時趨，而以學績補苴，謂足盡天地之能事也。幸而生後世也，如生秦火未燬以前，典籍具存，無事補輯，彼將無所用其學矣。」（《文史通義》，頁51）。

〔註68〕艾爾曼（Benjamin A. Elman）在《從哲學到訓詁學》（"From Philosophy to Philology"）集中指出了此一現象，並指出了它和宋儒語錄體的型態差異（頁173～176）。

人，而是他的弟子們，內容雖駁雜，但多偏重義理之辯證。「札記」（讀書札記）則是學者閱讀過程中有所得或有所疑而記錄的，常涉及一些古語詞、古代典章制度，甚至圖書版本或校勘上的問題。如果說前者具有對話的形式（儘管是上對下的），那後者則是冰冷的獨白，文體簡約古奧，辭達而已矣，呈現出的是被客體化的學問。就後者而言，那既是學者做學問的材料，也即是他們的學問本身；是記憶的輔助，但也是記憶本身。這裏頭浮露出一種和特殊的心態（「博」）〔註69〕相互依存的特殊世界觀，姑稱之為「材料的整體性」──以對應於「歷史的整體性」。在時間過去之後，「眞實的歷史」隱退為假設的整體，文獻中的歷史永遠是不完整的、透過想像補充複製的。當他們在對文獻「重構──拆散」時，他們其實面對的就是歷史──歷史的局部。〔註70〕由於那假設中的整體屬於過去，在時間中增生、分裂的局部永遠不可能藉由還原而重構出那個過去──這些局部的總和總是比那整體少（有些局部早已在流傳中流失，或未被載錄），卻也是比那整體多（源於再生產──層累造成）。於是他們企圖掌握的「史料」幾乎就是沒有邊際的，整個龐大的歷史檔案本身。材料於是就變成了一座迷宮。而他們能掌握的，其實只是細小的局部。此所以《四庫全書總目提要・經部總敘》中一字千金的下了總結：

> 國初諸家，其學征實不誣，及其弊也瑣。

所謂的「瑣」，便是「瑣碎餖飣」。〔註71〕

〔註69〕 劉人鵬在《閻若璩與古文尚書辨偽》一書的第二章第二節著重描述了「博物洽聞」、「一物不知，深以為恥」做為學者文人圈共享的觀念和共有的心態、共推的價值。

〔註70〕 「考據」或「考證」的「考」做為動詞就暗示了這樣的無力感。他們的學問其實是一種考古學，戴震其實早已敏感的意識到太過依賴遺文遺跡所隱含的危險性。所以他在〈與姚孝廉姬傳書〉中不無感慨的說：「凡僕所以尋求於遺經，懼聖人之諸言闇汶於後世也。然尋求而獲，有十分之見，有未至十分之見。所謂十分之見，必徵之古而靡不條貫，合諸道而不留餘議，鉅細畢究，本末兼察。若夫依於傳聞以擬其是，擇於眾說以裁其優，出於空言以定其論，據於孤證以信其通，雖溯流可以知源，不目睹淵泉所導；循根可以達杪，不手披枝肆所歧，皆為未至十分之見也。」（《戴震文集》，141）「十分之見」近於掌握歷史實在的總體，其中包含了聖人的「本意」；「未至十分之見」則不免只是根據歷史的局部而發揮研究者的文化想像。前者可以說是理想，後者是現實，漢宋諸大儒俱在戴震對於後者的舉證中。

〔註71〕 龔自珍〈與江子屛箋〉（《龔定庵全集類編》，頁212）此係定評，時人多能言之。陸寶千從一個特殊的切入點來比較明清儒者治學的差異，發現黃宗羲《明儒學案》中所述明儒「宗旨歷然」；而江藩《漢學師承記》及錢大昕《潛研堂

五、認識論上的憂鬱

這正是五四諸「賽先生」所稱道的「科學」精神和方法〔註 72〕中所包含的物質表徵，反映了他們集體的認識論上的尷尬和憂鬱。這種「尷尬」之所以產生，主因在於學問的客體化過程中認知主體遭到過久的長期壓抑，以至於詞語經由異化反而主宰了、甚至逐漸排除了認知主體，而順循已然技術化的方法而自我展露，呈顯它們近乎純然的「客觀」。在這種情形下，一則詞語（文字）即是物，即是「器」，也即是道──對詞語的認知和辨識便是學術的目的；其次則因為詞語所指涉的物（器）是遠古的事物，在長遠的時間過程中，率皆已「亡故」，不可復見。實物的「亡故」讓詞語的指涉淪為一種想像，失卻了指涉的詞語於焉便以物的姿態呈顯，獲得了廣大的遊走空間，相互召喚以構成各種組合的可能。〔註 73〕而詞語、典章制度原來就是清儒企圖藉以困鎖宋明儒者過於膨脹的認知主體的手段。

於是戴震的名言「由字以通其詞，由詞以通其道」〔註 74〕在實踐上就斷成了兩截，字詞的優先性充其量也只是一種消極的規範，不經由此，則所得之道便被劃入「鑿空」的領域，與六經、聖王之教無關。從而擬構出一個封閉的理解和認知場域，肇始於字的解碼，終於十三經的文本互涉（intertextuality），〔註 75〕然而，若僅止於此，認知／實踐主體又難免受桎於詞語織就的錦鍛中。換言之，「由字以通其詞」自有其「道」在焉；如果用章

文集》中相關篇章所述清儒治學「雖記誦淵雅，而瑣屑纖細」「乃其本色，本無宗旨之可言也。究其本質，是術而非學。」（氏著《清代思想史》，廣文，1978：163）在清儒的觀念裏，正是以術為學。

〔註 72〕梁啓超的歡呼貫穿他的《清代學術概論》和《中國近三百年學術史》；胡適的歌頌也散見於他的論著之中，尤其見於〈清代學者的治學方法〉（《胡適文存》第一集，遠東，1979）和《戴東原的哲學》（商務，1967）。

〔註 73〕方東樹在《漢學商兌》裏批評說：「漢學諸人，堅稱義理存乎訓詁典章制度。而如考工車制，江氏有考，戴氏有圖，阮氏、金氏、程氏、錢氏皆言車制。同時著述，言人人殊，訖不知誰為定論。他如桑氏賦役，沈氏祿田，任氏、江氏、盛氏、張氏宮室，黃氏、江氏、任氏、戴氏衣服冕弁。各自專門，亦互相駁斥，不知誰為真知定見。」（廣文，1963：34）樸散而為器，由一而多；企圖由多還原為「一」，卻不免仍然重構出「多」。

〔註 74〕戴震，〈與是中明論學書〉（《戴震文集》，頁 140）。

〔註 75〕同註 74 引文，接下來的一段：「求所謂字，考諸篆書，得許氏《說文解字》，三年知其節目，漸覩古聖人制作本始。又疑許氏於故訓未能盡，後友人《十三經注疏》讀之，則知一字之義，當貫群經，本六書，然後為定。」

太炎的話來說，那是「以分析名相始」的階段性事業；〔註76〕而「由詞以通其道」則是「以排遣名相終」的事業，二者間存在著認識論上的斷裂和哲學上的飛躍。

而閉鎖於詞語之中的「精神」於焉便隱隱然透露出一股難以言諭的憂鬱。在那公式化、約定俗成的表達形式和體製中，感性也業已無容身之地。在此一知識／精神場景中成長起來的章太炎，十分準確也饒富象徵意味的為它做了總結——他道出清儒其實是「以獄法治經」——而森森然的做了以下六點的歸納：

> 審名實，一也；重左證，二也；戒妄牽，三也；守凡例，四也；斷情感，五也；汰華辭，六也。〔註77〕

這「治經六法」比擬於治獄之法，所「治」者不只是對象（「經」），也是主體。在二者的互動過程中，皆成為它的囚徒。「樸學」的命名反映了他們認識論上共同的憂鬱，整體不斷被割裂為局部，再組合為滿是裂紋的整體，那正是他們內在宇宙的存在狀態。在那樣的宇宙中，語詞是最基本的單位，所以章太炎說小學是「一切學問之單位之學」。然而這客體化的學術的表現形式和規範（「法」！）其實也不妨視為是那個時代一個具體而微的隱喻。埋首於斯業的知識份子和其他所有的同時代人一樣，肉身必須保全於大清皇朝律法的邊緣之外，精神卻投注於治經方法之內，於是學術上的侷謹、斤斤計較、重佐證等等，恰正是另一層次的「修身」，是存在狀態的一種反映。章太炎對這一點也有清楚的認識，所以他說「諸學皆可以馴致躬行」，樸學教養造就了忠勤守法的良好國民，「其善三」：

> 明徵定保，遠於欺詐；先難後得，遠於徼幸；習勞思善，遠於媮惰。
>
> 〔註78〕

有其隱匿的倫理道德政治意涵。

六、操作上的復古主義

這樣的知識場景為學者提供了特定的理解視域；此一視域是由古老的語詞構成。從顧炎武以訖段、王，一條讓精神通向古代（漢→先秦）的網路已建構完成，該網路有一個假設性的起源在遠古的某個時間端點。從今訖古，

〔註76〕這是比喻式的用法。「以分析名相始」義不止於此，詳後文。
〔註77〕章太炎，〈說林下〉（《全集》四，頁119）。
〔註78〕章太炎，《檢論‧學隱》（《全集》三，頁481）。

該網路有一條可考的時間之線，線上的各個環節便是（某個）語詞在不同時間帶著不同含義的顯砅，樸學的訓練可以讓學者有效的在典籍中抽取出語詞之串。這種隱含的可能性由戴震的《孟子字義疏證》發之，在阮元手上獲得大規模的實踐，在《揅經室續集》中，都有多篇代表作。在形式上——甚至包括標題——都爲近代古文字考釋者所承繼。這種頗爲候外廬所稱道的「由古代文字原義而理解古代制度和思想」的方法，〔註79〕在操作上看有一個共同的特色：運用一層層的「還原」，以穿過一個個不同的朝代和典籍，而終止於「最合本義」的訓解或（和）原初的形。在表述上程序正相反，從本義／初形出發，以抵達起點。這種「操作」若只是單純的尋求一個語詞的身世（如王國維在《觀堂集林》中的文字考釋）、或只爲了理解語詞在思想史中的演變，那無可厚非。然而問題常常不會那麼單純，在「操作」之前，「操作」的目的往往已先成爲預設，爲「操作」提供價值。那也是「操作」的代價。所以阮元在上述「操作」的同時，「主觀上主張最古的義訓是最確的眞理」。〔註80〕這種本身往往不是目的卻帶著強烈目的意向的「操作」，在本論文中暫且把它命名爲「操作上的復古主義」。之所以如此命名，在於這種「復古主義」呈顯於操作之中，表現在操作之上，甚至是操作性的。它是乾嘉樸學認識論憂鬱的一種重要表現型態，雖則很多「操作者」業已忘卻了它的起源。〔註81〕

　　章太炎便是上述特殊場景之中成長起來的一棵「古怪」的知識之樹，開滿了繽紛而怪異的花朵，在他所處的時代的荒原，在那一片古老的滄桑大地之上。

〔註79〕詳參侯外廬，《中國思想通史》第五卷第十五章〈阮元的思想〉（人民出版社，1992）。

〔註80〕同前註，頁578。

〔註81〕當代許多中文系出身的學者，在討論問題時都習慣性的從最原始的字義、字形談起，且習於溯源以逐流。樸學學者在批判宋儒時，運用的也是這種策略。

第三章　（實踐）主體[註1]與大體的復歸

一、在樸學的邊緣處

　　對於乾嘉樸學的形成，晚清以來逐漸發展出兩種互補性的經典說法：一是清代統治政權的政治高壓、文網盆密，文人為了避禍保身，而安身立命於故紙堆中，不涉當世之務；同時，乾隆時開四庫館，清政府藉此網羅利誘文人把心力都投諸在文獻的整理上。[註2]一是余英時提出來的內在解釋說，從朱王尊德性和道問學之爭的延伸發展，認為必然會把問題的焦點歸到文獻的根本理解上，訴諸文本以求徹底的解決思想上的爭議。[註3]最近更有典範轉移說，認為乾嘉「考據學派」和宋明理學分屬於不同的典範。這幾種不同的說法都從不同的角度解釋了實踐主體在乾嘉學者中被封閉的事實。然而乾嘉樸學做為一種特殊的學術型態是否就決定了實踐主體的無法開展？或是外在的政治禁錮相對而言反而是主導性的？就前者而言，似乎是沒有必然的關聯

〔註1〕這裡的「（實踐）主體」的「實踐」是在比較狹隘的意義上運用它，特指政治、社會活動上的「實踐」。在乾嘉的飣餖瑣碎中，實踐主體也不見得不存在，因為學術、寫作也是某種意義上的「實踐」。然而那和章太炎的「實踐」卻大異其趣。

〔註2〕從梁啟超起，錢穆以來這種解釋已成主流。每一種解釋都有它片面、局部的解釋效力。近代的「複述」不勝枚舉，這裡只舉一例。倉修良、葉建華，〈試論乾嘉考據學的形成及其功過〉(《歷史文獻研究》，北京新一輯，燕山出版社，1990年10月）。

〔註3〕余英時，〈清代思想史的一個新解釋〉，氏著《歷史與思想》，時報，1976。至於近代對於清代考證學起源的論述，比較完整的整理參黃克武，〈清代考證學的淵源──民初以來研究成果之評介〉(《近代中國史研究通訊》11期，1991)。對起源的建構往往是各取所需，家家有理，似乎也說明了「事實」產生於解釋的需要，產生於解釋。

（王念孫是一個可以討論的例子；〔註4〕在統一的帝國中，政治的禁閉甚至不止是外在的，更是內在的。長期的思想禁閉會讓保守性（政治、文化的）深植於樸學的學術性格中。〔註5〕無涉於當務之急的學術傳統，本身就足以做爲該傳統中人不對現實發言的堅實理由。樸學的「樸」字在這裡充份發揮了它的象徵意義——他們保有政治效忠的純淨度。〔註6〕

從戴東原到段玉裁，歷史場景不曾轉換；一直到阮元這一「清代經學名臣最後一重鎮」〔註7〕活動在學術舞台的年代，〔註8〕帝國的局部已有零星的鬆動跡象；〔註9〕就在阮元忙著總結乾嘉樸學的當兒（西元 1798 年聚諸生於孤山成《經籍籑詁》百十六卷、西元 1814 年刻《十三經注疏》、西元 1829 年刻《學海堂經解》190 種），另一個歷史人物——象徵新時代精神特徵的新新人類——龔自珍以他特殊的精神面貌登上學術史的舞台。

龔自珍的代表性部份是由他所處的邊緣立場（考試極不順利，因而被排擠到官僚體系——知識貴族的邊緣）決定的，因爲當時嚴重的時代問題和他一樣尚未浮出歷史地表。和他精神上的父親章學誠〔註10〕一樣，他們的批判性正源於他們持續的邊緣性，恰可以旁觀者的立場苛刻的面對他們既妒忌又仰慕的先輩，把批判當做仕途之外不得已的補充性社會實踐。龔自珍的象徵性還在於他的學術血緣，他是樸學大師段玉裁的外孫，自幼得聞其外祖小學之傳，可是卻由於種種原因（個性、才性、際遇……）而讓他走出一條完全不同的路。他的

〔註4〕陳登原、《國史舊聞》（明文，1980 年）卷 60〈和坤〉條引《庸筆記》卷三「嘉慶四年正月……吏部給事中王念孫，參秦和坤弄權舞弊，僭妄不法。」（頁 625）再如洪亮吉之切論當世積弊的〈意言〉，汪中反映鹽民痛苦的〈哀鹽船文〉都是零星的「經世」的例外。和章太炎比較起來，那是「學隱」中的經世，有甚不得已的侷限性。

〔註5〕艾爾曼在《從哲學到訓詁學》中援用科學革命的觀念，認爲考據的認知身份（cognitive identity）讓簡中成員得以和其他重要的社會問題和理論問題隔離。（頁 173）。

〔註6〕「樸」既指質樸、厚重，又指未加工的原始材料。在這裡找把它看做是某種精神狀態的隱喻。

〔註7〕錢穆語，《中國近三百年學術史》，頁 478。

〔註8〕依錢穆前揭書，阮元生卒年爲 1764～1849，1786 年以舉鄉試入京師得以交樸學宗師，此後登上學術史舞台。

〔註9〕侯外廬在《中國思想通史》第五卷第十六章中，依「不完全的記載」列出 1774～1840 間 22 宗「官逼民反」的暴民暴動。意識型態立場先不去管它，從這些資料也略可管窺鴉片戰爭前帝國結構的局部鬆動。

〔註10〕龔自珍「著書亦頗剽竊實齋」（錢穆，1980 年：416），他在學術上的諸多意見論者公認是襲自章學誠，而二人精神的不合時宜卻頗相類。

意義在於，他在某種意義上解放了困鎖的認知——實踐主體，〔註11〕而著眼於
當世之務，布衣論政，既是乾嘉樸學衰敗的象徵，〔註12〕又是「常州精神之所
寄」。〔註13〕以本文的論述修辭來說，龔自珍的意義在於他初度嘗試讓失落的
「主體」和「大體」復歸。〔註14〕就這一點而言，他不愧是晚清思想解放的先
驅，〔註15〕也無怪乎維新知識份子會把他追認為精神上的父親。

　　做為晚清新人類的章炳麟，無法確知他是否也受過龔自珍的影響，比較
可以肯定的是他的史學觀念和章學誠有明顯的淵源，〔註16〕或許因而對龔氏
有著強烈的知識的蔑視。〔註17〕章太炎對龔自珍的極端瞧不起一方面當然也
許是今古文學派的門戶之見（藉著對敵人祖宗的否定來徹底的、從根源上否
定對方）；一方面也許是他們之間在精神氣質上有著難以抹除的共同點——都
是「自樸而轉為奇」，〔註18〕均不樂「借瑣以耗奇」（錢穆，同頁），這一點又

〔註11〕梁啓超《清代學術概論》、《中國近三百年學術史》、錢穆《中國近三百年學術
　　　　史》、侯外廬《中國思想通史》、湯志鈞《近代經學與政治》諸書中用辭儘管
　　　　不同，卻都無異辭的把龔自珍視為思想解放的啓蒙人物。

〔註12〕錢穆的精采論斷：「（龔自珍）沿襲乾嘉全盛之學風，而不免露其蕭索破敗之
　　　　意象。」（1980年：522）。

〔註13〕錢穆，1980：531。

〔註14〕「主體」指認知和實踐主體。「大體」則是指一種超乎語言文字的義理上的把
　　　　握。就今文經的立場而言，那便是「微言大義」（「存經文，玩大體」）。

〔註15〕梁啓超《清代學術概論》：「晚清思想之解放，自珍確與有功焉。光緒間所謂
　　　　新學家者，大率人人皆經過崇拜龔氏之一時期，……」（頁122～123）。

〔註16〕章太炎在1902年的〈與吳君遂書〉中昵稱章學誠為「麟家實齋」（《章太炎政
　　　　論選集》，頁172）；兩人間的學術淵源，見於章太炎《國故論衡・原經》，主
　　　　要是對於章學誠「六經皆史」、「諸子出於王官之說的批判性接受。而他也批
　　　　評實齋說：「凡說古藝文者，不觀會通，不參始末，專以私意揣量，隨情取拾，
　　　　上者為章學誠，下者為姚際恆。」（頁453）至於二者在復古傾向上的淵源卻
　　　　難以斷言。復古者從入之途不一，實齋從學術史，顧炎武是從古韻學……章
　　　　太炎學術來源複雜，而古人大多有復古傾向。

〔註17〕章太炎在〈說林下〉中譏評龔自珍道：「自珍承其外祖之學，又多交經術士，
　　　　其識源流，通條理，非源之儔。然大抵剽竊成說，無自得者。其以六經為史，
　　　　本之《文史通義》，而加華辭。觀其華，誠不如觀其質者。若其文辭側媚，自
　　　　以取法晚周諸子，然佻達無骨體，視晚唐皮、陸且弗逮，以校近世，猶不如
　　　　唐甄《潛書》近實。後生信其詿燿，以為巨子，誠以舒縱易效，又多淫麗之
　　　　辭，中其所嗜，故少年靡然鄉風。自自珍之文貴，則文學塗地垂盡，將漢種
　　　　滅亡之妖耶？」（《章太炎全集（四）》，1985：121）此段引文中必須置入多重
　　　　脈絡中去理解，一則是章和康梁的論爭；另一則是章太炎自身的思想體系中
　　　　承繼的傳統偏見（對「文人」的輕蔑）。

〔註18〕錢穆，1980：548。

和章實齊一致——他們的才性、器識和位置、處境都不容許他們終生「抱小」，〔註19〕在「支離破碎」〔註20〕中安身立命。而他們的共同點恰在於他們的特立獨行——生命型態、思想觀念、思考方式上的與眾不同，有悖時俗。從這裡延伸出來，他們都不約而同的企圖讓那迷失在樸學中的主體、被語詞撕裂的「大體」復歸——在後者之上，章學誠開出一條史學的徑路；龔自珍承之，卻翼以今文「微言大義」；換言之，樸學的問題仍然無法在樸學的範疇中獲得解決，章學誠把它移轉到史學的領域去。〔註21〕既使是章太炎，似乎也無法在樸學的領域內解決上述問題。章太炎對於「大體」的思考關連著他做為一個實踐主體在政治和社會上所投諸的不斷的實踐，在一個歷史轉型期中特殊的政治／歷史／文化脈絡中。

　　錢賓四說龔定菴「治春秋，知有變法，乃不知有夷夏」〔註22〕那是龔定菴個人的局限，卻也無妨理解做時代的局限〔註23〕龔定菴所無法突破的（認

〔註19〕　龔定菴有文曰〈抱小〉。錢穆對龔的論定也是辯證的回歸於「抱小」，頗值得玩味。參前引書，1980：550～551。

〔註20〕　陳登原，《國史舊聞》卷57〈清考證學弊事〉為清考證學下斷語：「支離而破碎」（頁529）。

〔註21〕　龔鵬程先生認為乾嘉諸儒「治經與治史只是材料對象的不同，而非方法的差異。」「實齋的『六經皆史』說，即是在這樣的思想脈絡中發展而成的」（氏著《文化符號學》第三章〈文學的歷史與歷史的文學：文史通義〉，學生書局，1992年：227）龔氏注意到實齋非常注重學術傳承的口說傳統，在精神上實已開常州今文經學「微言大義」的解釋系統（頁285～286）。如是言之，龔自珍之承章學誠，便有著內在理路的邏輯性。錢穆其實也早已指出「公羊今文之說，其實與六經皆史之意相流通」（1980：392，自註）只是著眼處不同。章實齋在主體和大體的復歸方面，充份體現在他那合才、識、學三者為一的史學理論。在這三者中，認知主體的重要性都極被強調，尤其是當三者合一時，必須藉「才」以進行書寫活動，那即是三種心靈活動（考據、辭章、義理）的辯證融合而達致的一種體現於著述的整體性（相對於材料的整體性），我把它看做是章學誠尋求的、一理想中的，甚至他也沒能力實踐的「大體」。細部的問題，此處無法細論。原始資料詳參《文史通義》以下諸篇：〈言公〉、〈史德〉（頁147～148）、〈答客問〉（頁138～142）、〈詩話〉（頁165）、〈答問〉（頁184～185）、〈雜說〉（頁204）、〈答沈楓墀論學〉（頁337，338）（華世出版社，1980）關於「大體」，聊舉一句習齋自己的話。在〈申鄭〉一文中，他說：「至於辭章家舒其文采，記誦家精其考核，其於史學，似乎小有所補；而循流忘源，不知大體，用功愈勤，而識解所至，亦去愈遠而愈無所當。」（頁136）。

〔註22〕　《中國近三百年學術史》，頁553。

〔註23〕　龔定菴的極限同時也是康有為的極限，雖然康有為和章太炎屬同一個時代。個人因素（個性、際遇）在這裡扮演著重要的作用，章、龔都屬於邊緣性知識份子，而康有為和統治政權有一定的依附關係。另外一個值得考

知上的）侷限，卻是章太炎畢生繫守的信念：夷夏之防。

二、實踐主體的復歸：文化身份與象徵行爲

（一）詁經精舍的詁經者

根據章太炎的描述，他十一、二歲時隨外祖父朱有虔讀經，「暇亦時以明、清遺事及王而農，顧寧人著述大旨相曉，雖未讀其書，聞之啓發。」〔註 24〕約十三、四歲嘗讀蔣氏《東華錄》「見戴名世、呂留良、曾靜事，甚不平，因念《春秋》賤夷狄之旨，先君不知也。」（《自定年譜》，頁 5）類似的回憶章太炎一生中在各個不同的場合一再的重述，言辭略有出入，大義不變。其眞實性無法驗證，不過做爲章氏進入他的語辭文字和中國文化網絡（書面語言的系統）構成的世界的開場，卻充滿了象徵意義。這是和他「稍知經訓」（頁 4）同時補充的思想啓蒙教育，是民族主義的啓發。章太炎如此的記憶重述的意義在於，「夷夏之防」業已成爲他的先期理解，往後多年他帶著這樣的先期理解去抱病泛覽典文，也因病而自我放逐在科舉仕途之外，成爲一個體制之外的邊緣人。18 歲以前還只是泛覽子史、《說文》；18 歲時卻已摸到乾嘉學者的「治學門徑」；他說

時聞說經門徑于伯兄錢……仍求顧氏《音學五書》，王氏《經義述

慮的因素則是今古文經學對於君主／時王的思考之間的差異性。在「尊王」的問題上，章、康恰恰互相交換了經學上的立場；西漢今文經學「貶天子，退諸侯，討大夫」的激進變成了康有爲的保皇維新。而太炎則把「尊王攘夷」看做是一個不可分割的連續體，並且「攘夷」較諸「尊王」具有絕對的優先性，當「王」在種族上屬於「夷」時，便不當尊而當攘。另外在學術上章太炎的「攘夷」則沒那麼激烈。從「尊王攘夷」的問題延伸出去，今古文經學中究竟有甚麼要素是絕對不可鬆動的「本質」？家法（古文以發疑正讀爲家法）？師法（今文以口說師承爲師法）？還是說今古文的劃分其實有其權宜性與策略性？章太炎指出「古文師出今文後者，既染俗說，弗能棄捐」（《國故論衡・明解故》，頁 462）這個「後」字，十分值得注意。從劉歆之出於今文學始，到東漢賈逵之策略性的接受公羊，到鄭玄的入室操矛以伐何休，亂今古文家法，策略上都是一樣的：先入後出，後來居上。今古文之間的分判，有否可以依據的本質要素，頗費周章。是以本文尤重「自我認同」。

〔註 24〕章太炎《自定年譜》（湯志鈞編，《章太炎年譜長編（西元 1868～1918 年）》，中華書局，1979：4）後文述章太炎生平所據資料均依湯志鈞書，因湯書已詳備的把章太炎的各種生平資料（《自定年譜》和其他章氏口述、弟子門生筆記的資料，歷史背景資料等）按年代比次。因此後文引章氏生平資料不另加注，直接在文內標明，頁碼以湯書爲準。

聞》、郝氏《眾雅義疏》讀之，即有悟。自是壹意治經，文必法古。
（《自定年譜》，頁9）

讀《十三經注疏》。……復讀學海堂、南菁學院兩《經解》，皆遍。（《自
述治學次第》，頁9）

可見他在進入詁經精舍之前已經相當有根柢，對於乾嘉樸學的經訓系統也已
頗有概念。接下來的兩年讀了《明季稗史》十七種、王夫之《黃書》等，「志
行益定」。在康有為上書求變法的第三年，「先君歿，遺命以深衣斂」。就在這
一年，他帶著他的樸學底子和業已萌芽的民族主義，進入西湖詁經精舍。這
是他成年以後第一度的進入一個封閉的空間，對章太炎而言，那意味著學問
的精進，但同時也意味著對「夷夏之防」的壓抑。換句話說，此刻的他試圖
要做的是取得乾嘉樸學的學術資格，最遠也只能走到戴震等人的層次——在
他後來富「歷史的同情瞭解」的解釋中，那就是「學隱」，[註25] 他還無法走
得更遠，還無法把自己投射為明末清初的遺民。在時代之後，就必須逆遊而
上。

　　詁訓精舍乃是乾嘉樸學最後的大師 [註26] 阮元於 1801 年設於西湖，是他
當年督學浙江聚諸生成《經籍纂詁》的副產品：

遂以昔日修書之屋五十間，選兩浙諸生學古者，讀書其中，題曰「詁
經精舍」。「精舍」者，漢學生徒所居之名。「詁經」者，不忘舊業，
且勖新知也。[註27]

漢學是其所標榜，所以「奉許鄭木主于舍中」，因「許鄭集漢詁之成者也，故
宜祀也」（頁 506）那是一個象徵著漢學精神的處所，也是一個精神傳承的所
在。對章太炎而言，那裡讓他得以在樸學名師的關注下獲得正統的樸學訓練；
更重要的是，讓他獲得樸學學術系譜的身份（identity）。

　　在那八年從學俞樾的生活中，他埋首於稽古之學，專注於名物訓詁考訂，
著有《膏蘭室札記》（四冊，未刊）與及讀書作業（輯入俞樾編的《詁經精舍

[註25] 章太炎《訄書。學隱》中論惠棟、戴、程、江、段、王、錢諸儒「處無望之
　　　世，衍其術略，出則足以佐寇。反是，欲與寇競，即網羅周密，虞候柅互，
　　　執羽籥除暴，終不可得。進退跋疐，能事無所寫，非施之訓詁，且安施邪？」
　　　（《章太炎全集（三）》，頁480）沉痛的道出實踐主體無法展開的壓抑。
[註26] 特指經學尚未分今古門戶，而阮元又是段玉裁諸人同時代的晚輩。經學分今
　　　古之後，樸學就再也無不沾染門戶習氣。
[註27] 阮元，〈西湖詁經精舍記〉（氏著《揅經室二集》，卷七，世界書局，1963：
　　　505）。

課藝》七集、八集）多篇，在這些箚記體的早年習作中，他運用乾嘉樸學的方法，和他的老師俞樾一樣，自由的穿透經史子集，天文地理音韻典章，展現了樸學那種融蝕學科邊界，把固有的書和學拆散爲局部的材料的餖飣精神。然而值得注意的是，章太炎在不斷的「詰經」過程中，在把心靈投射向漢代的學術訓練裡，他像所有行業的內行人一樣漸漸的汰選出一個他精神上的父親，他的榜樣，他認同的對象——劉歆。（「專慕劉子駿，刻印自言私淑。」〔《自定年譜》，頁 27〕）那年他已 29 歲，也就是他告別詰經精舍的同一年。

「私淑劉子駿」在章太炎個人思想史中之所以重要，在於它標誌了章太炎自覺的選擇了古文經學派。他和他的業師俞樾、師摯輩孫詒讓在這一點上有關鍵性的不同，他們經常是糊里糊塗而又理所當然的被論述者歸入古文經學派，辨識的唯一判準也無非是他們的學問路數是樸學，而絲毫不考慮他們和古文經學派在精神上的差異（如俞樾的「治春秋，頗右公羊氏」，論學兼采漢宋，治學廣涉諸子佛典等等），且忽略了一個根本的要素：他們的自我認同（self identity）。而且學派之爲學派（尤其是今、古文學派這種注重門戶、「黨性堅強」、意識型態衝突強烈的 school）的獨斷性、封閉性也是考量的因素，今文經學派就是靠著攻訐對手起家。從劉逢祿到康有爲，爲了建構一個早已敗亡的學派，他們不惜藉著不斷的攻擊歷史中存在過的敵人、藉著讓敵人復活而復活了他們自己的學派；然而也就在他們的學派復活的同時，在他們建構的結構中同時保留了一個（被）否定的位置給那強大的異己，內在於他們建構的構造之中的反面，一個呼之欲出的同形異構。〔註 28〕換言之，對古文經學的認同的一個充份的條件是對業已坐大的今文學派的激烈反擊，俞樾和孫詒讓都不具備這種氣質，章太炎則當之無愧。

在《自定年譜》29 歲之下，章太炎自我追溯「二十四歲，始分別古今文說。」（頁 27）而這一說明不載於《年譜》24 歲條。值得注意的是，那年康有爲的爆炸性著作《新學僞經考》刊行。章太炎在《自定年譜》有一段意味深長的追憶：

> 初，南海康祖詒長素著《新學僞經考》，言今世所謂漢學，皆亡新王莽之遺；古文經傳，悉是僞造。其說本劉逢祿、宋翔鳳諸家，然尤

〔註28〕 王汎森在《章太炎的思想（西元 1868～1919 年）及其對儒學傳統的衝擊》（時報，1985）中已留意到與康有爲爭鋒中的章太炎，「其實他的思維方法與康氏是一樣的」「如果沒有康有爲這樣的論敵，章太炎也決不是這樣的章太炎。」（頁 62）。

恣肆。又以太史公多據古文，亦謂劉歆之所竄入。時人以其言奇詭，多稱道之。祖詒嘗過杭州，以書示俞先生。先生笑謂余曰：『爾自言私淑劉子駿，是子專與劉氏為敵，正如冰炭矣。』祖詒後更名有為，以公車上書得名。又與同志集強學會，募人贊助，余亦贈幣焉。至是，有為弟子新會梁啓超卓如與穗卿集資就上海做《時〈務〉報》，招余撰述，余應其請，始去詁經精舍，俞先生頗不懌。然古今文經說，余始終不能與彼合也。（頁28）

其時康有為名氣已經頗大，而章太炎猶寂寂無名於書齋中。耐人尋味的是，康有為那部徹底否定漢代古文經學的鉅作，「以書示俞先生」之後，俞樾竟然沒反應，〔註29〕只是把它拿來做取笑章太炎的談資。俞樾這種在學術上的包容性顯然不能輕易的把他做門戶歸類。章太炎後來寫《春秋左傳讀敘錄》從「祖祧上反駁清今文經學派（前引文：「其說本劉逢祿……」），「書成，呈曲園先生，先生搖首曰：『雖新奇，末免穿鑿，後必悔之。』（《自述學術次第》，頁29）

「雖新奇，末免穿鑿」卻也正是《新學偽經考》的「特色」，而論辯並不見得就能解決由不同前提推衍出來的論述。孫詒讓的反應也和俞樾一樣審慎。據章太炎自述：

> ……駁《偽經考》數十事，未就，請于先生。先生曰：『是當譁世三數年。荀卿有言，狂生者不脩時而落，安用辯難？其以自熏勞也。』〔註30〕

從這話中，也可看出孫詒讓已清楚的認識到康有為著作的策略性和時效性，〔註31〕那和樸學的精神可以說是違背的。兩位前輩對章太炎那立場鮮明、象

〔註29〕 俞樾長康有為37歲（俞樾生於1821年，康有為生於1858年），對於俞樾而言康有為只是後生小輩，他的沒有反應或許是基於長輩的身段，或者卻也顯示了前輩的氣度。俟考。樸學的開放胸襟，可再舉一例。章太炎在《檢論・清儒》中提到清代俗儒以十三經為多，頗欲進出去取，「獨段玉裁少之，謂宜增《大戴禮記》、《國語》、《史記》、《漢書》、《資治通鑑》及《說文解字》、《周髀算經》、《九章算術》、皆保氏書數之遺，集是八家，為二十一經。」章太炎許之：「其言閎達，為雅儒所不能論。」（《全集（三）》：479）亦為章太炎所不能論。段玉裁這種主張顯見他「經」的構想和今古文學派中人大異其趣。

〔註30〕 章太炎，〈瑞安孫先生傷辭〉（《章太炎全集四》，1985：224）。

〔註31〕 孫詒讓也曾對康有為做出反應。他在給汪康年的信中說「康氏學術之謬，數年前弟即深斥之」，惟對康氏的政治洞察十分肯定：「然其七、八上書，則深佩其洞中中土之症結。」（轉引自湯志鈞，《近代經學與政治》，頁233）。

徵著學派認同的著作都持保留的態度，章太炎只得收斂鋒芒，壓抑他的學派情緒。

（二）述鞠迫言

在那八年中，外在的大環境已是風起雲湧，列強在割據中，不平等條約逐一簽訂，古老的帝國在蹣跚的自我調適，康梁的維新改革主張是當時新興知識份子希望之所寄。〔註 32〕所以康梁在北京設立強學會時，章太炎也「寄會銀十六圓」加入（《年譜長編》頁 26）。時代在召喚他的實踐主體，因為那並不是一個適宜「學隱」的時代，埋首故紙堆中並無法解決立即的實際問題。作為解碼器的時代為那長期萎縮的「經世」的復甦提供了必要的刺激，而梁啟超召他去為《時務報》撰稿正給予了他一個立即的機會。「走出詁經精舍」是個人思想史的另一個開場，樸學的學術訓練已不足以應世當是另一個重要的原因。〔註 33〕離去前的幾個月，他在給他老師譚獻的信中就已道出他知識上的苦悶（「終日枯坐與譚魚相對」）：

> 自顧蠢愚，復匙雅材好博之士相與底屬……歲不我與，非裹糧游學，
> 終無以進德業。（《年譜長編》，頁 35）

他需要更多的學術資源，更多的時代資訊，《時務報》正象徵了他的需要，也似乎可以滿足他對時代發言的欲望。

他的離去，意味著他在精神上和俞樾分手。在他離去後，俞樾在《詁經精舍課藝》第八集（也是收錄太炎習作的最後一集）中寫了篇值得玩味的序，有這麼一段文字：

> 此三年中，風會大開，人人爭言西學矣。而余與精舍諸君子猶硜硜
> 焉抱遺經而究終始，此叔孫通所謂「鄙儒不通時變」者也。為吾黨
> 計，不過曰「守先王之道以待後之學者」。戰國時，有孟子，又有荀
> 子。孟子法先王，而荀子法後王。無荀子，不能開二代以後之風氣；
> 無孟子，而先王之道幾乎息矣。今將為荀氏之徒歟，西學具在，請
> 就而學焉；將為孟氏之徒歟？則此區區者，雖不足以言道，要自三
> 代上之禮樂文章，七十子後漢唐學者之緒言，而我朝二百四十年來

〔註32〕　孫詒讓在 1895 年看到《強學書局章程》時，也在瑞安組織「興儒會」。在該
　　　　　會的宗旨中有這麼一句：「以尊孔振儒為名，以保華攘夷為實，萬不得已，亦
　　　　　尚可圖畫疆自守。」（轉引自湯志鈞，《近代經學與政治》，頁 230）。
〔註33〕　王汎森，《章太炎的思想及其對儒學傳統的衝擊》，頁 7。

諸老先生所孜孜講求者也。精舍向奉許、鄭先師栗主，家法所在，
其敢違諸？（轉引自《年譜長編》，頁 34～35）

在這段文字中，俞樾以法先王（孟子）和法後王（荀子）分判亂世之中儒者
選擇道德事業的兩條路徑、兩種型態，而自居為前者（「守先王之道以待後之
學者」），以述古窮經為己任。巧的是，章太炎的趨向和他完全相反（「時余所
操儒術，以孫卿為宗」「……歸宿則在孫卿、韓非。」《自定年譜》，頁 38），
可見俞樾的議論或許正是針對章的離去。

　　強調「家法」的俞樾，在精神上也已經衰老了。他訴諸一個實踐主體長
期萎縮而形成的傳統，把萎縮的傳統的存在變視為萎縮的理由，從而忘卻了
起源。章太炎的離去，勢必要先穿透那個在「我朝」中凝成的傳統，而走到
它凝固以前的時代。於是在精神譜系上，他除了把他身處的時代比擬為荀子
所處的戰國末年，一個價值解體的年代；同時在異族統治這一點上，又把自
身處境投射向明末清初，亡國之初的時代交替中，清初三大家所處的年代。「法
後王」讓當時的章太炎毋須為「承先」所困，荀子的精神啓發他把一些不敷
所用的傳統價值暫且置入括弧，在致用的前提下大量汲取西學新知。這一點，
他在〈變法箴言〉中有清楚的告白：

　　民不知變，而欲其速化，必合中西之言以喻之。……人莫信其觀縶
　　闊略之聲而信其目睹，是故陳古而闊，不如道今；有獨喜其觀縶闊
　　略之聲者，與道今而不信，則又與之委蛇以道古。〔註34〕

在啓迪民智的前提之上，傳統教養適足以轉換為因緣說法、方便設施的資源。
而在那樣一個新舊交替的時代，舊的價值還有一定的信仰者，受傳統教育的
讀者佔了讀者群中的大多數，既使是時代中的新人類也是在一個舊有的語言
環境下長大，於是必須便用他們能接受的語言符號：對慕新者說以新，戀古
者道以古。換言之，他必須把自身的根柢，揉和新知，轉換成策略。〔註35〕

　　書寫的策略性凝結在他為自己第一本結集的著作《訄書》的命名上。訄
者，促迫也。在《訄書》初刻本〈自錄〉之末，有一行題辭：

〔註34〕湯志鈞編《章太炎政論選集》，中華書局，1977：23。
〔註35〕湯志鈞：「在封建思想籠罩下，仍得向封建學說中求索，使之『言古切今』，『言
　　　　教通治』，只有這樣，纔能『聳上者之聽，……』纔能實現他變法圖強的政治
　　　　目的。」（氏著《改良與革命的中國情懷——康有為與章太炎》，商務，1990：
　　　　34）這是批評康有為的話，也適合用來描述章太炎。這是所有時代的啓蒙者
　　　　共同的問題：他們只能用被啓蒙對象（隱含讀者）看得懂的語言，再偷天換
　　　　日的滲入新知，所以每多「格義」（舊瓶裝新酒）和牽強附會。

幼慕獨行，壯丁患難。吾行卻曲，廢不中權。逑鞠迫言，庶自完于

皇漢。祥丑後二百三十八年十二月，章炳麟識。〔註36〕

總結了他離開詁經精舍之後3、4年間在報章雜誌上發表的各類文章（多有增補刪改）與及他投入社會奮戰的具體感受。《訄書》的「訄」〔註37〕字正是他那種發言情境（「吾行卻曲、廢不中權」〔註38〕——荊棘滿道，游離於邊緣）和在該種發言情境中發言的符碼化（「逑鞠迫言」——窮迫不得已之言的集結）；窮迫與發憤不得已與不得不然，決定了策略之爲策略的精神內核，知性與感性構成的矛盾與統一。

「幼慕獨行」的章太炎自我選擇爲時代的孤獨者。而作爲孤獨者又得承受作爲孤獨者的悲哀，求獨是由於「求群而不可得也久矣」；求群不可得而「知不獨行不足以樹大旅」，然而卻又感概：

雖然，吾又求獨而不可得也。于斯時也，是天地閉、賢人隱之世也。

〔註39〕

他把那時代理解爲是絕望的時代，〔註40〕而身在那絕望時代中的他也只能做爲一個啓蒙者而從事「播種」，但也僅僅是「播種而已」——「譬如殖砶，殖之不必種，不殖則必審其不穫矣。」〔註41〕在絕望的情境中，他自認爲只是播下幾許近乎徒勞的希望的種子。而書寫做爲一種策略，也正和他這種精神狀態相依附。他在爲古老的帝國尋求出路的同時，也在爲他自己的思想尋求出路。

〔註36〕《章太炎全集（三）》，頁6。

〔註37〕訄，《辭源》、《大漢和辭典》之類大型辭書所釋亦極簡略，皆本《說文》《廣韻》。這意味著此字在典籍再生產中鮮少被置入新的生產脈絡。又，《說文解字》釋曰：「迫也。從言九聲，讀又若丘。」段玉裁注：「……今俗謂逼迫人有所爲曰訄，音正同。」（藝文印書館，1966：102）。

〔註38〕在〈學隱〉一文中，他有如在說明自己似的爲戴震辯護：「當是時，知中夏黝黯不可爲，爲之無魚子蟣蝨之勢足以藉手；士皆思偷惛祿仕久矣，則懼夫諧媚爲疏附，竊仁義于侯之門者。故教之漢學，絕其恢譸異謀，使廢則中權，出則朝隱。」（《訄書初刻本・訄書補佚》，《全集（三）》，頁111）「中權」指朝廷、中樞或地域的中心，是「學隱」的位置。「吾行卻曲」典出《莊子・人間世》：「迷陽迷陽，無傷吾行；吾行卻曲，無傷吾足。」卻曲，曲行；迷陽，荊棘。章太炎認爲「借陽爲場」，「迷場者猶言迷塗」。（《章太炎全集。莊子解故》，頁132～133）。

〔註39〕《訄書初刻本。明獨》，（《全集（三）》，頁55）。

〔註40〕《訄書初刻本。東方盛衰》：「烏乎！吾不能生于千世之後，而生于今。今之世，雖有闊天、管夷吾足以免討，我見其不能征黃海也。然而不莫穫而朝播種者，知樹蓺也夫。」（《全集（三）》，頁59）。

〔註41〕《訄書初刻本・播種》，（《全集（三），頁57》）。

　　《訄書》初刻本中的〈客帝〉、〈分鎮〉諸篇是他「從尊清者遊」時期在「維新」的思考格局內為國家尋求出路的初步探索；〈尊荀〉、〈帝韓〉、〈商鞅〉、〈正葛〉諸篇是他投注於當世之務時文化神龕中古老智慧提供的必畏的思想背書。在〈商鞅〉一文中，他道出了他法後王的策略及論述的權宜性：

　　　　其法取足以濟一時，其書取足以明其所行之法。非若儒墨之著書，

　　　欲行其說于後世者也。（《全集（三）》，頁 81）

他的《訄書》有其時效性，有其立即的針對性；大環境令他不能像顧炎武那樣「著書待後」。然而章太炎的野心又不僅於此，《訄書》不僅是「治國方略」，更是他構想中的「中國通史」的原初型態。〔註 42〕這和他刻意選擇的表達方式有關，考究的文字、博辯的氣勢、故意的艱深古奧，說明了「如何表達」也業已是他表達內容的不可分割的一部份。文章的一再修改除了是他思想「進化」〔註 43〕而導致的自我調整之外，更可以看做是基於文學和學術上的考量。〔註 44〕對章太炎而言，「表達」已成了象徵。而章太炎的「表達」除了「發言」之外，又包含了其他的可見形式（譬如肢體語言）。

　　（三）作為文化象徵的表達

　　在 1900 年康梁的維新失敗以後，章太炎在反省之餘決定告別昔日的自己，走上更激進的道路。把當日附保留的（清朝政權法統）也列為首要質疑推翻的對象，從體制內改革走向體制上的改革，從亡國的思考格局走向亡天下的思考格局。為了表示和維新人仕（勤王者）在意識型態上的分手，他「因斷髮以示決絕」（《自定年譜》，105）。而演出一齣個人象徵劇。

　　在同年八月發表的〈解辮髮〉一文中，他引經據典的為自己的象徵性行為做語言上的轉譯和解讀，給了自己的肢體表達一個豐富的上下文，而賦予

〔註 42〕章太炎最早關於「中國通史」的構想，見於 1902 年的〈致梁啟超書〉（湯志鈞編，《章太炎政論選集》上冊）強調以典志和紀傳為主。比較全面的藍圖見於《訄書》重刻本〈哀清史〉後的附錄：〈中國通史略例〉、〈中國通史目錄〉。

〔註 43〕針對自己的從維新到革命在《訄書》中的反映，1903 年章太炎在〈致陶亞魂、柳亞廬書〉中說：「《訄書》中《客帝》諸篇，即吾往歲之覆轍也。今將是書呈覽。二子觀之，當知生人智識程度本不相遠，切進化時，未有不經紀孔、保皇二關者，……。」（《章太炎政論選集》，頁 119）。

〔註 44〕文學方面，第六章討論章太炎的文學主張時，再詳及。在章太炎的觀念裡，文學和學術有其內在的共通性。《訄書》的一再修改和他對「著作」的特殊思考有關。在《國學略說》中，他把書寫分為「著作之文」和「獨行之文」，前者大興於先秦，漢以後一蹶不振，民族氣骨衰敗所致。他把報章雜誌上的「獨行之文」體系化為「著作之文」，也可以說是復歸「大體」的一種方式。

了歷史的厚度和文化的滄桑：

> 支那總髮之俗，四千年亡變更，滿州入，始鬎其四周，交髮于項，
> 下及髖髀。一二故老，以爲大辱，或祝髮著桑門衣以終。（……）蓄
> 冠簪高髻之飾，既不可復，則寧盡毀之以章吾志，其情隱矣。〔註45〕

他把時間推到滿州入關前後，那可以做髮型比較的臨界點上。因而髮型的變
更就可以和剛發生的改朝換代聯結起來，「辮髮」象徵漢民族恥辱的永恆烙
印，身體是政治權力直接作用的場域。然而，時間過去之後，起源被遺忘了
（「其後習夷俗久，耏鬢垂鬈以爲當然，亡所怪愕。」），恥辱在遺忘中成爲可
以接受的日常。〔註46〕當清政權積弱疲弊，在列強蠶食鯨吞，在大清子民鴉
片煙的氤氳中，「髮辮」成了積弱愚昧未開化的象徵，「日本人至，始大笑悼
之；歐羅巴諸國來互市者，復蚩鄙百端，擬以豬豚，舊恥復振。」新的恥辱
讓他回憶起舊的恥辱，因而把被遺忘的本源召喚回來。他的學識做了最好的
後盾，因爲被遺忘的本源早已掩沒在故紙堆中，是他把它重新考掘出來。

不僅此也，剪辮之外，他還把身上的「戎狄之服」換掉，效明末清初「一
二故老」，弄了一套有「古風」的衣服來裝載他那民族主義肉身。

故事還沒有結束。次年，章太炎披頭散髮、著一身怪服回去看俞樾，結
果被罵得灰頭土臉——被罵以「不孝不忠」——傳統的道德德目——前者指
他曾避難台灣，「背父母陵墓」；後者則是指他批評清政府及光緒帝。換言之，
是一種「以辮髮爲安」格局內的批評。結論是「不孝不忠，非人類也。小子
鳴鼓而攻之可也。」〔註47〕幾乎直斥之爲「禽獸」了。狗血淋頭的章太炎心
裡百味雜陳，退而〈謝本師〉。

〈謝本師〉文甚簡約，扼要的敘述了被「督敕」的過程。值得注意的是
他自己的反應：

> 昔戴君與全紹衣並污僞命，先生亦授職爲僞編修。非有土子民之吏，
> 不爲謀主，與全、戴同。何恩于虜，而懇懇蔽遮其惡？（頁123）

〔註45〕《章太炎政論選集》，頁148。

〔註46〕在 1903 年的〈駁康有爲論革命書〉中，他也提到這種文化的惰性：「然則蓄
髮之久，則以蓄髮爲安；辮髮久之，則以辮髮爲安。」（《政論選集》，頁196）。
而章太炎對自己剪辮的解釋，觀於〈沈藎序〉：「當唐氏建國會時，藎與其議，
余方以勤王、光復，議論不合，退而毀棄毛髮以自表。」（《政論選集》，頁248）。

〔註47〕章太炎，〈謝本師〉（收於朱維錚、姜義華編注《章太炎選集》，上海人民出版
社，1981：122）。

之前還有一句更重的話（「將以嘗仕索虜，食其稟祿耶！」），不知道是他的臨
場立即反應，還是事後補述。做爲一篇表態的「宣言」，饒富意趣的是章太炎
抬出樸學學術譜系的始祖戴震，而那是他奉爲「學隱」的典範（「使廢則中權，
出則朝隱」），也可見他是把俞樾放在「學隱」的精神系譜中。他對該精神系
譜有一個假定：「學隱」是知識份子在高壓統治下的一種不得已舉措（詳見〈學
隱〉），而他們內心裡對異族統治是有保留的否定，〔註48〕俞樾的「忠君愛國」
粉碎了他那富有歷史同情的理解和想像。因而〈謝本師〉中不免綴滿痛苦憤
怒和失望。

　　27年後，他61歲那年在《自定年譜》中追憶這段壯年時的往事，卻有一
段全新的、極具價值的補充。他說：

> 對曰：『弟子以治經侍先生。今之經學，淵源在顧寧人，顧公爲此，
> 正欲使人推尋國性，識漢、虜之別耳，豈以劉殷、崔浩期後生也！』
> （《年譜長編》，頁115）

在這段增補的現場對話中，章太炎比〈謝本師〉走得更遠，走到〈解辮髮〉
中召喚回來的時間臨界點。那時被迫「朝隱」、「學隱」的外在禁錮尚未形成，
是一個實踐主體可以充份開展的邊際場域。「樸學」業已凝固的璞必須藉著一
個激進的還原來加以開鑿。

　　如是章太炎爲自己所屬的、三百年來業已忘卻自身根源的清弋樸學召喚
祖先，把那被江藩置入「附錄」的顧黃予以譜系上的歸位，而把自己命名（「因
羨慕顧炎武之爲人，改名絳，別號太炎。」〔註49〕）爲清初三大家精神上的
繼承人，在意識上把清人入主以來的三百年一舉抹去，而承挑了明遺氏的亡

〔註48〕章太炎在〈駁康有爲論革命書〉中，復陳他這種看法：「往者陳名夏、錢謙
　　　益輩，以北面降虜，貴至閣部，而未嘗建白一言，有所補助，如魏徵之于
　　　太宗，范質之于藝祖者。彼固曰異種賤族，非吾中夏神明之胄，所爲立于
　　　其朝者，特曰冠貂蟬、襲青紫而已，其存聽之，其亡聽之。若曰爲之馳驅
　　　效用而有所補助于其一姓之永存者，非吾之志也。……其他朝士，入則彈
　　　劾權貴，出則搏擊豪強，爲難能可貴矣；次則束身自好，優游卒歲，以自
　　　處於朝隱；而下之貪墨無藝、怯懦忘恥者，所在皆是。……苟得稟祿，以
　　　全吾室家妻子，是其普通之術矣。」（頁206）然而在此一脈絡中，顯然是
　　　藉著抬高錢謙益之類「降清者」來諷刺康有爲——章太炎認爲這些異族統
　　　治下的知識份子都有一個共同的保留：決不做任何「有所補助于一姓之永
　　　存者」。而那是康黨一直在汲汲營建的。妙的是，俞樾的反應恰恰否定了章
　　　太炎的「學隱」論。
〔註49〕此據《年譜長編》，頁2。原始出處、「改名」年歲等均俟考。

國亡天下之痛。〔註 50〕在這裡，他一方面是企圖透過顧黃等人讓自己追認的
學術譜系中原有的批判力釋放出來，從而合理化自己取徑之異於「本師」。清
初三大家身處於改朝換代的渡口中，異族的入主中原、明王朝的竟爾覆滅，
易服髡髮，尊嚴喪盡。那是一個批判反省的時代，亡國之痛驅使他們對前朝
政治、學術、制度、文化等等進行全盤的、總體的反省和批判。現實的無望
迫使他們只能讓種籽冬眠，而著書侍後，而明夷待訪。他們把那些經驗和智
慧符碼化，等待新時代來為它解碼。迫在眉睫的亡國危機（列強──也是「夷
戎」──瓜分）和承接而來的明遺民的亡國之痛、雙重的「亡天下」的焦慮，
把「幼慕獨行」的章太炎構造成一具雄辯的、永遠不合時宜的解碼器。大概
是遺民亡靈附體的緣故，三百年的時差偶爾也會讓章太炎時空錯置，以他自
己所處的時代去要求三百年前的先賢，而厚誣黃宗羲《明夷待訪錄》「陳義雖
高，將俟虜之下問」；〔註 51〕對於戴東原則始終抱有異常的好感，而對戴氏《孟
子字義疏證》中關於「理」的疏證尤其有精采的解碼，從而讓戴震「復活」
為一勇於批判、和明遺民相比之下毫不遜色的耿介之仕。〔註 52〕

　　法後王的急卻、精神上的認祖歸宗等等都迫使章太炎不能僅止於停留於
餖飣。他和同代的新人類一樣（甚至更積極的）汲取西學，〔註 53〕因為他必
須具有和清初三大家一樣雄偉的目光，以穿越冰涼塵封的典籍，跨越上下數
千年的時空，再綜合他所能掌握的東西方資源，把學科的界限一一剔除，以
便針對當世之務提出一份有實踐可能的建國藍圖。換言之，那需要一種全景
式的整體關照，一種百科全書式的視野。

　　而做為一個自覺的革命者兼自我放逐於體制之外的「士大夫」（儒俠），
他對於「革命」的理解其實是以文化為前提的（文化學術既是革命的對象也
是進行革命的必備條件，〔註 54〕因而對於革命群眾也有著士大夫對「暴民」

〔註 50〕　《自定年譜》三十四歲條追述他剪掉辮子之後，宋平子笑他：「君以一儒生，
　　　　　欲覆滿洲三百年帝業，云何不量力至此，得非明室遺老魂魄憑身耶。」（《年
　　　　　譜長編》，115）雖是玩笑話，卻說中了章太炎那時的精神狀態。
〔註 51〕　章太炎，〈衡三老〉（《政論選集》，頁 325）。
〔註 52〕　章太炎，〈悲先戴〉（《章太炎選集》，頁 405～407）二文均發表於 1906 年十一
　　　　　月出版的《民報》第九號《說林》。
〔註 53〕　詳鄭師渠，《晚清國粹派──文化思想研究》第三章〈國粹派的新學知識系統〉
　　　　　（北京師範大學出版社，1993）。
〔註 54〕　章太炎在為鄒容的《革命軍》寫的序中清楚的提出他對「革命」的特殊認知，
　　　　　參（《章太炎政論選集》，頁 193）他的這種理解一方面是為了牽就語辭的原始
　　　　　意義，一方面則是把文化和政治看做不可分割的總體。而對於革命者文化教

的畏懼，〔註55〕或許是源於他其時最尊崇的儒者荀子對人性的千古告誡和洞察（「性惡」），他對於人性在權力中必然的腐敗有了清楚的認知和預警；他像明遺民一樣提早的對王學末流毫無規範的實踐主體進行規劃：為了喚起衝決羅網的革命勇氣，他提倡「神經病」；為規範實踐主體與及提供在舊價值解體、新價值未建立之際的革命動力，他又主張「革命道德」。

　　章瘋子、「神經病」等稱謂是章太炎的論敵們對他的蔑稱，他也宿患瘋顛，而他那種特立獨行、恥與人同的精神狀態又每每易於在群體中被排除出去，於為生理和思想上的特徵便在他人的目光中得到了統一。在〈東京留學生歡迎會演說辭〉（西元 1906 年）中章太炎把這種負面的評價做文化上的處理，把它理解為是時代的先行者必備的人格特徵。在這樣的基礎上，他提出一些方略以改造、構造他理想中的實踐主體。在上述〈演說辭〉中，他提出「要用華嚴、法相二宗改良舊法」，〔註56〕以一種勘破萬有的信仰以扶植勇猛無畏的實踐動力；接著是提倡國粹。這關涉了民族自尊和文化教養，他特別強調語言文字、典章制度、人物事跡（頁 276～278），也就是藉古老歷史和文化遺產來把實踐主體改造為文化角色，文化國民，它象徵了一個既存的精神系譜。這樣的論述反映了章太炎自身的思想變遷，諸番改造實踐主體的方略，其實也都是在說他自己，那又是他的表達──表態，和宣告。

　　（四）文化角色

　　在〈革命之道德〉中，他公開的把顧炎武的精神特質全部召喚回來，以顧炎武對於亡國──亡天下的反省而對知識份子提出的道德要求做為他當時的革命道德主張：知恥、重厚、耿介──他自己再補充上「必信」。〔註57〕這樣的實踐主體由於具備了多重的文化質素（佛學、國粹、文化道德）而注定了不可能是大多數人，而必然是頂尖的知識貴族，作為文化角色的章太炎自己。表達再次成了象徵。發言既是為了啟迪大眾，也是在自我說明。發言主體便是那發言內容所懸鵠的榜樣。對於國粹的一再強調，說明了章太炎已不僅只是啟蒙者、革命家，更是（中國）文化的代言人。說明了在「蘇報案」之後，章太炎在革命者精神譜系中的位置藉著顧炎武而有了完整的確立，那

養的注重，則見於〈革命之道德〉（1906 年）。
〔註55〕章太炎，〈革命之道德〉（《章太炎政論選集》）是文對中國人的國民性有相當
　　　深入的分析。
〔註56〕《章太炎政論選集》，頁 274。
〔註57〕同前書，頁 320～323。

也是他在傳統文化中的特殊位置。當他把顧炎武完整的召喚回來，做為他對當代問題發言的精神導師，且以自身的經歷為依據，他對實踐主體（以樸學、以故有的精英文化為基柢的特殊的實踐主體）的建構在模式上便已經基本完成。魯迅的那句廣被利用、帶著些許嘲諷、總結了那個時代被章太炎「播種」的知識青年對他的印象的修辭——「有學問的革命家」——巧妙的點出了章太炎上述角色一身份的特殊性。

　　在困阨的時候，章太炎常會讓自己在精神上走得更遠，甚至遠望顧炎武，而直追那個古文經學精神系譜始源處的第一個史家，讓文化時間從神話時間轉入歷史時間的樞扭人物：孔子。孔子所處的也是一個拆散（對舊有的文化典籍、政治體制而言）和重整的時代，孔子一生週遊栖惶而在政治上終究一事無成，留下的只是諸多具有母題意義、寓言色彩的敗北的故事，是文倫代言人精神上的共同受難曲。在文人書面傳統中不斷被祖述的結果，使得那些細節都成了文化象徵，在可以類比的存有情境中，熟悉此一象徵的文化中人就會適時的把它植入自我感性的生命中，認同且解碼。古文經學系譜盡頭的史家孔子，「六經皆史」的文化建構正是把在神話與歷史時間的臨界點上，文化智慧和歷史教訓符碼化的浩大工程。

　　在因「蘇報案」繫獄時，章太炎就已把自己的角色的象徵性投射到孔子身上。在獄中寫的〈癸卯口中漫筆〉中，他既自負又憤慨的說：

> 上天以國粹付余，自炳麟之初生，迄于今茲，二十有六歲。鳳鳥不至，河不出圖，惟余亦不任宅其位，繫素王素臣之跡是踐，豈直抱殘守闕而已，又將官其財物，恢明而光大之！懷末得遂，蒙于仇國，惟金火相革歟？則猶有繼述者。至於支那閎碩壯美之學，而遂斬其統緒：國故民紀，絕于余手，是則余之罪也！〔註58〕

「上天以國粹付余」說明了他是被時代和傳統選擇的文化代言人，賦予他一個崇高的位置。那是被尊為「素王」的孔子之位。《論語・子罕》：「子曰：『鳳鳥不至，河不出圖，吾已矣乎！』」時不我予，在事功上注定敗北。而章太炎也是十分清楚的認知到，他的文化角色並非抱殘守闕，而是在歷史連續性的前提下，把「國故」帶入近代，為它增添、補充新的時代質素，以增添它的活力和免疫力，以便對所有的當世之務有解釋力，也可以做有效的發言，以證「國故」存活之必要與切要。而這一切，都必須依賴章太炎這一個獨一無

〔註58〕收於《太炎文錄初編》中易名為〈癸卯獄中自記〉。《全集（四）》，頁144。

二的實踐主體。因此萬一他中年隕歿，成為革命烈士，不免卻是文化罪人。
這種自我角色的認同與塑造，一再說明了章太炎在對時代發言時始終是站在
（傳統）文化之內的，那是他不可取代也無可移易的「位」。

十年後（西元 1914 年）章太炎以革命元老、開國元勛的身份被袁世凱軟
禁在北京錢糧有同時，曾以七尺宣紙，大書篆字「速死」二字掛於壁上以洩
孤憤，並寫有〈「速死」自跋〉〔註 59〕以為自我宣告。其時章太炎的一些代表
作《齊物論釋》、《文始》、《國故論衡》等或已陸續刊佈，或只剩下局部的補
充修訂，大量的學術著作確立了他在國學上大師的地位。且「時弟子多為大
學教員」（《自定年譜》，頁 466），影響力不可謂不大。在譽滿天下的暮年竟受
困於政客軍閥，剛開始時非常激動，「寄故衣」貽妻「以為記志」，絕食祈死，
再度發出「國故民紀，絕于余手」的悲歎：

> 不死於清廷購捕之時，而死於民國告成之後，又何言哉！吾死以後，
> 中夏文化亦亡矣。〔註 60〕

作為文化的象徵，他的處境又象徵著其時「中夏文化」的處境。而他之所以
會認為「中夏文化亦亡矣」，就個人因素而言，是因為他的許多學術見解都已
成熟，如非遭此困阨，則採擷之日有期。在給他女婿龔未生的一封信中他有
清楚的表白：

> 雖從政蒙難之時，略有燕閒，末嘗不多所會悟。所欲箸之竹帛者，
> 蓋尚有三四種，是不可得，則遺恨于千年矣。〔註 61〕

既然「不可得則遺恨千年」，那必然是國學領域內的「經典之作」了。生的苦
惱和死的遺憾都內在於文化角色的矛盾中，畢竟長遠的歷史傳統累積了太多
異質的個案可供選擇，也都各具文化的充足理由。

在經過一段時間的心理調適之後，他援用「蘇報案」模式，讀書著述，
整理舊作；和弟子門生論學、上課，同時為自己個人的思想史做初步的總結

〔註 59〕 收於《章太炎選集》，頁 584。是文不足 50 字，以春秋時晉國大夫范文子祈禱
「速死」的故事，以表悲憤與憂患。然而對一個文化代言人而言，求死並不
是件容易的事。因為他背負著傳承文化的責任。在《訄書》重訂本〈雜志〉
一文中為馮道、錢謙益做了異於世俗的論斷：「如馮道、錢謙益者，亦盡瘁矣
哉！不然，革命之際，收良以填溝壑，而天地之紀絕矣。」（《全集（三）》，
頁 336）活著比死還難。死了成就一己千古清名而文化無由傳承：活著背千古
罵名，而學術有所傳承。

〔註 60〕 章太炎，1914.5.23 家書（湯國梨編，《章太炎先生家書》，上海古籍出版社，
1985：47）。

〔註 61〕 〈與龔未生書〉（《章太炎政論選集》，頁 702）。

（1913：〈自述學術次第〉；1915：〈菿漢微言〉），而在後者中，則道出他在自
我調適之後的選擇：

> 癸甲之際，厄於龍泉，始玩爻象，重籀《論語》。明作《易》之憂患，
> 在於生生，生道濟生，而生終不可濟。……故唯文王爲知憂患，唯
> 孔子爲知文王。〔註62〕

透過自身思想的圓融綜合，以生命處境爲參驗（文王曾囚於羑里，孔子曾困
於陳蔡），「故唯文王爲知憂患，唯孔子爲知文王」，唯章太炎爲知孔子。於是
他再度經由感知而把握了母題，掌握了象徵。

　　章太炎一生思想數變，生活也可以說波折很多，可是他的立足點始終沒
有放棄（既使是短暫的、策略的——這是他和其他革命、維新及後來的新青
年的根本不同），也可以說是他一直並沒有辜負俞樾給予的八年詁經精舍的傳
統文化教養，他把中國文化的命運當做是自己的責任承擔了下來，把個體生
命和文化角色（的功能）聯結起來，對於傳統文化的批判、拆散也並非把批
判、拆散當做目的，而是爲了重構——把個人的經驗結構和時代感受植入，
是以解碼是爲了重新符碼化。個人經驗之重要，從他的一句話中可以見出：

> 余學雖有師友講習，然得於憂患者多。（《自定年譜》，頁317）

理解和書寫的歷史性，已盡在此言中。不僅僅是「學有根柢」而已。〔註63〕
「學有根柢」只是必然的條件。社會實踐和道德上的持守也是必要的條件。

　　章太炎一生中不同的生命階段的文化角色認同就暗示了這一點。劉歆（古
文經學根柢）、戴震（學術宗匠兼「以理殺人」的批判者）、顧炎武（亡國情
境中行己有恥、著書待後）、孔子、文王（困阨中爲中華文化規劃藍圖）。因
而生命中的頓挫恰正是「上天以國粹付余」的考驗和反證，讓他的生存情境
可和古代的文化角色類比，於焉古人的憂患之書恰也是他的心聲，使得他個
體渺小的存有得以延伸向過去，而膨脹爲一種集體的象徵。

〔註62〕〈菿漢微言〉（《章太炎政論選集》，頁735）《檢論·訂孔下》有一段清楚的告
　　　　白：「以炎、黃、譽、堯之靈，幸而時濟，光復舊物。間氣相揖，逼于興臺，
　　　　去食七日，不起于床。忾然歎曰：『余其未知羑里、匡人之事、夫不學《春秋》，
　　　　則不能解辮髮，削左袵。不學《易》，則終身不能無大過，而悔吝隨之。始習
　　　　爻象，重籀《論語》諸書，……。』」（《全集（三）》，頁426）文化提供他典
　　　　故、語言以解釋他自身的遭遇和處境；相對的，他的象徵行爲也等於是「重
　　　　演」了文化象徵人物的象徵行爲，互相獲得證成和補充。

〔註63〕章太炎向不輕易許人，被他許爲「學有根柢」者，也不過是廖平、葉德輝、
　　　　劉師培等寥寥數人而已。

（五）民國遺民和他的憂患講學

　　半生奔走國事，全然沒有政治野心，卻也幾乎罵盡了當代的政客和學者。對中國的過去的深刻瞭解，使得他提出的許多治國方略都顯得射程太遠，不爲講求立即效益的短見政客所採納，〔註64〕立功不得唯有退而立言，明夷待訪。在北京幽囚的歲月中，他一度對政治徹底失望，也意識到那不是他所能掌握的，在給長婿的信中寫道：

　　　　往昔所希，惟在光復舊物，政俗革命。不圖廢清甚易，改政易俗，

　　　　竟無毫銖可望，而腐敗反甚於前。〔註65〕

於是從「其法取足以濟一時」的《訄書》重新整修爲「著書待後」的《檢論》，〔註66〕「『國故』增加了，革命削弱了。」（《年譜長編》，頁488）削弱的革命性還給了歷史，增加的「國故」作爲立言而待後。究其實是書三度結集，留下三個版本於世間，供讀者各取所需，保留了更大的解釋空間。

　　然而對於國事的關切使得章太炎始終無法自外於政治，自北京南歸之後隨著參與了二次革命；1920 年之前後爲了對應軍閥割據而奔走於聯省自治，爲了取代那可能遭致「異族入侵」（指國民黨引進俄國軍事顧問）的「北伐」。1928 年以後更由於他不斷批評南京政府、國民黨、孫中山而一度遭到通緝，被目爲「學閥」。1931 年918事變，又一度迫在眉睫的異族入侵迫使章太炎再度對時局發言，批評南京政府的「不抵抗政策」，主張立即宣佈對日抗戰。在晚年講學生涯中，這是他最深的焦慮。在南京政府持續的不抵抗中，他用盡了一個它學者所能做到的所有法子，不斷的藉電報、書信、新聞稿發言，演講，卻仍然見不到顯著的效用。在那麼一個並非預期的焦躁晚年，他萬萬料不到構成他原始焦慮的「異族入侵」仍然如夢魘一般的壓著他，在他肉體已然衰老的垂暮之年再度給予他一個需要革命的國難情境，亡國／亡天下、夷夏之防之類的思考格局也隨之被召喚出來，中華民國亡國在即，而作爲一個亂世之中的文化選民，一個自我認定的「民國遺民」，〔註67〕他所能做的也只

〔註64〕章太炎的許多國是諍言，後來都證明了他的遠見。詳參汪榮祖精彩的論文〈章炳麟與中華民國〉（收於《章太炎生平與學術》）。

〔註65〕章太炎〈與冀未生書〉（《章太炎政論選集》，頁701）。

〔註66〕詳細的比較參湯志鈞《章太炎年譜長編》頁482～488。

〔註67〕錢基博以同時代人的身份記下這一段掌故：「（章太炎）既以國黨用事而擯於世，無所發憤；會前大總統黎元洪死，則輓以聯曰：『繼大明太祖而興，玉步未更，綏寇豈能干下統。與五色旗同盡，鼎湖一去，譙周從此是元勳。』弦外之音，令人驚異！而下署『中華民國遺民章炳麟輓』也！……」章氏行逕

僅僅是爲預防「亡天下」而緊急紮根，抱病爲學子講述國學。在給馬宗霍的
信中他哀傷的說道：

> 僕老，不及見清河，唯有惇誨學人，保國學於一線而已。（轉引《年
> 譜長編》，頁 924）

於是 1934 年在蘇州辦「章氏星期講演會」，次年更將之體制化爲具有學院規
模的「章氏國學講習會」。在他晚最後的歲月裡，一直到病發無法進食，仍講
學不輟，堅持「飯不可食，書仍要講」。〔註68〕死後遺囑披露，止有二句：

> 設有異族入主中夏，世世子孫毋食其官祿。〔註69〕

爲自己劃下沉重的句點。

　　「夷夏之防」是他外祖父給予他的文化啓蒙，也是他至死最深的憂慮。
他像一個遲生的明遺民活在晚清，在帝國主義的滅國危機中像一個民國遺老
那般故去。因而他最後歲月裡的最終努力——講學——實不可等閒視之，不
是單純的「保守」、「落伍」、「頹唐」等等皮相修辭所能解釋的了的。個體的
社會實踐總是有許多「可能」可以選擇，肉體已嚴重衰老的章太炎選擇了講
學，那幾乎已是唯一的選擇。而做爲選擇性的社會實踐的「講學」，在章太炎
生命／思想史的一些重要關口都出現過。

　　最早是在 1906 年流亡東京主編《民報》時，應諸生之請而設「國學講習
會」；1908 年《民報》被封禁，在「寓廬至數月不舉火，日以百錢市麥餅以自
度，衣被三年不浣」〔註70〕的困阨中，設「章氏國學講習會」爲諸生講述國
學。章太炎的大弟子黃侃相當相知的道出他的用心

> 其授人國學也，以謂國不幸衰亡，學術不絕，民猶有所觀感，庶幾
> 收碩果之效，有復陽之望。〔註71〕

用他自己的話來說那便是「播種」，和他之倡導革命實爲一體之兩面。

　　第二次是在 1913 年被幽禁於北京之時，他也是藉講學把自己從自殺的沮

怪異，動作奇大，而被當時人目爲「瘋子」。（錢基博，《中國現代文學史》，
文馨出版社，1976：85）。

〔註68〕許壽裳，《章炳麟》（存萃學社編集，《章炳麟傳記彙編》，大東圖書公司，1978：
171）。

〔註69〕繆篆，〈弔餘杭先生文〉（《制言》第二十四期，1936 年 9 月 1 日）。

〔註70〕黃季剛，〈太炎先生行述記〉。轉引自沈延國，〈記章太炎先生若干事〉（章念
馳編，《章太炎生平與思想研究文選》，浙江人民出版社，1986：32）。

〔註71〕黃季剛，〈太炎先生行述記〉。轉引自沈延國，〈記章太炎先生若干事〉（章念
馳編，《章太炎生平與思想研究文選》，浙江人民出版社，1986：32）。

喪情緒中救出來，以講學為動力讓自己活下去。在幽禁北京之時，他曾有一
函與黎元洪訣別，函中有一句重要的話：

> 炳麟羈滯幽都，飽食終日，進不能為民請命，負此國家；退不能闡
> 揚文化，慚於後進。〔註72〕

章太炎的革命、論政，便是他所謂的「進而為民請命」；而講學、述著則是「退
而闡揚文化」。前者的發言場域是當時各大小報刊，後者則是私人講堂和學術性
刊物。惟二者不能截然二分，是互動性的共存——正如「有學問的革命家」此
一頭銜所暗示的。章太炎的一些重要著作之寫作（如《齊物論釋》、《文始》、《國
故論衡》等）都是在講學的過程中；而《訄書》的兩次大規模的修改和編次，
也正在於前述兩度困陀講學。用他的話來說，這可以說是「學隱」。〔註73〕

在對知識份子進／退的考量中，他把學術分為兩種：往之學、知來之學，
〔註74〕又體現為另一組對立：求是與致用。章太炎對「求是」的強調、尊重
甚於「致用」——「故說經者所以存古，非以是適今也。」〔註75〕一方面是
學術人才難得（以章太炎的高標準來衡量）；更重要的原因是學術極易在政治
上被濫用，即使是章太炎最尊崇的「三逸民」（顧炎武、王夫之、黃宗羲）「三
大儒」（江慎修、顏易直、戴東原）的學說也不免遭到扭曲。因此章太炎認為
即使是「致用」，也必須是在「求是」的前提之下，因此「致用」比「求是」
更不容易。如果連「求是」都做不到，那樣的「致用」也只不過是「阿附橫
民」而已。所以他說：

> 君子道費，則身隱。學以求是，不以致用。用以親民，不以干祿。
> 〔註76〕

當「致用」不順遂時，在他的生命中前景化的便僅僅是「求是」；自魯迅以降
的教條馬克斯主義者不明斯人用心，遂致厚誣前賢，詆為「頹唐」，而不知道
章太炎在專注「求是」時，精神也是「亢奮」的。而他在「致用」的過程中，
「求是」除了提供有力的論據之外，同樣重要的是，一如清初三大家援器以
規範幾乎已失去規範的王學末流的實踐主體，「求是」的思想訓練也給予他一

〔註72〕 章太炎，〈致黎元洪書〉（《章太炎政論選集》，頁698）。
〔註73〕 「學隱」是章太炎相當重要的觀念，不止用於解釋清樸學家之皓首窮經，也
用來同情的理解改朝換代的貳臣。甚至當劉師培被端方收買之後，章也勸他
隱居居著述教學。
〔註74〕 章太炎，〈中國通史略例〉（《全集（三）》，頁329）。
〔註75〕 章太炎，〈與人論樸學報書〉（《全集（四）》，頁153）。
〔註76〕 《《國粹學報》祝辭》（《全集（四）》，頁208）。

個思想上自我要求的規範，訓練他自我反省的能力和習慣，著作的一再補訂增刪正反映了他「求是」的精神。囚禁式的禁閉和講學式的隔絕，正好給予他自我省視的時間和空間，以免在狂亂的大時代中迷失了自己。

　　除了 1913 年的講學是以「內典精義」爲主之外（和對象有關，其時的講學對象大多是北京各大學教員），東京和晚年的蘇州講學都以「國學」爲主，而且「小學」、諸子學都是重頭戲。他講學的用心和旨趣，在 1909 年的一封信中有切要的表白。他說：

> 蓋學問以語言爲本質，故音韻訓詁，其管籥也；以眞理爲歸宿，故周秦諸子，其堂奧也。經學繁博，非閉門十年，難以斟理，其門徑雖可略說，而致力存乎其人，非口說之所能就，故且暫置弗講。〔註77〕

語言文字是表達的工具，然而卻往往也是表達本身。尤其因爲國學都是透過文言（故言）載錄——更尤其它們都是古籍，在時間的作用下解碼不易。所以聲韻訓詁「爲其管籥」——既是鑰匙，又是入門的關鍵。如果把革命和講學（含著述）理解爲不可分割的整體，那章太炎的講學內容（兼及歷史、禮、經……）甚至他國學方面大部份的論述，都可以看做是對一個特定民族的集體記憶的結構性建構。

三、集體記憶的結構

　　章太炎的革命論述是在排滿的情境中、在和康梁的筆戰中逐步建構起來的，建構的主要策略是透過對民族集體記憶的重新召喚，明遺民的言論事跡和滿清入關以後的殺戮舉措是最常被提及的。〔註78〕章太炎的論述並未在此止步，他透過人類學、社會學、語言文字學、民（種）族主義等等，在建構排滿論述的同時也建構了集體記憶的結構。該結構爲國粹、民粹、國性而構成的三角關係：

國性

國粹　　種族

〔註77〕　章太炎，〈致國粹學報社書〉（《章太炎政論選集》，頁 497）。

〔註78〕　簡單的討論見王汎森〈歷史記憶與歷史——中國近世史事爲例〉（《當代》，91 期，1993 年 11 月）頁 44～49。

　　三者相互依存、相互證成，均屬於結構上不可分割的局部。在章太炎革命論述的開端——《訄書》重訂本中，他花了相當大的篇幅在「種族」的還原上。推而至其極，做為一個種族的先決條件是：他必須是「人」。援引典籍，在合理化漢族的歷史存有時，他運用了排斥律：

　　　　案中國自漢以上，視蠻閩貉狄諸族不比於人，故夷狄無稱人之例。

　〔註79〕

文化爲漢族劃出一個辨識的範圍和依據，章太炎指出，《春秋》中就已透過這種語詞的奧秘施展夷夏之防。關鍵在於血緣與文化，血緣早在遠古的蒙昧就已決定了某一民族的文化特徵（「中國所以爲中國，非由其有周孔之文化，乃由其爲炎黃之族類。必有炎黃之族類，始能創周孔之文化。」〔註80〕），因而文化就等於一民族的民族血緣。生物性的血緣易被異族淆亂，在弱強食的兼併中，弱勢族群在戰敗後文化被滅，壯丁或盡屠或淪爲奴，女人爲戰勝者繁殖不屬於她們的下一代。從這裡而推演出主權問題。在滿漢問題上，文化的同化呈現爲主客倒錯，而排滿的焦點移易爲主權問題。他說：

　　　　吾向者固云所爲排滿洲者，亦曰覆我國家，攘我主權之故。若其克
　　　　敵致果，而滿洲之汗大去宛平以適黃龍之府，則固當與日本、暹羅
　　　　同，視種人順化歸，斯受之而已矣。然主權未復，即不得舉是爲例。

　〔註81〕

把種族—文化—主權視爲不可分割的聯結體，以構成一個現代的民族國家。

　　然而在弱肉強食的爭戰中，主權不一定可以永遠保住，生物性的血緣又不可依傍，只能訴諸文化的持久性。在章的論述中，血緣甚至也只有賴文化才得以辨識和保存。因爲文化中擁有一種足以抗拒時間的物質秘密：（語言）文字。而最原始，最根本的歷史便是文化藉語言爲血緣命名的歷史。因而在〈原人〉之後，章太炎接著便〈序種性〉。〔註82〕姓氏是漢民族的基礎文化標識，姓氏的歷史連續性證實了種族的綿延，所以章太炎在〈序種性〉中便企

〔註79〕 章太炎，〈中華民國解〉（《全集（四）》，頁254）又見於《檢論》版〈序種姓上〉：「文謂之夷，野謂之狄。貉、蠻、閩、擬以虫獸，明其所出非人。」（《全集（三）》，頁361）。

〔註80〕 蕭公權，《中國政治思想史》民國叢書本，上海書店，頁457。

〔註81〕 同註（79）頁256。

〔註82〕 《檢論》的次第如此，而《訄書》重訂本則不然。顯見《檢論》已體系化。

圖「辨章氏族」，考鏡流別。民族的歷史論證了該民族之爲歷史民族：

> 然自有書契，以《世本》、《堯典》爲斷，庶方承姓，悉爲一宗，所
> 謂歷史民族然矣。〔註83〕

所以他效法顧炎武《姓氏書》的構想，「而志姓譜」。然而這樣的工作基本上
也是一種解碼的工程，並非一般人可以勝任的。「書契」猶如民族的密碼：

> 遭戰國兵亂，官失其守，人知氏而忘繫姓，賴有《世本》《公子譜》
> 等，識其始卒。然弗能人人籀讀，故自周季至今，宗法顛墜。〔註84〕

解碼無由，則徒負載錄。由此可見文化教養之重要。從這裡可以通向「國粹」。

在〈本京留學生歡迎會演說辭〉中，他把〈國粹〉界定爲「我們漢種的
歷史」，而其內涵爲：語言文字、典章制度、古來人物事跡。〔註85〕顯見語言
文字也包含在「漢種的歷史」中。語言的命名保障了種族在特定地域上擁有
主權的合理性。在建構排滿論述時，章太炎遇到了大難題：苗族問題。如果
苗族先漢人而來，那漢族便是侵略者。面對這樣的尷尬，章太炎透過兩個途
徑加以解決：（一）考苗族之得名。惟史籍所載暗昧難明，可以存而弗論；（二）
弱肉強食，「兩無曲直，得之則是。」〔註86〕歸根究柢，是苗族本身沒有信史，
於史無據，則無從追究。他因而得出一個「歷史的教訓」：

> 使秦以前之史書皆滅，將謂中夏本戎狄舊邦，而秦是以漢種侵略之
> 矣。使隋唐以前之史書盡滅，將謂中夏本鮮卑舊邦，而隋唐諸帝以
> 漢種篡取之矣。使明以前之史書皆滅，將謂中夏本蒙古舊邦，而明
> 祖以漢種剽劫之矣。〔註87〕

史書以它無可質疑的具體性證實了某段時間發生的「事實」之確然存在，足
以抗拒政治和權力運作下的歷史虛構，而保障了某一民族在特定地域上居
住、擁有主權的歷史合理性。這種合理性可以追蹤至歷史的源頭，甚至穿越
神話。一個關鍵是，歷史在這樣的穿越中必須保持它的連續性，雖朝代更替
猶可以「光復」〔註88〕——光復舊物。

〔註83〕章太炎，〈序種姓上〉（《全集（三）》，頁172）。
〔註84〕同註（83），頁180。
〔註85〕《章太炎政論選集》，頁276。在〈印度人之論國粹〉中也說：「國粹以歷史爲
　　　　主。」「且人類殊於鳥獸者，惟其能識往事，有過去之念耳。國粹盡亡，不知
　　　　百年以前事，人與犬馬當何異哉？」（《全集（四）》，頁366）。
〔註86〕章太炎，〈排滿平議〉（《全集（四）》，頁264）。
〔註87〕章太炎，〈排滿平議〉（《全集（四）》，頁264）。
〔註88〕「革命」一辭對章太炎而言用得始終不安心，爲了從眾，只好勉強將就。可

　　滿清入主中原之後，幸虧並沒有盡滅漢語漢文。因此章太炎的排滿論在
這語言的部份便有所保留，而專就歷史立論；然而在帝國主義外患的重壓之
下，言語也在「保衛」之列：

> 今夫血氣心知之類，惟人能合群。群之大者在建國家、辨種族。其
> 條列所繫，曰言語、風俗、歷史。三者喪一，其萌不植。俄羅斯滅
> 波蘭而易其言語。突厥滅東羅馬而變其風俗。滿洲滅支那而毀其歷
> 史。自歷史毀，明之遺緒，滿州之穢德，後世不聞。〔註89〕

記憶的有計劃的毀滅，讓民族忘卻了自身的主體性而為異族所役。狹義的記
憶指人物事跡，而廣義的則包含了總體歷史：言語（文字）、典章制度，風俗
（禮法道德），甚至古人的智慧遺產。這樣的總體，便是國粹。從國粹到國性，
涉及實踐主體的作用：解碼、「灌溉」——民族主義「如稼穡然，要以史籍所
載人物制度、地理風俗之類，為之灌溉」，〔註90〕提供了實踐所需要的動力。
它似乎是一種類似民族精神的抽象實體，符碼化於語言文字中——「語言各
含國性以成名」。〔註91〕在國粹、國粹、民（種）族中，各有其核心因素：

　　言語本身不止是載具而已，它也是微型的歷史（「因造字的先後，就可以

　　是在一些文章中卻不免一直嘀咕，企圖「正名」。如在〈革命道德說〉（即〈革
　　命之道德〉）中，就說：「吾所謂革命者，非革命也，曰光復也。光復中國之
　　種族也，光復中國之州郡也，光復中國之政權也。以此光復之實，而被以革
　　命之名。嗚乎！」（《全集（四）》，頁276）後來更主導了「光復會」的成立。
〔註89〕章太炎，〈哀焚書〉（《全集（三）》，頁324）在〈討滿州檄〉中，歷數滿州罪
　　　　狀，這也被列進去。（《全集（四）》，頁192）。
〔註90〕章太炎，〈答鐵錚〉（《全集（四）》，頁371）。
〔註91〕在〈救學弊論〉中，章太炎論及歷史上異族入主中原，在改朝換代中因文化
　　　　融合於中國而失去了民族原有的文化特性，導致「失其樸勁風，比及國亡，
　　　　求遺種而不得焉」。因而主張以那樣的事例為歷史鑒誡，堅持民族的文化特
　　　　性。他說：「夫國無論文野，要能守其國性，則可以不殆。」（《全集（五）》，
　　　　頁101）以文野論文化，以中國和西方比較，認為「吾守其國性，可不斃也。」
　　　　（同頁）

推見建置事物的先後。」〔註92〕）

　　排滿功成之後，帝國主義的威脅仍有增無減，亡國的危機一直存在著，因而章太炎原先比較不必考慮的要素（言語）也逐漸變成關切的重心。外患之外，還有內憂。先是1908年在巴黎有吳稚輝主編的無政府主義刊物《新世紀》，公然倡議採用世界語，針對漢字的弊病，主張廢棄漢字。對章太炎而言，那無疑等於廢棄漢族的文化血緣，而文化血緣一旦廢棄，國粹、國性，種族三者都失卻了依據：

　　　其欲以中國爲遠西藩地者久，則欲絕其文字，杜其語言。令歷史不
　　　燔燒而自斷滅，斯民無感懷邦族之心亦宜。〔註93〕

其禍甚於秦焚書、清焚史，而動搖了「國本」。章太炎的激烈反應（包括他對白話文的反應）間接說明了他對集體記憶建構的結構性——那是不可分割的整體。而語言文字做爲「管籥」，更具有根本的重要性，甚至優先性。如是，語言文字可以說是上述集體記憶結構中的基本單位。

　　當語言文字成爲文化血緣，那每一個國民（排滿之後民族中的個體均是「國民」）就必須具備此一基本條件。所以他在〈中華民國聯合會第一次大會演說辭〉（西元1912年）中關於「中國舊有之美俗良法」而建議保存者，其中第五條即是：

　　　承認公民不依財産納稅多額，而以識字爲標准，庶免文盲與選，而
　　　有智識之寒畯，反至向隅。〔註94〕

國民即是文化國民，當他企圖辨識自身時，辨識的不（只）是自我，而是他的文化角色，被先驗決定的文化屬性。他被投擲入集體記憶的結構中。集體記憶足以說明他在各種情境中的存有，只要他願意，透過語言文字進入那典籍的網絡中，記憶軟體和硬體的儲存庫，可以供應他無邊無際的集體記憶。因而在獲得主權之後，我們可以爲章太炎對於該新興國家的命名中——中華民國——重新「正名」。

　　〈中華民國解〉發表於1907年，其時猶未「光復」。所以他如此符碼化：

　　　是故華云、夏云、漢云、隨舉一名，互攝三義。建漢名以爲族，而
　　　邦國之義斯在。建華名以爲國，而種族之義亦在。此中華民國之所

〔註92〕同註（84），頁277。
〔註93〕章太炎，〈規《新世紀》〉（轉引自《年譜長篇》，頁282）。
〔註94〕《章太炎政論選》，頁534～535。

以謐。〔註95〕

為了在策略上把文化大體已融合於漢人的滿人排除出去而把內涵侷限於種族與邦國。這裡我把他當時刻意驅逐的「文化」重新注入：

> 中華云者，以華夷別文化之高下也。即此以言，則中華之名詞，不僅非一地域之國名，亦且非一血統之種名，乃為一文化之族名。……故知中華民族為何等民族，則於其民族命名之頃而已含定義於其中。〔註96〕

如此內涵才完備。在這遺忘的起源中（很少人知道「中華民國」竟是被中華民國「建國史」中除名的革命元老章太炎命名的），其實已暗含了集體記憶的結構，當然也包含了對「國民」的構想。

在這裡，章太炎為他的語言文字在他個人精神／知識譜系中找到了「家」——結構的中心。於是結構調整為：

「識字」在這樣的結構中，成為何其重要的議題，與及何其重要的問題。

在這樣的結構中，可以看出章太炎對於語言（文字）的思考相當接近洪堡特（K. W Humboldt）。洪堡特把一個民族的語言和民族精神相提並論，認為

> 語言彷彿是民族精神的外在表現：民族的語言即民族的精神，民族的精神即民族的語言。〔註97〕

它類似於文化的遺傳代碼，國性是它的內涵，代代先人的知性和感性依某一民族特有的方式載錄其中。就其感性層面而言，猶如幽深的寄居著祖靈，柔軟曲折的無形的精神，它引領解碼者走向過去，讓他和一個遙遠的集體的過

〔註95〕《全集（四）》，頁252。
〔註96〕《全集（四）》，頁252。
〔註97〕洪堡特著、伍鐵平，姚小平譯，〈論人類語言結構的差異及其對人類精神發展的影響〉（節選）（胡明揚主編，《西方語言學名著選讀》，中國人民大學出版社，1988：39）。

去產生聯繫，在精神上加入其中。洪堡特陰森森的描述了這種語言——「（它）深深地滲透著歷代先人的經驗感受，它還留著先人的氣息。」（頁47）

四、「大體」的復歸

自稱平生學術多得於憂患的章太炎，在復歸了實踐主體的同時，卻也復歸了「大體」。

章太炎在《自定年譜》二十九歲條有一則文字：

> 余始治經，獨求通訓故、知典禮而已；及從俞先生游，益精審，然終未窺大體。（《年譜長編》，頁27）

在〈菿漢閒話〉中評郭象注莊：

> 大體雖得，義訓猶不免粗疏。〔註98〕

同文中批評俞樾和王念孫之治諸子學「本非專門，仍是從旁窺伺」「然則微旨固難審知，而知者特文句耳。」（同頁）換言之，這裡的「大體」在內涵上近於「義理」。相對於「大體」的便是「碎」或「破碎」，也就是乾嘉樸學最常遭到的批評。引章氏文：

> 高郵王氏父子，首明辭例，亦往往入於破碎。（頁111）

然而更值得注意的是，在章太炎的觀念裡，「辭章」並不能治療樸學的「碎」。在〈瑞安孫先生傷辭〉中他說：

> 然文士多病先生破碎，抑求是者，固無章采，文理密察，足以有別，宜與文士不相容受。世雖得王闓運等百輩，徒華辭破道，于樸學無補益。〔註99〕

在清樸學形成後考據、辭章、義理三角對立的結構中，章太炎對於文士始終的敵意反映了樸學訓練的意識型態效果，而考據、義理（漢宋之爭）之間的杆格，章太炎也從樸學的立場出發，經由實踐主體的「憂患」，找到了調和之路。在晚年的演講中，章太炎說：

> 因前人的治經，若宋明的講大體，未免流於臆測妄斷；若清代的考訂訓詁，又僅求一字的妥當，一句的講明，一字的考明，『擘績補苴』，不甚得大體。我們生在清後，那經典上的疑難，已由前人剖析明白，可讓我們融會貫通，再講大體了。〔註100〕

〔註98〕《全集（五）》，頁107。
〔註99〕《全集（四）》，頁225。
〔註100〕章太炎，《國學概論》，頁106。

在漢宋之爭的傳統格局中，章太炎認爲在所有的局部問題已解決後，就可以進而講求「義理」——而他的講求，仍是在否定了宋儒對於文義的理解之後，以清儒的訓詁考訂的全盤成就爲基礎，以「實事求是」爲前提，參之以個人體驗，所講求的便已是和宋儒大異其趣的「義理」。在 1911 年 10 月 14 日給吳承仕的信中，他對這一點有清楚的陳述：

> 樸學稽之于古，而玄理驗之于心。事雖繁賾，必尋其原，然後有會歸也。理雖幽眇，必征諸實，然後無遁辭也。〔註101〕

當我們把「大體」的內涵重新調整，且延伸至章太炎平生所涉的幾個重要學術領域，「大體」便變成了一個哲學問題，關聯著章太炎自身在哲學上取得的特殊成就。章太炎之強調以樸學的訓練、樸學的總體成績爲基柢，正反映了樸學在觀念裡已成爲進入傳統學術（「國粹」）的唯一門徑，要超越那沒有窮盡的破碎的局部而進入一個「整體」（Totality），確實需要認識論上的飛躍，抽象的思辯和綜覽全局的視野。章太炎的西學、佛學和「憂患」在這裡扮演了關鍵的角色。如前二節所述，訓經精舍的學術訓練和文化教養在章太炎的文化角色歷練中，經由實踐主體不斷的和當世之務對話，參照西方社會學、人類學等等，而讓他的精神和目光可把傳統文化視爲一個必須徹底反省檢討的整體——《檢論》、《國故論衡》的命名或許就有此微意〔註102〕——而構築了他的「中國通史大綱」（包含《文錄》初編和續編中的學術文章）。那是他所掌握的「國粹」的大體，由於是大體，〔註103〕所以同時也是他爲後世國學研究者開出的學術研究方向和議程。

在他個人思想史上，一個關鍵的轉捩點是接受佛學。

1903 年 6 月杪章太炎因「蘇報案」而被投獄。十年後（西元 1915 年）他在另一個國度的幽禁中對著弟子吳子承仕總結他的思想時，述及這一段歲月並且道出它的樞紐地位：

> 遭世衰微，不忘經國。尋求政術，歷覽全史。獨于荀卿、韓非所

〔註101〕吳承仕藏，《章炳麟論學集》（北京師範大學出版社，1982：348）。

〔註102〕《檢論》的「檢」有「檢討」、「檢覈」諸意；但同時「檢」又涵法式之意；「國故」概念上略近於「國粹」，只是增加了一個歷史主義的向度。《論衡》襲自王充，有袪妄破疑之意。

〔註103〕「大體」在呈現上有時只是「大略」，也就是提示綱領，大方向，細部枝節或未遑顧及。章太炎的著作大部份都存在著這樣的雙重性，不論是他的諸子學、五朝學、《新方言》、《文始》……都明顯的是在做開路的工作，他自己在一些文章中也提及了這點。

說，謂不可易；自餘閎眇之旨，未暇深察。繼閱佛藏，涉獵《華
嚴》、《涅槃》諸經，義解漸深，卒未窺其究竟。及囚繫上海，三
歲不覿，專修慈氏、世親之書。此一術也，以分析名相始，以排
遣名相終；從入之途，與平生樸學相似，易於契機。解此以還，
乃達大乘深趣。私謂釋迦玄言，出過晚周諸子不可計數，程朱以
下，尤不足論。〔註104〕

囚禁的歲月讓章太炎暫時可以把經國之事擱置，得暇深察「閎眇之旨」，藉著
思辨和體證，逐步趨向「轉俗成眞」之路。「轉俗成眞」也是章太炎晚年爲自
己做思想總結的修辭（「自揣平生學術，轉俗成眞，終乃回眞向俗。」頁593），
指的大概就是從繫獄至東京就避難／講學／主持報務的生命歷程。對章太炎
而言，佛學的細密分析（唯識）和形上學旨趣導至他個人思想史上的認識論
斷裂（epestemological break），讓他得以超越樸學訓練中養成的斤斤於名物訓
詁、以一個假定的客觀客體爲眞理判準的世界觀；雖然二者在「從入之途」
上近似（「以分析名相始」），卻在「以排遣名相終」上大異其趣（排遣的方式、
目的、結果都不一樣），而得以超越樸學而回歸哲學──或者說超越樸學的哲
學而回歸心學──形而上學。一方面是認識論斷裂之後替樸學進行認識論上
的補充（借助唯識實、德、業的觀念、西方近代科學在認識論上的成果等等）；
〔註105〕一方面是找到一套類似判教的、他個人據以分判取捨各門學術、哲學
的「排遣名相」的方式和修辭（「正虛妄、審向背」、「離二邊、契中道」）；最
後則是在不斷的消解中尋求他「排遣名相」的結果或目的──並非爲了建構
一套完整的哲學體系，而是把哲學體系的建構視爲一種過程（在「排遣名相」
的過程中消極的建構），以做爲個人實踐、存在的一種哲學上的說明。因此排
遣名相的目的或許正是「回眞向俗」〔註106〕

　　在獄中獲得佛學的啓悟之後，他還經歷了一段漫長的吸收、消化、比對、
格義的過程。流亡日本時，他先是消化「西學」（「旁覽彼土所譯希臘、德意
志哲人之書」，頁588），接著是古印度哲學《奧義書》、《吠檀多》等，因「言
不能詳」而問學於日本的學者，「以是數者，格以大乘，霍然察其利病，識其

〔註104〕吳承仕記錄，〈菿漢微言〉。引自《章太炎選集》中的選文，易名爲〈自述思
　　　　想變遷之跡〉，頁588。後文引此文，只標頁碼。
〔註105〕詳細的討論參第四章。
〔註106〕詳細的討論參孫萬國〈也談章太炎與王陽明──兼論太炎思想的兩個世界〉
　　　　（《章太炎生平與思想研究文選》）。

流變」（同頁）。而達到了初度的綜合，世界觀的轉變而導致認識論上的斷裂。

在東京講學的過程中，他得以讓脫胎換骨之後的自己重新回頭去審視前半生學術根柢，樸學的古文經學。結果是，他看到一些「不同」的東西：

> 而時諸生適請講說許書。余于段、桂、嚴、王未能滿志。因翻閱大徐本十數過，一旦解寤，晬然見語言文字本原，于是初爲《文始》。
> 而經典專崇古文記傳，刪定大義往往可知。由是所見與箋疏瑣碎者殊矣。（頁 589）

他超越了那無窮無盡的局部，從斤斤計較的「分析名相」躍向把握總體的「排遣名相」，而改造了他早年安身立命的小學和古文經學；從前者中見「本原」，從後者中見「大義」（原是今文經學的專利而爲古文經學所恥的），因而賦予他語言文字之學予古文經學的深度和意趣；像《文始》之類的著作，甚至必須把他理解爲哲學論著而非傳統的語言文字之學。〔註 107〕

接著也透過佛學而開發了《莊子》、「千載之秘，睹于一曙」（頁 590），而寫出了平生得意之作《齊物論釋》。不僅如此，對先秦諸子也都有更深的理解：

> 次及荀卿、墨翟、莫不抽其微言。（頁 590）

「微言」亦即「大義」，也就是義理深趣。

然而彼時能見深而不能識淺，窮極思辯而溺於玄理，孔子的平實不爲所好（「以爲仲尼之功，賢于堯舜，其玄遠終不敢望老莊矣。」頁 590），著作也呈現體系化的傾向。一直到 1915 年的幽囚北京，阨于龍泉，在憂患中以體驗的方式而認識了孔子那並非言辭所能承載的平實中庸。生命幾度轉折，依思辯以窮玄遠；憑憂患以達平實，而醒悟各家哲學各有其從入之途、抵達之路。認識了各家的大義和侷限之後，循莊生「兩行」之教，寬容的平等對待各家學術，而掌握了中國傳統哲學的「大體」。

透過佛莊，理解魏晉玄學和宋明理學就不是一件難事了，一如他之「晬然見語言文字本原」，而超越了清代樸學所執著的漢宋之爭。他說：

> 世故有疏通知遠、好爲玄談者，亦有文理密察、實事求是者。及夫主靜、主敬，皆足澄心，欲當爲理，宜于宰世。苟外能利物，內以遣憂，亦各從其志爾。（頁 592）

各當其分，各見其用。在該文的總結，章太炎自詡于能從許多固著的兩極對待中走出來，而說了一段有趣的話：

〔註 107〕詳第四章。

乃若昔人所誚，專志精微，反致陸沉；窮研訓詁，遂成無用者，余
維無朕，固足以雪斯恥。（頁 593）

這是漢魏以來相互扞格的兩種主要的哲學型態（心靈狀態）；前者指魏晉清談
或晚明王學；後者指漢學（尤其是清代樸學）。若是以章太炎的個人思想總結
的修辭來說，前者是未經分析名相的排遣名相之學，而後者則是未達排遣名
相的分析名相；前者是眞界，後者是俗界。章太炎歷經「以分析名相始，以
排遣名相終」「始則轉俗成眞，終乃回眞向俗」正是以樸學爲起點，經認識論
的斷裂（或突破 break （through））而最終達到辯證的統合。

正由於章太炎採莊生兩行之道，這兩極對待的二者是誰也無消解、取代
對方的，而毋寧是互相補充，卻又保留系統上的矛盾。系統性矛盾的保留，
正是避免陷入「一端」的不得已之策。因此如侯外廬氏之批評章太炎「實證
論的方法和唯心論的體系，而二者間成爲一個不可解決的矛盾」〔註 108〕把二
者理解爲是「方法」與「體系」的差異，可謂無當，因爲那相異的兩端也都
各有其「方法」與「體系」；因此侯氏對章太炎哲學的論斷「附保留的唯心論」
（頁 865）也不免偏於一隅，依章太炎的兩行邏輯，我們必須爲它補上一個反
面：「附保留的唯物論」。前者「保留」的其實是「語言文字」（物）；後者保
留的卻是「心識」。

〔註 108〕候外廬，〈反映十九世紀末葉社會全貌底太炎哲學〉（氏著《近代中國思想學
說史》，頁 871）「兩行之道」讓章太炎得以合理的保留所有的矛盾，卻也可
能爲詭辯大開方便之門。詳第五章。

第四章　言文合一：語言本體與文字表徵

一、邊緣與結構

　　章太炎以一個深於小學的國學大師卻始終對吉金甲文 〔註1〕 採取懷疑，甚至拒斥的態度，一直頗為學界所詬病，甚或引以為章氏保守的罪狀。章氏的弟子許壽裳也許在前述的壓力下在《章炳麟》一書中，幾乎是套用了學術史上為師辨誣的慣用模式──「晚年定論」說──以為師祛疑。他說章太炎晚年因為看了王國維、羅振玉等人的研究成果而改變早年的想法，而「認為甲骨文是可靠的」：

> 對於羅振玉的著作，說亦有可采處，真所謂「君子不以人廢言」。惜乎此意未及寫出，遽歸道山，連腹稿亦埋藏地下，是多麼不幸的事！時至今日，還有不明底細，援引先生早年「理惑論」之句以疑契文者，信口胡說，未免太可笑了。〔註2〕

未及寫出的晚年定論，也只能在弟子門生的口說中以傳說的方式流傳，實無改於吉金甲文在章太炎知識體系中的邊緣性。而且許壽裳的說法也反映出他把這樣的問題看得太簡單了，認為一些固著的觀點因年歲而可以輕易移易。蹤跡章太炎畢生著述，他對吉金甲文的態度直可以說是「一以貫之」的。這個看似不怎麼重要的問題位處於章太炎語言文字之學的邊緣，而論述它的重要性或不重要性的關鍵困難都在於：我們無法孤立的論述邊緣。邊緣的邊緣

〔註1〕 本文用「吉金甲文」、「吉金文字」、「器物文字」或「出土文字」以泛指出土器物上的文字。

〔註2〕 存萃學社編集，《章炳麟傳記彙編》，頁 159～160。

性其實是結構的邊緣性，為了勾勒邊緣，就必須凸顯結構。

這個「結構」也就是《國故論衡》上卷的小學理論、（新）方言論述和（反）白話文論述加上《新方言》、《文始》而構成的一個封閉體系。本章即以此結構為中心，在論述結構的同時論述邊緣。

二、「識字」的兩種問題情境

章太炎的反對古器物文字早在寫於 1901 年的〈與尤嫈問答記〉中，在和尤嫈討論前人對於古彝器上關於「單」字的考釋時，便以之為例證，而下了斷語：「凡鉤摭鐘鼎，詭更正文者，其無徵多如此也。」〔註 3〕對鐘鼎彝器文字的考釋，表達了相當程度的不信任。

而章太炎對古器物文字的排拒，其中一個很重要的原因是他在繼承了戴震那套以音為中心的意義理論的同時，也承繼了該理論把「形」看做是「結構性的在外」的結構條件。對於（字）形的排拒與邊緣化充份表現在他對王筠之流的《說文》研究的蔑視上。在〈與人論樸學報書〉（西元 1906 年）中，他批評《樸學報》上的撰文者「治小學，重形體而輕聲類」：

> 徒以江、戴、段、王，陳義已具，不欲承其末流，故轉以本義本形
> 為幟。以此教兒童識字，非無近效。若守此不進，而欲發明舊籍，
> 則沾滯而鮮通，是特王筠《釋例》之疇，可稱說文學，不可稱小學
> 也。〔註4〕

認為那不過是末流、小道，只適合課童蒙以做為幼兒「識字」初階（「小學」本義），而不足以登已成蔚然大國的清代「小學」之林。

在章太炎的觀念裏，在清代「小學」研究的價值位階中聲韻實居有絕對的重要性，而偏重字形的研究一貫的被貶得極低。而他對清代樸學知識譜系的建構正是從顧炎武往下推，以江、戴、段、王、孔諸人的聲韻成就為主體，甚至直以音韻為「小學」的判準：

> 音韻通，文字可以略說，則小學始自名其家。然達者能就其聲類，
> 以知通轉，比合雅詁，窮治周、秦、兩漢之籍，而拘者惟分析字形，
> 明徵金石，若王筠之徒，末矣！……莫友芝、鄭珍、黎庶昌輩，皆

〔註 3〕《太炎文錄初編》卷一，《章太炎全集（四）》，頁 45。以下引用《章太炎全集》均簡稱《全集》。

〔註 4〕《全集（四）》，頁 153。而「可稱說文學」一語卻頗可注意，關連著章太炎對「文學」的構想，詳第六章。

> 寶韞碑版，用意止於一點一畫之間，此未爲正知小學者。……如其
> 上者，通神旨，知義趣，余與劉生所有志也。〔註5〕

在這段 1906 年的文字裏，除了一貫的把王筠當箭垛之外，更重要的是把王筠和「寶韞碑版」相提並論，二者在他的認知體系中具有同等的不重要性。他同時也抽象的描繪了他理想中的「小學」研究——「通神旨（恉），知義趣」——他和劉師培共同的使命。而斯義陳述最完整的，是在幾年後寫的〈小學略說〉（西元 1909 年）：

> 凡治小學，非專辨章形體，要于推尋故言，得其經脈。不明音韻，
> 不知一字數義所由生，此段氏所以爲桀。……文理密察，王氏（引
> 者按：王念孫）爲優。然不推《說文》本字，是其瑕適。若乃規摹
> 金石，不秩符璽，此自一家之業。漢之鴻都鳥篆盈簡，曾非小學之
> 事守也。專治許書，竄句增字，中聲雅詁，略無旁通，若王筠所爲
> 者，又非夫達神恉者也。蓋小學者，國故之本，王教之端。上以推
> 校先典，下以宜民便俗，豈專引筆畫篆，繳繞文字而已。〔註6〕

形體的作用對章太炎而言是消極的，它自身不是目的，而是必須被穿透的符具。眞正重要的是形體背後封藏的，逝去的聲音（先秦兩漢之音）和故言聖語，也就是中國文字中符碼化的古聖先賢的精神和義理，字形的變遷和時間中的缺泐使得典籍中的「故言」難以解碼，更因爲語音的變遷而無從聆聽。因而必須掌握古韻，才能把文字的物質性重新還原爲語言的物質性，把視覺轉換爲聽覺，以傾聽那可見的之後的不可見的，神秘的話語。在這裏，章太炎遵奉的是反映論所服膺的表達的透明性——「（文字爲語言之代表。語言爲意想之代表。）」〔註7〕——表達工具必須絕對的質樸，以免妨礙穿透，甚至導致買櫝還珠，工具喧賓奪主而成爲目的，所以他甚至主張把鐘鼎款識從「小學」中劃出，歸入藝術（頁 6），以免華麗礙道，妨礙得魚忘筌。做爲「國故之本」的「小學」有它神聖的使命，也就是維繫中國（人，文化）之爲中國人（人，文化）的中國特性（Chineseness）。

字形的作用雖然是消極的，卻又絕對不可以廢棄。身在晚清——民國的

〔註5〕 〈説林下〉（《全集（四）》），頁 120。
〔註6〕 《國故論衡》上，《章氏叢書》上，頁 421。後文引用《國故論衡》頁碼、文
　　　 字悉依世界書局 1982 年縮印浙江圖書館校刊《章氏叢書》。爲了行文方便，
　　　 若沒有補充說明的需要，則移做文內注。
〔註7〕 《國學略說·小學略說》，河洛出版社，1974：60。

時代交替中，章太炎在字形問題上面臨了兩方面的挑戰，一是傳統陣營中新舊出土的器物文字；一是傳統陣營之外的主張廢棄漢字改採拼音者，前者過於專注於形體，後者則要根本的捨棄漢字形體。在（古）形與（今）聲的兩個極端之間，章太炎的「小學」必須取得一個確當的平衡點，因爲二者都以各自不同的方式提出了「識字」的問題（或者說讓「識字」成爲問題）。而章太炎提出的「上以推校先典，下以宜民便俗」便是他的立場所能提出的對治藥方。在這樣的問題情境中，「形」既不當強調又絕不可廢棄，必須予以作用的保存，而擺在一個曖昧的位置上。所以他說：

> 大凡惑并音者，多謂形體可廢，廢則言語道窒，而越鄉如異國矣。
>
> 滯形體者，又以聲音可遺，遺則形爲糟魄。而書契與口語益離矣。（《國故論衡·小學略說》，頁 422）

形的作用在於它是銘刻，是空間性的存有，可以以書面的型態統合國境之內多元分歧的方音，以做爲異地共同理解的中介。然而它同時也可以抗拒時間的流變（「蓋文字之賴以傳者，全在於形」〔《國學略說》頁 6〕），音義賴之以流傳。而孤立的，無以辨識的形卻不具意義，因爲它一旦與音義相離，形也只不過無所表徵的銘刻痕跡而已。所以他說：

> 形爲字之官體，聲義爲字之精神。（《國學略說》頁 6）

而章太炎的小學體系，正是以「聲義爲字之精神」爲基本綱領而建構起來的。

前述的兩個問題情境之中，器物文字最令章太炎不能忍受的是它們在年代上宣稱比篆文更古，並且據云可以修正《說文》的形體和說解；後者則是晚清——五四言文合一的思考格局下的產物，白話文論述，世界語、漢字拉丁化等主張屬之，〔註 8〕二者都迫切的質疑了章太炎對中國文字的「認識」。在「推校先典、宜民便俗」的考量之下，他繼承了清儒的小學成就——「比次聲音，推跡故訓，以得語言之本」（《國故論衡·理惑論》頁 455），而建構他那漢字的精神譜系。

〔註 8〕該論述發生的樣態、言論模式及歷史發展，黎錦熙著的《國語運動史綱》有詳盡的介紹和討論。（上海書店，《民國叢書》第二編，52）關於當時的論戰、混戰的原始資料，參倪海曙編，《中國語文的新生——拉丁化中國字運動二十年論文集》（《民國叢書》影印，時代出版社 1949 年版）及《民國叢書》一編中任重編《文言、白話、大眾話論戰集》，文逸編《語文論戰的現階段》，轟紺弩著《語言·文字·思想》等等。

三、方言：遠古的舊音遺響

在「宜民便俗」方面，章太炎在他學科（小學）的問題設定內自然的選擇了方言做爲發言的場域，[註9] 因爲晚清——五四的言文合一論述——不論是白話文、世界語還是拉丁化，都必須面對方言問題，也都必須去處理、安頓它。一般上都不得不推出一個全國共通的語言（「普通話」）以做爲各方言族群溝通的共同基礎。在這個基礎上，去設法安頓方言的差異性。換言之，要做到「言文合一」，它的前提必須是先統一語言，才能談統一的表音的替代方案。然而一些南方方言（尤其是閩粵）即使以統一的表音符號爲表徵形式，不懂得該種方言的人仍然無法理解它。表徵的形式雖然統一了，方言之間隔離的實質仍然沒有獲得解決，依舊「越鄉如異國」。[註10] 因此，「言文合一」論述實質上常不免是以壓抑、或甚至抹除方言差異爲條件，尤其是那些在歷史上缺乏書面化經驗的方言。這樣的解決方式章太炎非常不滿意，因爲實際上並沒解決問題。章太炎認爲在傳統的資源中可以找到更理想的解決方案，答案就在「小學」的內在結構中。值得注意的是，章太炎之提出方言問題除了明顯的站在保衛漢字（字形）和故訓之外，他其實也接受了言文合一這一命題。他並不只是消極的以方言問題來質疑、否定晚清——五四的言文合一主張，卻正是藉此一他人理論中的盲點來構建他自己獨特的言文合一構想。他的前提是保留漢字（字形）和故訓，而方言適足以滿足他這樣的需求。而他的解決方式也與眾不同，他把場景帶到古代，而其的論述則把場景設定在他們生活的時代。章太炎之所以偏偏站在方言的立場上發言，源於他的一個基本觀念：所有的方言在遠古時期都有一個共同的源頭，方言並非無字，而是（方）言文（字）之間的關係長久的被遺忘了。所以他說：

今各省語雖小異，其根柢固大同。[註11]

諸夏語言，承之在昔，殊方俚語，各有本株。（頁341）

[註 9] 自漢代揚雄纂集《方言》以後，方言和雅言的結構關係便業已確立，它參與了「小學」此一學科的形成，也構成它的內在屬性之一。面對民間「鄙語」書面化的挑戰，在小學的領域內，可以選擇應戰的立腳處也只可能是方言。

[註10] 勞乃宣在面對「言文合一」時，機警的把「國語統一」分爲「統一的大眾語」和「方言的大眾語」。把缺乏書面化經驗的幾種方言另做處理，把它分成四個系統，稱做「方言統四」：京、寧、蘇、閩廣，分別製成四種拼音文字譜（黎錦熙前揭書，頁15～20）。當代的台語文字化在做法上並不比它高明，而閱讀的問題仍然難以解決。

[註11] 章太炎，〈駁中國用萬國新語說〉（《全集（四）》，頁340）。

這兩段引文都凸顯了問題的癥結：時間和地理。古今的差異表徵爲語言地理學。章太炎認爲現今的空間語音、語義問題可以在歷史中獲得解決，這裏頭存在著一個植物生理學式的假定：根柢與枝葉，本株與子株，也就是源與流、一與多的衍生關係。而（方）言文（字）的關係被遺忘的原因在於聲音在時間中的變易流逝，也在於讀古書的族群和說方言族群的長久分隔，韻學荒疏，貫通無由：

> 特世人鮮通韻學，音聲小變，即無以知所從來。若循法言《切韻》
> 之例，一字數音，區其正變，則雖謂周漢舊言，猶存今世可也。（頁
> 339）

異方殊語在時間上的分散淆亂狀況，章太炎認爲可以收束於字（形）的空間載具中，因爲「一字數音」是歷史的常態（「其字雖稀，然方言處處不同」〔註12〕），而中國境內語言古今相禪，未嘗斷絕，音聲雖變，而古語或多或少留存沈積於方言中。因此他認爲如果眞要貫徹言文合一，正確的途徑是復歸（方）言文（字）之間原初的關聯，以現存的字形（尤其是小學書中的罕用字）來統合異域方音。因而倡議：

> 何若一返方言，本無言文岐異之徵，而又深契古義，視唐、宋儒爲
> 典則耶？（頁 320）

「深契古義」道出了他隱秘的心聲。然而這樣的主張在實踐上其實非常困難，一方面必須在方音中「考古」故言，另一方面又必須從古籍中辨識出和該方音相對的字，自非深通小學不可，尤其必須掌握二者間的溝通機制：古韻之學。所以他說：

> 若綜其實，則今之俚語，合於《說文》、《三倉》、《爾雅》、《方言》
> 者正多。雙聲相轉而字異其音，鄰部相移而字異其韻，審知條貫，
> 則根柢豁然可求。（頁 320）

透過反方向的操作以還原聲變爲「根柢」——而他實踐上的示範正是他那自詡爲「自謂縣諸日月不刊之書」、「自子雲以後，未有如余者也」的《新方言》。雖然是書「猶未周備」，但是他認爲「若偏討九州異語，以稽周、秦、漢、魏間小學家書，其文字往往而在」（頁 320）。字音會隨時代變遷，甚至二者間因種種因素而斷裂、脫落，可是他相信兩者都不會亡失，音流傳於民間，字冷藏於小學家書，要溝通二者，不止要會聆聽，更要「識字」：

〔註12〕章太炎，〈論漢字統一會〉（《全集（四）》，頁 319）。

彼以今語爲非文言者，豈方言之不合於文，顧士大夫自不識字耳！
（頁 320）

他在這裏提出的「識字」問題在那樣的問題情境中其實是一個非常沈重的問題，對任何身在中國文化中人而言也都是一個非常困難的問題。

「識字」問題有兩個極端，一極易（「初識字時，宜教以五百四十部首，若又簡略，雖授《文字蒙求》可也。」（頁 345），那只是單純的辨識字形，字形猶如透明的載具，卻裝載著空白與空洞，是眞正的小學階段的教育；一極難，因爲認識的是某個字在整個文化典籍中的確切位置，該字與其他字的家族關係等等，必須掌握文化的整體，才可能準確的座標局部。那是中國古典學術的單位之學——「小學」的訓練。學者即使皓首窮經，也往往還是被章太炎譏爲「不識字」。通前者的是幼兒，通後者的則往往是「長老」。章太炎的要求是後者，也就是要求做一個文化叢林中的博物學家，〔註 13〕多識鳥獸蟲魚草木之名，以免在文化中「無以言」。

用章太炎的話來說，這裏的「識字」所要認識的並不只是個別的字，而是所有的「字」——形、音、義三者構成的龐大而繁複的網路，以簡馭繁，要認識該不可見的網絡，又得先掌握它的結構原則，也就是所謂的「根柢」、「語根」、「本株」。

《新方言》篇次大抵仿照《爾雅》，分十一個部份，〈釋詞第一〉、〈釋言第二〉、〈釋親屬第三〉、〈釋形體第四〉、〈釋寫第五〉、〈釋器第六〉、〈釋天第七〉、〈釋地第八〉、〈釋植物第九〉、〈釋動物第十〉、〈音表第十一〉，又附〈嶺外三州語〉一卷。其中〈音表〉是章氏《新方言》理論依據之一。在這十個部份中，越後面篇幅越少，有的只有寥寥二十餘條。他既認爲雅言故訓沈澱於方言，《新方言》的目的也就是爲使雅言故訓復用於日常做示範。以下從〈釋言第二〉中舉兩個例子：

（1）昏蛋（混蛋）：

《左傳》：『渾敦』杜解謂『不開通之貌』。《莊子・應帝王篇》：『中央之帝爲渾沌，無有七竅。』亦此義也。今音轉，謂人不開通者爲『昏蛋』。（《章氏叢書》頁 215）

（2）光棍：

《方言》：「矜，謂之杖。」尋古音「矜」如鰥。故老而無妻者，或

<hr/>

〔註13〕同（註11）引文，頁338。

書作秨，或書作鰥。今人謂杖爲棍，即矜字之變矣。又謂凶人爲光
棍，尋《說文》：「檮杌（亦作杌），斷木也。」古謂凶人曰檮杌，今
謂凶人曰光楷，其義同也。《左傳》檮杌，杜解以爲即鯀。古人即名
表德，堯、舜、桀、紂皆是。然則鯀之言棍，即古矜字矣。《楚辭》
云：「鯀婞直以亡身。」婞直亦與矜同義。矜，爲直立之物，故古人
謂直爲矜。《論語》：「古之矜也廉，今之矜也忿戾。」又云：「君子
矜而不爭。」廉直爲矜，所謂婞也。忿戾爲矜，所謂檮杌，光棍也。
古今語正自不異。又今人亦謂無室家者爲光棍，則正無妻爲矜之義，
訓詁聲音皆同。（頁 215）

前者簡後者繁，其餘大體如此。前例直接從經典中找到對應，後者則頗爲迂
遠的穿越了幾部經典和小學書，爲一組外形全然無關的字詞找到音義上的結
構關係，從而證明了它們在語言上原屬於同一個族群，也爲「光棍」找到了
本原，在經典（雅語故訓）中的原始形貌。在〈新方言序〉中，他認爲像「矜
之爲光棍也」這樣的源流關係：

其語至常，其本字亦非僻隱不可知者。不曉音均變轉之友紀，遽循
其脣吻所宣，以檢字書，則弗能得。（頁 193）

在「至常」的「語」和「並非僻隱」的「本字」之間，眞正的困難在於那迂
迴纏繞的中間環結，而溝通的關鍵管籥在於音義關係，而非形體。在進入章
太炎的操作機制之前，還是得先理解一下他的前提。他對於語言—文字關係
的界定是：文字本以代語，均指向一個共同的「義」。在一個遠古的零度時間
中，二者是一體的，融合無間。此後時間流變，歷史發展，二者漸離本源，
甚至各成系統，互不溝通。以歷史情況來看，原初的語言書面化之後，即爲
文字所代，文字在書寫系統中逐漸規範化，而生產出無數的經典，爲龐大的
知識——政權所掌握，而自成體系。它和知識——政權階級的共同語言——
雅言關係密切，甚至制約、規範著雅言的型制，提供了雅言的材料。相對的，
變遷中的雅言也影響了新時代的書面語。另一方面，從原始語言中分化出來
的非雅言系統卻被權力逐漸排除在書面語之外，有音有義而無字。屢經世代
變遷之後，它們遺忘了原初的代語之字，而已被雅言獨佔的字也遺忘了它們。
它們的再度書面化往往已是新型態的「代語」，〔註14〕因聲或因訓，從雅言化

〔註14〕黎錦熙在爲勞乃宣的方案辯護時說：「反正方言中有許多詞是沒有漢字可寫
　　　的，寫了也是些假借字；就從《說文》中找出古雅的本字來，那本字也還不

的書面語系統中借字，或者新造，對於知識階層而言，那都是「俗鄙」。章太炎那麼辛苦的企圖重建方言和古文之間的「代語」關係，其實已是對方言及民間的書面化進行了嚴重的干涉，它們既然不可能平和的互相取代，溯源便是一種價值上的分判，甚至裁決，是存古（之代語）而廢今（之代語）的舉措。被雅言壟斷的書面代語的穩定性為文化代言人提供了終極的指涉和參照。一再強調「本株」、「根柢」就相當清楚的反映出他那種「辨章言文，考鏡源流」的心態。在〈新方言序〉中，他歸納了「六例」（:「一曰：一字二音，莫知誰正。……二曰：一語二字，聲近相亂。……三曰：就聲為訓，皮傳失根。……四曰：餘音重語，迷誤語根。……五曰：音訓互異，凌雜難曉。……六曰：總別不同，假借相貿。」〔頁 193～194〕，也就是語、字、音、義（訓）之間六種導至源／流斷裂的情況。對於這「六例」，劉師培在為《新方言》寫的〈後序〉中，有更簡要的總結。

　　劉師培指出，在遙遠的古代，文字始源的草昧初闢時刻，語、字、音、義四者是一一對應的，其後因為音的轉變而導致形也跟著轉變，如此「則一義不一字」；若音轉而形不變，「則一字不一音」，如此：

　　　　一義數字，是為字各異形，一字數音，是為言各異聲。（頁 263）
這兩種最主要的情況，都是「方言不同之所致也」。

　　一義多形、一字多音，大大破壞了形、音、義間的原始和諧，然而在劉、章共享的理念中，在這可變、多變的結構關係中，音和義的關係是不變的——這是戴段諸儒早已證明，且業已成為該學術典範內的共同信仰。於是只要找到方言和古語的結構關係，就可以不限形體的串聯方語和雅言故訓。也因為「字形雖岐，字音匪遠」，所以總是可以在方音中聽到遠古的回聲：

　　　　或其音稍稍異古，亦與古音為雙聲。雖韻部變遷，而不逾其大劑，

　　　　可以得其會通者，往往而有。（頁 263）
劉氏的說明實源自於章太炎的〈轉注假借說〉。

　　章太炎發展，修正了戴震的轉注說，一方面回歸《說文》，在不違背《說文》的經典定義之下，仍繼承揚雄《方言》和戴震的「轉語」之說，認為「轉注」在功能上確是為了解決方言問題。他把轉注回歸《說文》，認為它是和假借同是「造字之則」，也正是承認了方言現象中包含了字的生產與再生產。這

　　　是古代的假借字嗎？」（前揭書，頁 20）對問題的癥結有相當清楚的認識，對
　　　章太炎之類「本字」論者的反擊也強而有力。

種生產性是被語言變遷決定的：

> 蓋字者，孳乳而寖多。字之未造，語言先之矣。以文字代語言，各
> 循其聲。方語有殊，名義一也。其音或雙聲相轉，疊韻相迤，則爲
> 更制一字，此所謂轉注也。孳乳日繁，即又爲之節制。故有意相引
> 申，音相切合者，義雖少變，則不爲更制一字，此所謂假借也。（《章
> 氏叢書》，頁 441）

兩者都產生於語言流變中的音義差異，詞語由一語一音一字轉向多音，而一
字不能容二音，〔註15〕則更爲制字。章太炎在這裏把轉注假借理解爲一對相
互制約、互補的文字孳乳法則，「二者消息相殊，正負相待。」（頁 443），兩
者間沒有本質上的差別，都涉及音義關係。差別反而是在字形上：「更爲制字」
與「不更爲制字」。前者的字形是新造的，後者則是取現成的，前一種現象便
是劉師培所說的「一義數字」；後一種現象則是「一字數音」。究其實，這裏
的「一義」其實指的是一組有些許內在差異的詞義，惟就源來說卻是「一義」
（因爲它在那裏尚未分化）。章太炎這樣的說法全然把純粹因語音關係而產生
的「假借」排除出去，也就是否決了語用上的「拼音」現象，認爲凡是語音
現象必然和語義相關。換句話說，即使是其他人認爲是純粹的語音假借，他
都可以找到語義上的串聯。〔註16〕

他進一步把〈說文敍〉對轉注的定義「建類一首，同意相受」中「建類
一首」的「類」理解爲「聲類」；「首」理解爲「語基」。「語基」中又包含「聲
音之基」、「形體之基」，而得出結論：

> 按形體成枝別，審語言同本株。雖制殊文，其實公族也。（頁 441）

聲類是某一語言族裔的標誌。他進一步推論：

> 夫形者，七十二家，改易殊體。音者，自上古以逮李斯無變。後代
> 雖有邊，其大閾固不移。是故明轉注者，經以同訓，緯以聲音，而
> 不緯以部居形體。同部之字，聲近義同，固亦有轉注者矣。（頁 441）

這裏的「同部」指《說文》分部（同一部首）。形變而音不變，故掌握語言之
本柢也就必須掌握今古音變。再推論下去，就必須推出一個始和諧的假設情
境：起源於「一」——

> 在古一文而已，其後聲音小變，或有長言短言，判爲異字，而類義

〔註15〕 《國故論衡・一字重音說》，頁 435。
〔註16〕 《國故論衡・古雙聲說》，頁 437。

未殊，悉轉注之例也。（頁 442）

「一」在起源處，一個差異尙未產生的神祕場域。章太炎的「一」在觀念上有幾個不同的來源，意味著他其實已悄悄的把某些東西帶進來，或者是把方言差異帶到不同的地方去——一個差異被泯除掉或尙未誕生的處所。在追隨他奔赴玄祕的遠方以掌握在眞界的「一」時，必須緊記的是，那也是他「言文合一」論述中的「一」。

四、作爲本體的「一」

求「根柢」、「本株」、「語柢」……便是章太炎自己頗爲自得的「通神怡」的小學研究，也是他自認爲超越儒（從戴震迄段玉裁、王氏父子）的地方。也就在這裏，章太炎已經走得比清儒更遠——在回頭的路上。他必須沿著「分析名相」的途徑，走到實證思考的盡頭，那更久遠幽深的往古，需要想像和信仰補充的境域：始源。而始源通常有一個最簡單的數目字代號：一。

在這裏我們也得可以發現，章太炎「語言文字之學」中象徵著本源的「一」其實通向他所理解的《易經》、《莊子》、《華嚴》。也就是說，這在這「一」的問題上，他的小學隱然有玄學做支撐，爲它提供（或二者共享）了某種義理結構，使得它不再（只）是「小學」而已，而是某種信仰或哲學論著，和後世的語言／文字學在理論前提上便已經分手。

《國故論衡・原道下》：

> 其後獨王弼能推莊生意爲《易・略例》。「明一以象」曰：『自統而尋之，物雖眾，可以執一御也。由本以觀之，義雖博，則知可以一名舉也。』（《章氏叢書》，頁 485）

文中的「統」和「本」顯然有著形上的意義，是他掌握「大體」的一種思想方法，也是他那以簡馭繁、「復歸於樸」背後的理論信仰。「統」、「本」、「一」在這裏和眾、博多處於不同的層次（一眞一俗），有著本體的意涵。在〈菿漢微言〉，他回答學生問及《易》中「文同義異」「其義焉施」（如：「革言革面、革命，又言黃牛之革」）時，應之以《易・繫辭傳》：「開而當名，辨物正言，斷辭則備矣。」且以《成唯識論》「法無礙解」、「詞無礙解」、「義無礙解」來加以格義：

> 《成唯識論》云：「於無量名句字，陀羅尼自在者謂法無礙解，即於能詮，總持自在，於一名句字中見一切名句字。故於後後慧辯，陀羅

尼自在者謂詞無礙解，即於言音展轉訓釋，總持自在，於一音聲中見
一切音聲。」故如革如蒙，能詮自在展轉訓釋而不相妨，此即所謂開
兩當名也。且圓景備未備之象，一形兼未形之形。《成誰識論》云：「於
無量所說法，陀羅尼自在者謂義無礙解，即於所論，總持自在，於一
義中見一切義。」故此所謂「辨物正言，斷辭則備矣」。〔註17〕

「文同義異」也就是《易》名相上的一個基本問題——革之三名（革面、革
命、皮革）在能詮／所詮問題上那也就是「易之三名」：變易、不易、簡易；
〔註18〕擴大來談，也就是「能詮與所詮不相應」的問題。〔註19〕在這段引文
中，章太炎企圖解決的「文同義異」的問題，他在《易·繫辭傳》中找到的
解答是「開而當名」——「開釋爻卦，使各當其名也」（孔穎達，頁 172）—
—《易》本身的義理結構就足以解決這樣的問題，在一和多之間，在變和不
變之間，原就是一種辯證的關係：

是故闔戶謂之坤，闢戶謂之乾。一闔一闢，謂之變。（孔穎達，頁
156）

變易的是現象，不易的是本體；凌雜的變易可以收束爲不易的本體，而體現
出來的型態，則是簡易。「易簡而天下之理得」，以簡取繁，復歸於本株。在
《成誰識論》中也是如此，問題表述爲能詮、音聲、所詮各自的一與多之間
的辯證關係；文字的表達和語言的表達都會產生「輾轉訓釋」的問題，「能詮」
本身即是其他能詮的所詮；「所詮」亦然，在能詮所詮無窮追逐的網絡中，也
只有掌握了那不變的本體「一」，它們之間相互指涉的網絡方才浮露出來，變
得可以掌握。在這裏，佛學上的前提可以擱置不論，〔註20〕值得注意的是，
在釋〈齊物論〉「凡物無成與毀，復通爲一」那一大段時，引《華嚴》、《大般
若經》的相關章節，論述道：

若知字義，惟是更互相訓，故一名字中具有一切名字。〔註21〕

可見他確是無聲息的悄悄爲他的小學在做本體論上的補充。字義更互相訓，

〔註17〕《章氏叢書·菿漢微言》，頁 934。
〔註18〕孔穎達《周易正義》（藝文印書館《十三經注疏》本，頁 3）。
〔註19〕在《齊物論釋》中章太炎集中的把此一問題出。詳本論文第五章的討論。
〔註20〕轉述章太炎的轉述：「有分別智所證，唯是名相；名相妄法所證，非誠證矣。
　　　　無分別智所證，始是真如。是爲真證耳。」（《章氏叢書·菿漢微言》，頁 938）
　　　　在佛學中，名相是被遣破的對象，遣破之極，復歸於一，那不可說的本體，
　　　　卻要由無分別智來證。
〔註21〕《章太炎全集（六）》，頁 830。

推論至極，還如其本。《易》、《莊子》、《華嚴》、《成唯識論》等等都必須以語言文字爲表達媒介，所以必然也會遭遇「能詮所詮不相應」的問題，它們儘管體系不相同，解決的方式都是類似的——跳高一個層次——形而下的「多」，在形而上則是「一」。在觀念上，「易之三名」中的「簡易」恰又可以和樸學掛鉤。玄學中的處理方式，章太炎把它帶到小學中去，企圖徹底的「解決」他的語言文字之學。而在這條道路上，他其實並不寂寞，早已有先行者在「去古未達」的前方等著他，那人便是「五經無雙」的許叔重。

　　在那「去古未遠」的時代，許慎生在魏晉之先，來不及受魏晉玄學的洗禮，卻過早的會通了《易經》，以十分隱晦的方式爲他的小學（經學）做了本體論上的補充。此一會通的機密，俱載於爭議頗大、內涵豐富的《說文解字·敘》中。〔註22〕在〈後敘〉中，許慎不無微意的提到「一」：

> 其建首也，立一爲耑。方以類聚，物以群分。同條牽屬，共理相貫。
>
> 雜而不越，據形系聯。引而申之，以究萬原。畢終於亥，知化窮冥。
>
> （頁 789）

這段文字一向來都被單純的解釋爲許慎對於《說文》分部的表述，而把這段表達看做是透明或半透明的，得意忘言，刻意忽略了許慎在措辭上似乎並不單純的選擇性。我並不否認許慎是在談《說文》分部，只是強調並不僅如此。段玉裁的注解十分謹慎，在「其建首也，立一爲耑」下注：

> 耑，物初生之題也。引申爲凡始之稱，謂始於一部。

前半段解釋語詞（題，物之端）；後半段敘文意，對於前者不置可否。而在「立一爲耑」這一點上，很容易聯想到這一措辭的本體論意涵（如《老子》：「道生一，一生二，二生三，三生萬物。」），雖然必須冒「格義」的險，在互文的情境下卻是容許的。許慎表面上在敘述《說文》分部之旨時，其實透過「有來源」的修辭卻也悄悄的道出隱匿於《說文》分類、編次、說解之中的義理結構。「立一爲耑」，既是說明《說文》五百四十部以一爲首，卻也道出《說文解字》的文字系統、文字系統中對於物的分類、命名、賦予的價值，也都始於象徵「有」的道的開端：一。所以《說文解字》開篇對「一」的說解是

> 惟初大極，道立於一。造分天地，化成萬物。（頁 1）

易有太極，生生之德。很顯然的在本體論上依傍於《易》，「一」作爲起始、本源，是文字、萬物也是文化的始源；因而「方以類聚，物以群分」除了是

─────────────

〔註22〕本論文引用的是藝文印書館 1966 年影印經韻樓版段玉裁《說文解字注》。

指同部、異部的分合關係（段注）之外，也是指大自然事物與法則的同／異、類——群、聚／分（《易‧繫辭上》〔註23〕）；「同條牽屬，共理相貫；雜而不越，據形系聯；引而申之，以究萬原」亦然，從文字之間形體上的關聯性組成的一個龐大的分類體系，複雜而不紛亂，變易而簡易，「自統而尋之，物雖眾，可以執一御也」所以段玉裁在「引而申之」下注：

　　　　謂由一形引之，至五百四十形也。〔註24〕

「五百四十形」也只是類，實數當然不止於此（因「一形兼未形之形」），而是遍及萬物——自然與文化——文字本身就是自然與文化的初始分類系統。段注「以究萬原」：

　　　　究者，窮也。謂天地鬼神，山川艸木、鳥獸蟲、雜物奇怪，王制禮

　　　　儀，世間人事，莫不畢舉。

《說文》的體例讓它可以以最大的容量容納「去古未遠」的世間名物，並且還原它們各自的孤立型態（文字）以做個別的訓解，以便「窮究」之。以「知化窮冥」（段注「即《易》之『知化窮神』也。」），畢終於亥。《說文》「亥」：

　　　　「荄也。十月微易，起接盛。（段注：「……《釋名》曰：『亥，核也。收藏萬物，核取其好惡眞僞也。』」許云『荄也』者，荄，根也。陽氣根於下也。十月於卦爲坤，微陽從地中起，接盛陰。即「壬」下所云『陰極陽生。』……」從二。二，古文上字也（謂陰在上也），一人男一人女也。（其中從二人，一人男，一人女；像乾道成男、坤道成女）從ㄥ，象裹子咳咳之形也。……亥而生子，復從一起。（此言始一終亥，亥終則復始一也。）（頁759）

　　　　這段說解甚爲迂曲，治學謹守樸學家法（「戒妄牽」）的段玉裁在關鍵處都會通以《易》，可謂善解人意。〔註25〕《說文》這段訓解中已引了「亥」字

〔註23〕〈繫辭上〉：「方以類聚，物以群分，吉凶生矣。」韓康伯注：「方有類，物有群，則有同有異，有聚有分也。」孔穎達正義：「方謂法，物謂物色。」（頁143）。

〔註24〕《說文》部首之間的關聯性，是傳統《說文》研究者忍不住要去討論的一個問題，而發展出「以義系聯」、「以形系聯」等等各種說法，可參許鍇，《說文解字繫傳‧部敘》；王筠《說文釋例‧列文次第》等。簡便的討論參向光忠《說文》〈纂輯條例討索〉（中國訓詁學會，《許慎與《說文》研究論集》，河南人民出版社，1991年）因書缺有間，古書往往錯簡，論述次第難免又是一種想像的建構。其中許鍇的說法最有趣，頗具詩趣。

〔註25〕周祖謨〈許慎及其說文解字〉：「始一終亥是有意義的，因爲漢代陰陽五行家

的古文寫法，且說「與豕同」，而在說解上卻捨此「本義」〔註26〕而取根荄之荄，並且就字形做了非常繁複的解釋，把一個字看成多義的文本，無非是讓終止之處再度成為起始，知來藏往，復歸於本。

從一個「𠀈」字中許慎竟然可以讀出那麼多的意義，也虧了段玉裁那麼巧於增補。從這樣一個字形中，許慎竟可以辨識其中的兩個人性別不同，且女的已經懷孕，蘊含了陰陽和合，懷藏著胚胎的「生生」之意，讓《說文》既成為一個圓融的、終點銜接著起點的密閉體系，卻又在句點處含藏著無限的生機，保留了無限的生產性，是為「圓景備未備之象，一形兼未形之形」。

如此，章太炎從佛、莊、易那兒搬過來的「一」便與《說文》會通無礙；因為許慎早已在「去古未遠」處等地。在這一基礎上，他就可以安然的為他的語言文字之學建構本源。

五、太初有道：語言起源與初始的感性

對於本源——始源〔註27〕的建構，章太炎和傳統小學研究者最大的差別在於他堅持「文字本以代言」，所以文字的物質性必須後於語音的物質性；在始源上，語言起源也必然優先於文字起源。沒有語言起源，也就沒有文字起源。因此他的〈論語言文字之學〉上篇論小學（的沒落、學科範圍等等）；下篇論語緣起。下篇對於上篇其它是全新的補充，對於傳統的小學研究（尤其是不求玄遠的乾嘉樸學）是一個重要的結構調整，在乾嘉古韻學突破的基礎上，把語言抬到更高的境地，也推到更遠古〔註28〕在那文字形成之前，草昧之際，陌生卻又熟悉的原始場景。

在論述語言起源時，由於語言的物質形式是聲音，人類說話的器官是嘴巴，在追溯至渺遠的往古之前，必須先做生理學上的補充；因為發音器官是語言「生理學上的起源」。在這一點上，章太炎承繼載震「語音必有自然之節

言萬物生於一，畢終於亥。」（氏著《問學集》），轉引自向夏《說文解字敘講疏》，頁 205～206。

〔註26〕亥的本義是豕，幾已成甲骨學的定論。參馬如森《殷墟甲骨文引論》東北師範大學出版社，1993：668～669。

〔註27〕始源和本源幾乎可以等同。雖然前者表面上看起來較具有時間性，然而那時間性其在始源的建構中，早已被凝結。

〔註28〕傳統訓詁學中的「聲訓」已隱而不露的在從事這樣的試探。聲訓這種古老的訓詁方式後來在劉師培手上被理論化成「字義起源於字音說」。參氏著《中國文學教科書》第二、三課；〈正偶論〉、〈字音象物声〉等，《劉申叔先生遺書》，1975。

限」之說，發展「易簡」的觀念，撰〈古雙聲說〉，指出「百音之極，必返喉牙」（頁437）：

> 喉牙貫穿諸音。精氣爲物，游魂爲變。往者，屈也；來者，伸也。
> 屈伸相感，以成形聲。（《國故論衡》，頁438）

屈伸相感，翕闢生變，章太炎以玄學化的語言（「精氣爲物，游魂爲變」）把這「自然之節限」神秘化，脫離載震的素樸假定，而著上決定論的色彩：自然之節限轉換爲文化、民族之節限——已成統系的語言和箇中蘊涵的「民族精神」構成了生理節限的內在根源。然而，自其異者而觀之，在方言、古今音變的問題上，語詞具有不同的發音這一事實其實說明了，語詞不能向人類的「喉牙」表明它的眞實存在。〔註29〕於是章太炎不得不暫時擱下他的生理學，順著歷史之繩上攀，而抵達神話的環節。

〈語言緣起說〉（《國故論衡》）在建構起源的同時也爲「小學」進行認識論上的補充。在這篇文章中，他有一個大前提——「語言者，不憑虛起」——也就是言（命名）必有所以言之理，言必有因。箇中的理、因，一言之蔽之，在於「觸受順違」。由於論述的是始源，這一「觸受順違」便是一已經發生遠古的，已完成的過去的事件。當章太炎不止考慮時間的向度，並且還把印度勝論實、德、業之說引入，論述就變得十分迂曲複雜。試分論之。

（1）物名必有由起

> 語言者，不馮虛起。呼馬而馬，呼牛而牛，此必非恣意妄稱也。諸
> 言語皆有限，先徵之有形之物，則可睹矣。何以言雀？謂其音即是
> 也。何以言鵲，謂其音錯錯也。……此皆以音爲袤者也。何以言馬？
> 馬者、武也。……何以言神？神者，引出萬物者也。何以言祇？祇
> 者，提出萬物者也。此皆以德爲表者也。要之，以音爲表，惟鳥爲
> 眾；以德爲表者，則萬物大抵皆是。乃至天之言顚、地之言底、山
> 之言宣……汎有形者，大抵皆爾。以印度勝論之說儀之，實德、業
> 三不相離。人云馬云，是其實也；仁云武云，是其德也。金云火云，
> 是其實也，禁云毀云，是其業也。一實之名，必與其德若，與其業
> 相麗，故物名必有由起。（頁438）

〔註29〕藉用奧古斯丁對於外部詞的貶抑用語：「在每一種語言中語詞（Verbum）都有不同的發音，這一事實只說明，語詞不能向人類的舌頭表明它的眞實的存在。」加達默爾著，洪漢鼎譯，《眞理與方法》，頁538～539。

章太炎這篇文章矛盾重重，由於同時雜揉了不同的理論立場和層次，而構造了一個紛亂的起源。

「物名必有由起」是他的大前提。第一個值得注意的現象是，在這一段引文中的所有訓解（包括為節省篇幅而略去的）都出於《說文》，而且都是聲訓。在許多訓解下章太炎還特地以自注的方式標出釋詞與被釋詞古音同部或可以對轉。而聲訓在傳統訓詁學中是最具神秘色彩的，也是尋求語源的一種惡名昭彰的訓詁體式。〔註 30〕它的特色是：它假定了語（詞）音和義（和實體）在本質上是同一的、不可分割的，而且訓釋詞具有濃厚的道德、義理色彩。音、義、實的同一讓它具有神聖的色彩——它是「聖語」。〔註 31〕這**裏**顯露的是章太炎的（古文）經學立場。就經學立場而言，勝論是為了合理化它那早已被懷疑的合理性而設。然而，當他引進勝論時，卻也帶進了新的問題。

所以，第二個值得注意的是勝論和經學上的扞格。在上述引文中，他列出了「物名必有由起」的兩種情況：（1）以音為表；（2）以德為表。（1）特指鳥類；（2）「氾有形者大抵皆爾」。為了牽就經學的訓解，他不惜把分類、判斷的標準混淆。在勝論中，「實」指事物自體；「德」指該事物靜的特性；「業」指事物動的特性〔註32〕在章太炎的運用中，「實句即今所謂名詞，德句即今所謂形容詞，業句即今所謂動詞。」〔註 33〕在這種情況下，「以音為表」、究竟屬於實、德、業三者中的哪一個？同樣的，「有形者」、「萬物」何以「以德為表」？為了解決這樣的困難，他只好說「實德業三各不相離」，而把勝論經學化，把德、業置在能詮的位置，而實則置在所詮的位置；如此，以音為表也好、以德為表也好，所表者為實，是為表實之名；而音、德則是因，也是義。可是問題又來了，做為物自身的實是無法自我顯示的，〔註 34〕當以音或以德

〔註30〕批評見王力，《中國語言學史》駱駝，1987；54~66。
〔註31〕「與神性詞相區別，人類的語詞就其本質說是不完善的。」（《真理與方法》，頁 545）聖語在特徵是名—實—精神同一；是「一」。而後者業經分化，是「多」。前者本體圓融，後者遷衍紛雜。
〔註32〕姚衛群編著的《印度哲學》中，對實、德、業三者做了以下的解釋：「實，指實物自體」；德，「指事物靜的特性等」業，「指事物的動的特徵」。（北京大學出版社，1992：57）。
〔註33〕《國故論衡·原經》（《章氏叢書》，頁 460）。
〔註34〕加達默爾，《真理與方法》，頁 518，「而希臘哲學正開始於這樣的認識。」章太炎：「實不目表，待名以為表」（《國故論衡·原名》，頁 500）。

爲表，音、德就已經「代實」——它是實在某種特殊的觀照之下的屬性，〔註35〕而那看的方式，正是經學。

第三個問題是他引入時間的向度，而且是以「補充」的型態出現在前一段引文後。他說：

> 雖然，大古草昧之世，其言詞惟以表實，而德業之名爲後起（自註：青黃赤白堅奊香殠甘苦之名則當在實先，但其實皆非獨體，此不可解）故牛馬名最先，事武之語，乃由牛馬挚乳以生。世稍文，則德業之語早成，而後施名於實。故先有引語，始稱引出萬物曰神；先有提語，始稱提出萬物者曰祇，此則假借之例也。（同頁）

這裏涉及另一個假定：原初的「惟以表實」的語言都是名詞，而把時間性帶入實、德、業中，再度顯示出他的（古文）經學立場。因爲這一個假定其實是虛假的，不是別的，「正是語言本身促發了這些區別並在語言自身內部發展了它們」（卡西爾，頁 40）。爲了確立訓詞和被訓詞之間的賓主關係（經典正文和注釋的關係），確保名詞爲最初始的源，而進行了上述的區分。自註中的「表德之名」均是假借字，字各有「表實」的本義，卻因爲字形非獨體而造成章太炎歸類上的困難，同時以括弧的形式、不可解的姿態宣告了引入時間性之後時間上的錯亂，也暗示了章太炎在論述上其實一直有一個隱含的前提（假定）——字形。字形是檢驗的標準之一（且相當關鍵）。這涉及文字起源的問題，留待後論。

以上三個問題在章太炎引進另一套理論時，又造成了一陣混亂。

（2）「物之得名，大都由于觸受（順違）」

> 物之得名，大都由于觸受。觸受之靈異者，動盪視所，眩惑熒魂，則必與之特異之名，其無所靈異者，不與特名，以發聲之語命之。夫牛馬犬羊，皆與人異，故其命名也，亦各有所取義。及至寓屬形體知識，多與人同，是故以侯稱猴者，發聲詞也。（同頁）

以觸受的順／違爲命名上的特異之名／發聲之語的前提和條件，而延伸出一組二元對立：東方諸國／異種殊族、種類相似／種類絕異（獸）、至親及自稱／稱人。順／違，因爲同／異。

這段類似認知心理學的表述在認識論上補充了「物名必有由起」的感性

〔註35〕恩斯特・卡西爾著，于曉等澤《語言與神話》（三聯書店，1988：39）後文還會論及。

因素。而此處，他其實已把唯識論悄悄帶入。「觸受順違」指的是唯識心所法之一，在五蘊中列爲第二的「受蘊」的作用。「緣可愛境，謂之順益；緣不可愛境，謂之違損」，〔註36〕章太炎在借用時，只取順、違這兩種相對的作用，而略去了順、違之外的第三種作用：俱非（「其非可愛，亦非不可愛者，謂之俱非。」），這種視需要與否的省略，是「格義」的特色之一。〔註37〕章太炎引入誰識，表面上是強調感官的作用，〔註38〕實際上突顯了初始感性中認知主體的主觀判斷，這種判斷、區辨帶有顯明的價值色彩，是謂別同異、判我他。這裏論述的場域是約定俗成之前、之際，也就是語言從純粹的任意性走向約定，〔註39〕章太炎的「觸受順違」說企圖去除約定的偶然性，讓約定成爲必然，因爲在他進行論述時，（原始）語言早已不在始源的現場，他的始源建構於焉便是一種事後補述，一種對於既存體系的解釋，這樣的解釋不免是時空錯亂，以因爲果，以果爲因。語詞是論述的憑據，而語詞的既存狀態又提供了「約定之所以是如此約定」的「文化的理由」。「觸受順違」是「物名必有由起」更爲「內在」的理由。然而他這樣的補充如果是合理的，卻必須適用於前面提到的各種狀況：（1）「以音爲表」的問題：以音爲表在認識論上究竟是觸受的順還是違？章太炎在後面舉例時，機警的閃過了。以他後面（指談觸受時）所立的標準來看，鳥的形狀和叫聲都「與人絕異」，應命之以「特異之名」。因而那「鳥的發聲詞」竟是與「人的發聲詞」處在對立面？（2）實不可碰觸，無以自表（「實不自表，待名以爲表」），那表實之名從何而來？處於觸受順／違的哪一端？「德者無假于名，故視之而得白，拊之而得堅」（頁500）觸受順違所及，是否只是德、業？在唯識的提前中，「實」若不是被取消，就是投入心識深處成爲「物如」（章太炎對物自身的別譯）。而經學上並不把實置入不可知、不可觸之境，依聲可及。在這種情況下，章太炎必須有所選擇，因而他在用「實」這一概念時，有時就把它視爲物之代稱（此「物」包含了被認定的本質──屬性），在〈語言緣起說〉中，大抵如此；而在〈原名〉中，有時爲了表示他的超越（「排遣名相」），爲「破名家之執」，而把「實」

〔註36〕熊十力，《佛家名相通釋》（洪氏，1977：21）。
〔註37〕它的理論後果目前還沒有力評估，暫且保留。
〔註38〕在《國故論衡・原名》中，他格以《荀子・正名篇》「緣天官」（頁486）。
〔註39〕在這裏，章太炎的本質主義（essentialism）傾向暴露無餘。也和索緒爾在觀念上分手。索氏認爲能指和所指是純粹任意性的。詳喬納森・卡勒著，張景智譯《索緒爾》，頁14。

推入「物如」〔註40〕各取所需，應用之妙，存乎「一心」；（3）在文野的時間性中，情況亦復如此。一如觸受順違，文野的時間性也是從語言系統中抽取出來的假定。

在建構起源時，章太炎其實是把自身投射在原初的經驗中，而「原初的『經驗』本身即浸泡在神話的意象之中，並爲神話氛圍所籠罩」〔註41〕。那是一個淒迷、感性卻又令人悚動的原始場景，人類的語音在追逐著奔走的物，耳聞著多樣態的鳥叫聲。語音投射向物，卻因爲它物質形式上的抽象性而注定墜落，境已逝而相猶在，概念留存於心識之中。〔註42〕那是詩意的初始區辨，素樸的區別性特徵〔註43〕（區分性差異）確是產生於人與物的感性互動中，透過人的感覺器官，去辨識具體的物與物間的特徵——同／異。個別的物和集體的物；個體的屬性和集體的屬性；個體和系統；於是語音（語詞）便置身於兩端之間：在物象和叫聲與的概念之間。〔註44〕語言的位置，即是「代物」也是代「意想」（章太炎用語）。屬性的設定（positing）既是一種特殊「看的方式」的因也是果；在那初始的凝視和傾聽中，投射出去的精神由物回復到自身，在閉目的靜默中，響著的是內在的聲音和音響形象，由喧嘩而條貫。洪堡（特）幽幽的說：

> 潛隱在言語和語言的全部發展背後的觀察形式，總要表達出獨特的
> 精神特質，即思想和領悟的特別方式。〔註45〕

這種是洪堡（特）所謂的「語言的內在形式」。這樣的過程也就是章太炎所謂的「名之成，始於受，中於想，終於思」（《國故論衡・原名》，頁486）。

原初的命名場景終必成爲過往，初始的物也不復存在，原始的人也早已進化。然而那一切一切，都以一種特殊的方式業經編碼而獲得一定程度的保存。這便是語言的作用，它的主觀性中包含著一個民族特殊的世界觀（洪堡

〔註40〕 這裏刻意讓它們相會，以暴露章太炎語詞上的精神分裂。

〔註41〕 卡西爾，《語言與神話》，頁37

〔註42〕 章太炎，《國故論衡・原名》「名雖成，藏于身中，久而不，浮屠謂之法，下自注「色聲香味觸皆感受者也。感受之境已逝，其相猶在，謂之法。」（頁486）

〔註43〕 赫爾德的用語，氏著〈語言的起源〉轉引自卡西爾，《語言與神話》，頁96。

〔註44〕 洪堡特：「語言的真正材料一方面是語音，另一方面則是全部的感覺印象和自覺的精神運動。」（《西方語言學名著選讀》，頁41）。

〔註45〕 轉引自卡西爾，《語言與神話》頁57。卡西爾也同意這樣的看法，見頁58。又不同的譯本常有譯名不統一的現象，這裏並不強求統一，恰可做爲不同來源的標幟。

特，頁 45）；而在它的系統中，含藏著一個特殊的世界。關鍵仍在於命名（naming），詞與物的神秘交換，初始的感性終必轉化爲抽象的世界。卡西爾說：

> 因爲正是命名過改變了甚至連動物也都具有的感官印象世界，使其變成了一個心理的世界、一個觀念和意義的世界。（頁 55）

這一個「世界」有其封閉性，在「一切規定即是否定」（卡西爾，頁 93）的排他性原則下，它讓約定變成了注定。〔註 46〕

　　而章太炎似乎在那原始場景投入、陷溺得太深了，他過於眷戀那初始的、古意的音聲。所以他在建構起源時竟然企圖並容西方語言起源論上兩派互不相容的流派——擬聲論（又稱「汪汪論」）和感嘆論（又稱「呸呸論」），〔註 47〕從而造成了聽覺上的錯亂。之所以如此，在於章太炎以不在的方式在那個始源的現場，一如他傾聽那始源的聲音並非透過耳朵，而是經由特殊的凝視，在凝視中辨識出無法聽之以耳的聲音，經由詩意的通感（Synaesthesia）。〔註 48〕更在於他始終在那個「世界」之內進行思考和精神的漫遊，他所有的舉例論證了這一點。那是一個已然定型的系統，它由一些帶有普遍意義的概念相互作用並構成一個獨特的世界模式。在帝制中國，這樣的世界模式不止一個，古文經學由於對語言文字的高度關切而成爲箇中佔主導位置的象徵系統。而「這個世界模式就是一個座標網，這一文化的承受者們就是以此來觀察現實並以此在大腦中建構他們自己的世界圖景。」〔註 49〕

　　身在其中的章太炎，因而建構了他內在的宇宙，決定了看、聽、感覺和想像方式。

　　在〈語言緣起說〉中，文字被掩蓋著，卻主導著章太炎的視覺和聽覺。他正是透過「去古未遠」的文字而進入原始場景。

〔註 46〕 這和「世界」中人的信仰有關，不全然由系統決定。
〔註 47〕 卡西爾，《語言與神話》頁 159。括弧中的別稱是擬聲諷刺。
〔註 48〕 這是象徵主義的詩學，帶著神秘主義的色彩，也沾染了十九世紀巴黎酒館中的大麻氣味。楊小濱：「這是一種對過去經驗的、自然時間的記憶，它是原始禮儀的永恆時間在藝術中的保存。」（〈廢墟的寓言——瓦爾特‧本亞明的美學思想〉，《外國文學評論》，頁 23）及本雅明著，張旭東、魏文生譯《發達資本主義時代的抒情詩人》（三聯，1989：153～158）
〔註 49〕 A.古列維奇著，龐玉潔、李學智譯《中世紀文化範疇》，浙江人民出版社，1992：13。

六、初造書契：原初的凝視和足跡

　　相對於語言，文字的物質形式由於訴諸視覺——因爲它藉器物以流傳——而較能夠抗拒時間的腐蝕。誠如加達默爾所說的，「以文字形式流傳下來的一切東西面對於一切時代都是同時代的。在文字流傳物中具有一種獨特的過去和現代並存的形式，因爲現代的意識對於一切文字流傳物都有一種自由對待的可能性。」〔註50〕所以「語言在其文字性中獲得眞正的精神性。」〔註51〕對於加達馬而言這種精神性在於它提供了解釋的自由度，對於章太炎來說卻在於它給予古老的記憶、初始的嘆息、精神一詞與物遭遇的初始場景一個亘古可見的形式。「文字本以代言」，是不得已而代，卻也不得不代；因爲在時間面前，語音是多麼脆弱易逝的存有。然而，文字在「代言」的同時，也必須把語言所代的（物、概念、精神）也全盤接收下來，因而一開始它便已是「代碼」。

　　從語言到文字，是物質形式上的改變，在文明史上，不免是一樁驚天動地的事件。從純粹的自然之聲到語音，原初的經驗得以凝聚；而只有藉助符號，這些被凝聚的經驗才能被固定下來。〔註52〕在古中國，對於此一事件的表述方式道出了它發生在一個怎樣的文明時段之內，在一種怎麼樣的精神狀態之下，以及依循著一套怎樣的構成邏輯和本體論依據。不必捨近求遠，章太炎遵奉的《說文解字・敘》中前有所承的載錄了那一場神聖遭遇：

> 古者庖犧氏之王天下也，仰則觀象於天，俯則觀法於地。視鳥獸之文，與地之宜，近取諸身，遠取諸物，於是始作《易》八卦，以垂憲象。

這段文字大致同於《易・繫辭傳下》，〔註53〕值得注意的地方在於：道出《說文解字》與《易繫辭》本體論上的關聯，八卦先於文字，而八卦已是符號。在構成邏輯上也是類似的（章太炎：「文字之權輿，昉諸八卦，依類象形。」〔註54〕），在文明時段上是從上古到中古，也就是章太炎常提及的「大古草昧之世」。那正是一個神話的時空場域。雖然距離文字形制的固定還有兩個神話階段（庖犧〔八卦〕——神農〔結繩〕——倉頡〔文字〕），而某些事情已經

〔註50〕《眞理與方法》，頁550。
〔註51〕《眞理與方法》，頁502。
〔註52〕卡西爾，《語言與神話》，頁64～65。
〔註53〕「以垂憲象」《易・繫辭傳下》做「以通神明之德，以類萬物之情。」
〔註54〕章太炎，〈說象象〉（《全集（四）》，頁16）。

發生，也就是在探索保存記憶的形式的同時，思維的方式也業已確立。

《說文敘》：

> 及神農氏結繩而爲治而統其事，庶業其繁，飾僞萌生。黃帝之史倉
> 頡，見鳥獸蹏迒之跡，知分理之可相別異也。初造書契。百工以乂，
> 萬品以察。（頁761）

從八卦到結繩，器物、符號型態變更，保存記憶的功用則一。而「庶業其繁，飾僞萌生」道出了結繩在功能上的挫敗，活結死結既應付不了漸漸紛紜繁雜的人事，更造成記憶上的混亂，虛構混淆了眞實。於是終將被取代。是以章太炎說：

> 昔之以書契代結繩者，……名實惑眩，將爲之別異，而假蹏迒以爲
> 文字。〔註55〕

從庖犧、神農到倉頡或可以看做是同一個神話場景的三個階段；標誌者「代語」的物質形式和符號形制從探索到定型的過程。三個階段各有一個集體的個人（聖者？巫者？長老？）在從事那驚天動地的神祕志業。在這統一的神話場景中，八卦的巫術性毋庸置疑，其至它之所以「被代」或許也正在於它的巫術性過強，而掩蓋了記憶性（雖則原始記憶本身也帶有極濃的巫術性——是以爲神話），被取代後它專務於巫術，把記憶的功能留給其他的符號形式。相對於八卦的過於玄秘抽象，結繩又顯得過於具體。在被取代後被還原、回到它的原始功能，也就是網罟。〔註56〕然後便是書契一文（字）登場了。在這裏，又必須回到「古者疱犧之王天下」，那一段文字。

三個場景中，以庖犧的動作爲最大。到倉頡登場時，只剩下鳥獸的足跡。其實在構成原則、思維運作上，二者是一致的，其大要爲類與象。倉頡登場的文字敘述簡略，可以解釋爲彼（庖犧）詳故此（倉頡）略，互文見意，這是寫作上的繁簡原則，部份（鳥獸足跡）代全體（庖犧的所有動作）。〔註57〕以下各就其詳略而論之。

孔穎達對創始者的創造性動作「正義」道：

> 仰則觀象於天，俯則觀法於地者，言取象大也；觀鳥獸之文與地之

〔註55〕章太炎《檢論·訂文》（《全集（三）》，頁488）。

〔註56〕《易·繫辭下》在「以類萬物之情」後續以「作結繩而爲罔罟，以佃以漁，蓋取諸離。」（頁166）。

〔註57〕疱犧氏的「觀鳥獸之文」的「文」可以釋讀爲鳥獸的花紋（虎的條紋、豹的斑點、象的皺褶，甚至還可包括形、姿態、足跡）。

宜者，言取象細也。大之與細，則無所不包也。

近取諸身者，若耳自鼻口之屬是也；遠取諸物者，雷風山澤之類是

也。舉遠近則萬事在取中矣。（頁166）

取象無論細大，在他長老目光的掃射之下，都要一一凝結爲形式，獲得了永**恒**性（共時性），而化現象爲本質。在那個「石裂縫會說話的時代，土和石顫動著還未穩定的時代」，〔註58〕運作著的其實是神話——巫術的思辨邏輯——類與象，而近代神話學把它分爲三個範疇：相似性範疇、整體一部份範疇、屬性範疇。〔註59〕此三者並非互斥的三個範疇，而毋寧是互補的結構切面。符號的指涉物（概念與對象）之間必須同一——必須相似、是部份與整體的關係、即相同屬性。這就是「象」（象者像也），也是類（同／異）。在依類取象的同時，也就在對物進行分類，別同異、建立系統。作《易》八卦的範圍，也就是取象造字的範圍。這三個範疇道出了那種神秘的、緘默的在場的整體性，「象以感爲體」，〔註60〕訴諸的仍是那種巫者的「物我合一」的初始感性。他把精神注入形式之中。所以，越是原始的、「尚象」的文字，就越具有巫術性。

就其略者而論之，章太炎在〈小疋大疋說上〉爲我們提供了一個有益的切入點。在引《說文》「疋，足也。古文以爲《詩》大疋字。或曰胥字。一曰：疋，記也。」後「章炳麟案」：

黃帝之史倉頡，見鳥獸蹄远之跡，知分理之可相別異也，初造書契。是故記錄稱疋，取義於足跡。今字作疏。疋寫古音同，故亦爲寫。號其物形謂之書，書者，象疋之音，而孳乳之字也。……凡言疏、言解、言辯、言說者，無所取之，取之足跡也。……圖畫刻畫，皆筆削之事，於古則一，故悉曰疋，以足跡命之。（《全集（四）》，頁12）

圖畫、書寫、銘刻，章太炎爲我們追蹤出一個共同的起源：足跡。這是對倉頡的凝視「鳥獸蹄远之跡」的豐贍說解與「書寫」。這一起源的神秘性在於，足跡（以我們今日的「科學」觀念來思考）和物象頗有距離，也幾乎逸出章太炎理性思考規範下的「象形」原則——「凡象形字，其溝陌又爲二：一以

〔註58〕以圖畫——象形文字納西族東巴文記述的創世神話《崇搬圖》。轉引自鄧啓耀《中國神話的思維結構》，重慶出版社，1992：156。

〔註59〕恩斯特・卡西爾著，黃龍保、周振選擇，《神話思維》，中國社會科學出版社，1992：67～790。又參李維一史特勞斯，《野性的思維》，是書有極詳盡的討論。他把原始人的分類邏輯歸納爲二大原則：鄰近性與類似性原則。詳參是書第二章〈圖騰分類的邏輯〉。

〔註60〕章太炎，《檢論・易論》（全集（三），頁381）。

寫體貌，一以借形爲象。」〔註61〕——腳印是獵人追蹤獵物的辨識依據，它是啼爪在大地上的無心銘刻。道說出鳥獸在獵人凝視著的此刻早已離去，已不在場，卻證明了在過去某一個時刻它們的在場，那是大地給予的。鳥獸的不在場讓足跡獲得了抽象的具體性：它依於物主（所以可以辨識出是「鳥獸蹄迒之跡」），卻又離於物主（屬於大地）。當倉頡對於物的凝視在物離去之後，腦中殘存的是影像，對應於此一殘象的，卻是足跡。巫術於是起作用了：

> 整體之人包含在他的頭髮、指甲屑、衣服和腳印之中。一個人留下
> 的每一痕跡都作爲他真實的一部份而消失，這一部分會對他的整體
> 起作用，並危及他的整體。〔註62〕

把引文中的人改爲鳥獸，再更動一下代名詞，就十分適用了。神話場景是一種強調整體經驗的場景，存在物的整體性並不僅僅侷限在他／牠的身體，而是具有極大的延伸性。只要和他／牠有關聯的、藉由他／牠的觸受，牠的存在便延伸出去。牠／他和世界、宇宙、大地，也是一種部份和整體的關係，他／牠們之間的關聯是結構性的。所以庖犧氏之俯仰看天地，察近眺遠，也無非是在檢視他存在的整體；倉頡的目光比較集中，卻是由跡而見象，由小見大，從部份看整體。然而，當鳥獸不在場，足跡就有了客體化的可能。它代物，代意想，卻也自我顯示。

這便是章太炎耿耿於懷的「數字之義，祖禰一名，久而莫縱跡之也」〔註63〕的「一名」，也就是「一文」，一枚足印。這道出了原初的「文以代言」的奧秘。原來那初始假借的代言之文，是「貸」自大地。

語言和文字的始源二者構成了章太炎「語言文字之學」中的兩端；二者之間關聯錯綜曖昧，因爲代與被代之間並非一成不變的，而毋寧是互動、辯證，並且存在著難以言諭的緊張性——它們之間的關係或許是隱喻性的。讓文字「代言」，物質形式的轉換意謂著權力的授與，語言（音）在無代狀態的初始場景中全然的、神聖的純粹自由在「代」發生的瞬間就遭到了削弱，因爲語音從此可以被觀看，它具有了可見的形式。當他佔有了空間，空間也佔有了它。「代」把它投入時間的冒險，它曾經是主人，如今卻可能變成奴僕。因爲觀者的目光最

〔註61〕 章太炎，《檢論・訂文》（全集（三），頁489）。
〔註62〕 卡西爾，《神話思維》，頁72。用理論性的語言表述則是：「整體中各個部份的屬性也可以轉到構成整體的那些成分中。」（A、古列維奇，《中世紀文化範疇》頁89）。
〔註63〕 《檢論・訂文》（《全集（三）》，頁489）。

先看到的是跡（字）而不是它，在視覺上它不具有優先性。更令人憂心的是：它甚至可能被遺棄。當代與被代之間的環節脫落，悲劇就發生了。「文字本以代語」的言外之意是：它們的結合其實是以它們的必得分離為前提的。文字必得被還原為語言，在還原中被捨離；然而「本以代語」的「本以」卻暗示了事情有了出乎意料的發展。在許多古文字中，他們聆聽到一片不成文的沙沙之聲。當「文字代語」此一事件發生時，其實神聖場景已被迫提前結束；起源上的「一」既是合二而成，在不穩定的結合中，二者無時無刻展開激烈的鬥爭；一治一亂，而浮出歷史的地表。「一」的問題，從此變成「多」的議題。

七、增補：象的生產性與六書

在「多」的議題上，首先遇到一個不一樣的倉頡。這個倉頡的存在離開神聖場景已有一段時間，神秘色彩降低了，卻增加了理性的色彩——他是李斯化了的倉頡。聽太炎說：

> 倉頡者，蓋始整齊畫一，下筆不容增損。由是率爾箸形之符號，始為約定俗成之書契。〔註64〕

這是章太炎所認識的幾個精神面貌不同的「倉頡」之一。這個形象十分接近後世古文字研究者（如唐蘭、郭沫若）認可的倉頡。雖然，他的威權卻仍無可質疑。他是書契約定俗成的長老。為中國人完成了第一次的「書同文」。第二次是史籀：

> 自倉頡定文以還，五帝三王又乃改易殊體。古文猥眾，一字數形，加以點畫單奇方邪隨勢，復難識別。故史籀作大篆以一之。重文累體，務為繁複，乃得免于混淆。〔註65〕

第三次是李斯：

> 六國以後，文字異形，李斯又以秦文同之。〔註66〕

三次的書同文（依章太炎的論述）說明了甚麼？「本以代言」的文字在獲得代理權之後，其實並不是那麼「聽話」的，它的時間之中開顯自身存有的歷史脈絡，和語音展開了慘烈的拉鋸戰。第一次書同文的「整齊畫一，下筆不容增損」永遠是此一戰役中首要打破的規範；第二次書同文之前的「改易殊體，一字數形，點畫單奇方邪隨勢」說明了戰況，規範成功的被打破；「復難識別」，意即

〔註64〕《檢論·造字緣起說》（《全集（三）》，頁390。）
〔註65〕《檢論·造字緣起說》（《全集（三）》，頁390。）
〔註66〕《檢論·造字緣起說》（《全集（三）》，頁390。）

無法聆聽。六國以後「文字異形」，情況依然。我把這幾次大戰看做是始源場景之後，「象」的生產和再生產的場景。它發生於秦統一之前，因而舉例上有所困難——皆是被章太炎否定的出土的字。而在論述上又有其必要，是以爲「增補」。

第三次書同文之後，從劉歆到許慎，「六書說」日益完備。不止在《說文敘》中有了初步的定義，在《說文解字》中更有相當大規模的實踐。於是言與文的問題不知不覺的濃縮在「六書說」中，六書於焉成爲一個焦點集中的（理論）戰場。在這裏，問題有了不同的表述：言與文的緊張性表述爲象與聲之戰。

在許慎之後的兩千多年裏，所有的傳統文字學研究者均無可避免的參與了這場戰役，且幾乎都宿命的感到困惑。問題出現在幾個方面：1. 許慎六書說解和實踐上的矛盾；2. 問題出現在轉注和假借上。此一問題也造成了六書內在結構的爭議——六書之間究竟存在著怎樣的結構關係，是在同一水平上呢，還是有著層次的關係？是截然分開的呢，還是有著結構上的重疊性？這又牽涉六書是「太多」還是「太少」的問題。

王鳳陽把這第一個問題表述爲「六書中的兩大矛盾」：

> 其一，許慎在《說文敘》裏歸納的造字條例和他的字形分析矛盾。理論上許慎把造字的條例分爲六種，實踐裏，在對《說文》全書所收的9353 字的分析裏，只見象形、指事、形聲、會意「四書」，不見轉注、假借「二書」。其二，《說文敘》中所舉的轉注和假借的例子——考老、令長——在《說文敘》裏分別歸屬于會意和形聲名下。〔註67〕

王鳳陽對於此一問題的理解和表述在同時代人中最爲清楚。從傳統文字學者對此一問題的爭論他看出：那是字和詞之間無可避免的內在矛盾，也就是語言——文字在代與被代之間的結構裂隙。傳統學者或篤守六書爲「造字之本」，而不得不把假借離析爲「造字的假借」（無本字）、「用字之假借」（有本字），〔註68〕離析之後，卻也不得不爲「字之用」留下顯著的位置；在轉注問題上情況也是如此，不是主形就是主聲。〔註69〕離析之後，其實是把文字和語言在層次上分開，乾嘉以來，如戴震的四體二用之說堪稱箇中表率，也徹底曝露了六書之中形與聲之戰的實質。然而在體／用這樣的範疇劃分中，卻也可以看出一個冰冷的事實：在形與聲的千古戰役中，被凍結的卻是象的生

〔註67〕 王鳳陽，《漢字學》，吉林文史出版社，1989：346。
〔註68〕 詳參詹鄞鑫，《漢字說略》，遼寧教育出版社，1991：273～280。
〔註69〕 黃建中、胡培俊在《漢字學通論》（華中師範大學出版社，1990）中把它分成三類，形轉、義轉、音轉。詳頁207～211。

產性。爲了讓被埋沒的象出土，我們必須在回頭的路上走得更遠。

在許愼《說文》之前，「六書」在《周禮・保氏》中總共也只有「六書」這兩個字，是未明的遺跡；﹝註70﹞在《漢書・藝文志》中，六書卻有了基本的內容：象形、象事、象意、象聲、轉注、假借。然而它卻也仍只是遺跡，沒有進一步的說明。惟在和許愼的六書（指事、象形、會意、形聲、轉注、假借）比較之下，此一遺跡卻顯示出非凡的意義。最值得注意的是（1）前者的四象到許愼時只剩一象；（2）次第差異——先象形還是先指事？﹝註71﹞《漢志》中的其他三象被替換爲指、會、形；這三項差異其實都具有理論的意義，因爲都是可解釋的。這和四體二用一樣，都涉及了六書的內在機密。

次第差異涉及了：六書是共時的解釋原則，還是箇中暗涵著文字（生產）史的歷時順序？一般的解釋傾向於後者，而必然的爭論文字是始於指事還是象形。始於指事，傾向於認爲文字始於八卦；始於象形，傾向於認定文字始於繪畫，﹝註72﹞大部份的學者卻都是折衷派。折衷表明了概念上的含混，卻也道出了象和指之間某種程度上的（可以調和的）矛盾，類似的矛盾也產生於象和會、象和形之間。儘管存在著矛盾，在表徵上仍然是以象爲基礎，是以指事、會意、形聲也都是廣義的象形字。約而言之，《漢書・藝文志》的「六書」可以解釋爲是象的生產性的遺跡，象的豐沛的生產性發生在前舉三次書同文之間；而當秦統一六國，帝制建立，象的生產性在李斯的書同文之下，幾乎遭到終結。實際的終結卻弔詭的完成於許愼之手（詳後），《說文》六書以指、會、形代象隱約象徵了這樣的處境；因指、會、形簡單的說便是符號化，也就是語言性甚於文字性。象的生產性意謂著文字反賓爲主，脫離了所代的言而繁衍它的族類。﹝註73﹞篤守「堅持以形爲主，是釋讀古文字的總原則」﹝註74﹞的古文字研究者，在離析文／言的考量下，不免會覺得六書猶嫌太多，以下以一個最典型的例子——提倡「三書說」的唐蘭，從他的堅持中來看象的生產性。﹝註75﹞

﹝註70﹞ 因它連「六書」的名目都沒有。有的論者毫不考慮三者間的差異，逕直視爲同一套論述。那是一種解釋，只是相當冒險。

﹝註71﹞ 《漢字學通論》：「歷來學者多採用許愼的命名和班固的次第」（頁168）而逕直以「指事」替代了「象事」，同樣是不知不覺的抹除了差異。

﹝註72﹞ 向夏編寫的《說文解字敘講疏》（中華書局，1986）頁8～24摘錄了當代各家的意見，簡便可以參考。

﹝註73﹞ 何琳儀，《戰國文字通論》，中華書局，1989：274。

﹝註74﹞ 泛指殷周與六國古文。

﹝註75﹞ 據學海出版社1986年影印的唐蘭《古文字學導論改訂本》。唐蘭的「三書說」問題重重，參《漢字說略》頁165～168。

　　唐蘭在研究古文字時，充份注意到它們的繪畫性，甚至賦予起源的價值（頁 406～407）；然而他同時卻也接受「文字本以代言」的觀念（「文字的本質是圖畫，所代表的是語言」頁 393），既接受了文字本以代言的觀念，卻又十分堅決的要把聲韻驅逐出去，以保持純粹的文字性。他說：

> 文字固然是語言的符號，但語言只構成了文字的聲音部份。（頁 136～137）

而強調形符字、音符字和半音符字的非音部份「不是語言所能解釋的」；然而卻又說：

> 繪圖和繪畫文字，除了可誦讀與否的一點外，有時簡直不能區別。不過時代稍後，繪畫和文字，分歧較久，差別就顯著了。但文字雖獨立，一時不能脫離繪畫，所以每一個字的寫法無定，因為各個書家的技術不同，性情各異，點畫偏旁，增減變化，毫無標準，只要所描寫的對象大致不錯，就夠了。（頁 393）

唐蘭以上的論述矛盾重重，充份顯示出古文字考釋中視覺和聽覺的錯亂，而意義，恰就迸發於這些矛盾和錯亂中。唐蘭的錯亂內在於象的富饒生產性之中，物質形式的轉換彼時已然嚴重異化，書寫的繪畫性（象）遮蔽了語言性，象在長期的生產和再生產中已逐漸發展出它自身的生產規律，可以依於語言，但也可以不。它們有自己的發展空間，因為它們在空間上發展。唐蘭的驅逐聲韻表明了他正是站在「忘言」的象的立場上發言；「寫法無定」道出了它們書寫的自由度。而唐蘭的堅持至少有以下的意義：1. 面對具有高度書寫自由度的古文字（殷周古文與六國文字），研究者刻板的「文字」觀念應該做相當大程度的調整，以免以今律古，混淆了視聽；2. 驅逐聲韻之學也具有同樣的意義：假設我們堅持「文字本以代言」，那紛紜的文字現象是否正反映了方音的紛亂，而許多方音在秦一統之後已失落？換言之，後世的聲韻觀念是否也隨著文字系統的一元化而刻板化？〔註76〕

〔註76〕顧炎武在《日知錄》卷二十一，〈字〉條說：「三代以上，言文不言字。李斯程邈出，文降而為字矣。二漢以上，言音不言韻。周容沈約出，音降而為韻矣。」（黃汝成集釋，世界書局，1962：497）顧氏此言自有其復古論的依據，不過恰可引以為今古不分者誡。唐蘭在《古文字學導論》（初版）的〈自敘〉中，相當清醒的提到：「現有的古音韻系統是由周以後古書裏的用韻，和《說文》裏的諧聲湊合起來的，要拿來做上古音的準繩是不夠的。所以我們在整理古文字時，只須求合於自然的系統，而現有的古韻系統，應暫摒諸思慮之外。」（頁 16）。

古文字的繁簡無定、局部無定、〔註77〕訛化、類化、〔註78〕分割＼連接＼貫穿＼延伸筆劃以至「解散形體」〔註79〕）等等，是唐蘭「寫法無定」的進一步說明，突顯出那群早已失落名姓的書寫者手的作用。那是一隻生產之手，而在象（形）的總體原則（繪畫性）之下，局部的增減、位置和方向的變化、筆劃的不一致和多寡等等，都不成問題，因爲它呈現的終歸是整體性——視解上的整體性。——即使是「部份代整體」的整體性。〔註80〕而且在象的總體原則之下，不論是形、聲、事、意也都必須藉象的形式來表徵，所以《說文》在實際舉例時才那麼尷尬——它們都是以象形爲一個共同的基礎，在該共同的基礎上再進行細微的區辨。因此在分合之間，常常只是毫釐之差，如果不是吹毛求疵，刻意求異，還眞分辨不出來。〔註81〕正因爲在象的視域內「四書」具有高度的重疊性，當學者力求截然離析、把它當成字形分類原則時，就會發現它太不準確、清晰，而它們之間重疊的部份也就特別難以歸屬。於是不得不在一級分類之下再做二、三級的繁瑣分析，〔註82〕遭解體的仍然是「象」本身。在象（形）的視覺總體中，（指）事、（會）意、（形）聲常常是做爲整體性的局部而同時存在的，差別也許只在於選擇性（的局部）前景化。會意（會有會合、領會之意）強分的話只能介於指事和象形之間，當其中一個義符兼聲時，又部份和形聲重疊；而形聲的聲符又不免是

〔註77〕詳參《漢字學通論》頁 89、99、108。

〔註78〕詳參《漢字學》，頁 164～176。

〔註79〕《戰國文字通論》第四章〈戰國文字形體演變〉詳盡的討論了各種書寫差異。

〔註80〕象形字大部份其實是「部份代全體」，指事會意原則早已進入。另外諸如省形、省聲也是在同樣的解釋原則下才能成立。簡單的討論參戴君仁〈部份代全體的象形〉（氏著《梅園論學集》，開明書店，1970 年）。

〔註81〕如詹鄞鑫在《漢字說略》中企圖區辨指示和會意時說：「會意字的抽象符號只是書寫的抽象化而已，它在字形中仍然代表了具體的物，如『至』字下方的『一』代表地面或別的物面；而指示字的抽象符號本身不代表任何事物，如『本』字下方的一橫畫，純粹是文字中的記號而已。」（頁 188）極爲勉強，注重筆劃而忽略了二者理解上的共同性。

〔註82〕所有的文字學教科書都有這個問題，而把六書繁瑣化也叟所有文字學研究者難禁的誘惑。如《漢字說略》中裘錫圭的「三書系統」，在甲類「表意字」之下，又分六類；其中的第五類「會意字」下，又分六類。詹鄞鑫自己的「新六書」亦然，在第四類「會意」之下，又分兩種：「以形會意和以意會意」、「會意兼形聲」。後者又細分爲「意符同源兼聲」、「意符異源兼聲」、「意符聲化兼聲」。分一分，就進入了他書的領地。再如龍宇純的《中國文字學》（學生書局，1984），新立的「七書說」中，第六種「兼表音意」之下，又分三種：「因語言孳生而兼表意」、「因文字假借而兼表意」、「取表音及表意各一字結合成字。」凡此種種，不一而足。

象形，很難完全無義；指事除了上、下、凹、凸幾個字之外，〔註83〕所指的
只是象形中標識性的局部，那可以視爲是象形的變體，再不然也可以歸入會
意，早已是「事」——所有的會意字都不免已是微型的事件。〔註84〕甚至是
象形，當它可以被辨識時，局部和局部之間的關聯，也已經是會意、指事。
當聲符不在場，卻也並不表示無聲：聲隱匿著。如此「四書」的含混性便是
必然的，因爲它不僅僅是釋字之則，更是古文字的詩學。〔註85〕在象（形）
的視覺整體性中，是局部的可解釋性，它是象形、象＼指事、象（會）意理
解的共同基礎；象也者，像也——由於所象的具體的對象，而具體的對象其
實是各個不同的，不論外形、恣態、出現的情境……所以書寫的自由度便獲
得了對象的保障。是以象，便是不像。然而，視覺的優先性難免嚴重的壓抑
了語音，具體性的書寫也造成了象形字有時顯得過於具體，試舉幾個有趣的
例子：牢、牡、牝、䣛

〔註83〕即使是這些例子，也在象形的格局之內。只不過它所取的類已經更爲類化，
可以視爲抽象之象。而許慎給指事下的定義「視而可識，察而見意」其實是
「四書」的共同理解原則。

〔註84〕會意的定義「比類合誼，以見指撝」，道出了它必然是合體，結合兩個或兩個
以上的象形（如楷之爲牽象，楷之爲牛牽犁），而構成一個基本的事件。

〔註85〕古文字的構成原則其實和象徵主義詩學——夢的解析——十分近似。二者在
機制上是一致的：「夢的形成（dream-formation）機轉最喜愛的邏輯，關係只
有一種，那就是相似（similarity），和諧（consonance），或者是相近
（approximation）的關係——即恰似（just as）。」（佛洛伊德著，賴其萬，符
傳孝譯《夢的解析》，志文，1986：240）它把潛意識中隱匿的語言轉譯成影
像，而釋夢者則必須從述夢者的二度書寫，中再把被轉譯成語言的畫面還原，
以進行解析。訴諸畫面以致意涵不定、指涉不定，「夢的隱意難以究詰，而「『夢
的顯意』，就有如象形文字一般，其符號必須逐一地翻譯成『夢的隱意』所採
用的文字。」（頁 203）象的奧秘就在這裏，許多古文字都是已失去現實參照
的古代人的夢。在視覺上，它們已超脫了語言，而自我顯現爲意象（image）、
影象（icon）。

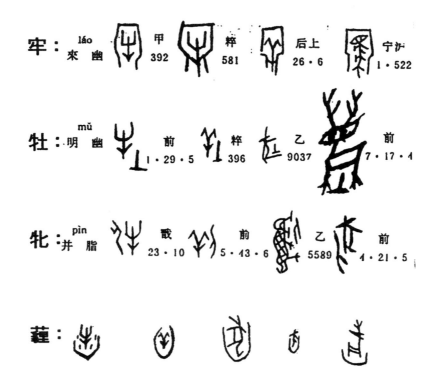

「從宀，從牛，或從羊，或從馬，字象家畜關在欄圈裏。本義是畜圈」
〔註86〕說解十分牽強，只注重欄柵而不管裏頭關著甚麼。牡字也是如此，從
牛、從羊、從豕或從鹿，相同的部份只是「標示雄性動物的符號」（頁295）；
牝、麚字的情況一模一樣。〔註87〕考釋者之所以認為形旁「可以通用」，也
無非是他們只能為它們發一個共同的音——從牛的「牢」、「牡」、「牝」。沒
有流可以支撐的源，就淪為有流之源的附屬，因為它失落了原音。

　　李維—史特勞斯在《野性的思維》一書中歸納了許許多多類似的狀況，其中
某種土著居民「在對樹木或作物的葉子作形態學的描述時，運用了四十個名稱，
對一株玉米的不同部份竟用十五個不同的名稱來表示。」〔註88〕他們似乎對共同
的特徵毫無興趣。命名起源於別同異，而「一個名字的作用永遠只限於強調一事
物的一個特殊方面，而這個名字的價值恰恰就在於這種限定和限制。」〔註89〕前
舉的甲骨文例子雖然沒有這麼誇張，情況卻相當類似。象的具體性中已埋下了哀
傷的伏筆，具體性、自由度、局部的可解釋性等等都有助於它遠離所代的言，於

〔註86〕馬如森，《殷墟甲骨文引論》，東北師範大學出版社，1993：296。
〔註87〕《漢字學通論》，頁92。
〔註88〕《野性的思維》，頁11。
〔註89〕思斯特・卡西勒著，甘陽譯。《人論》，桂冠，1990：197。

是規範性的要件：聲符的產生便是必然的事。它象徵了言的抗爭，它是「代言」的新形式；而聲符堂皇的進駐了象形結構的內部。它的作用是壓抑了象的生產，化象爲形，讓形符規範化、抽象化（類化）。形聲字的大量增加道出了言／文之爭已達致新的高峰。也就在這樣的時刻，另一個問題產生了。

原來是語音—文字的「二」的問題，此刻變成了「三」的問題：形、音、義三足鼎立。義原先是不成問題的，可以存而不論；因爲在言與文的同一中，義是不變的、固定的，三者緊密的聯結爲一個整體，一個意義單位。然而，在象的「局部可以解釋性」原則中，象的局部可以不經言（音）的中介而直接從字形中釋讀出意義（如前舉從羊、從馬的「牢」），音（言）從而被棄置了，由象可以直接取義。聲符佔據了象的局部，義符也幾乎欲取象而代之。然而，除非進一部符號化，化象爲形（此一過程至隸變才完成），否則它的生產性不會完全被終結。在從象到（形）聲之間，假借起著非常重要的作用。假借正是「文字本以代言」的「代」的運作機制，〔註90〕它讓一個（象形）文字去代不同的言，混淆了言文之間的確定關係，而錯亂了指涉；它是言喧嘩的顛覆，也是最有力的抗爭，它讓象無法固定在一個地方，而中止了原有的代理關係——讓它再度借出去。伴隨著象的豐沛生產性，是假借的狂亂演出。所以在古文字中「甚至在後代人看來完全不必使用也不應該使用假借字的場合，我們的先民仍在廣泛使用著假借字」〔註91〕幾乎無所不借，而且「越是古老的文獻，假借字越多。」而許多假借字後來都「久借不歸而定型化了，而且爲其本義另造了新的形聲字。」〔註92〕它取得了新的代理權，本字、本義從而像遺跡一樣被擱置在一個被掩埋的處所。

相對於假借，本義和本字是更爲幽深、隱秘的存在，彷彿佇立於時間靜止之處。它自身不足以說明自身的存在，必須透過有意識的層層發掘，手續複雜的身份辯識。它存在於遺忘之中，它像潛意識那樣，被掩埋的在場需要透過分析師不斷的聆聽被判定爲假借的字的內在聲音，以讓它再度浮露。分析者的解釋告訴我們它就在那**裏**。然而，這往往又只不過是解釋的產物，出土資料往往告訴我們，它其實不在那**裏**，而是在別處。它的始源其實極爲幽深，並不如他們想像的那麼簡單——在大地的某處，或者早已在過去的時間

〔註90〕黃建中、胡培俊，《漢字學通論》：「『假』字由『借』義而引申爲『代』，由『代』義而引申爲『非正式的』。」（頁221）。

〔註91〕《商周古文字讀本》，頁243。

〔註92〕《漢字學通論》，引文綜合頁95、181、215。

中失落了。而大地無盡的可能性（器物出土的可能），卻又充份保留了它存在的可能性，也讓幽深更爲神秘。

八、《文始》：言始著跡，表徵爲文

　　章太炎論述語言起源時十分積極，論文字起源卻十分草略、曖昧，多取《說文》陳說，似乎有意含糊過去，是以本文費辭增補。增補並非企圖取代，或徒事節外生枝，而是爲了讓被壓抑的慾望在括弧內浮現。章太炎重語言（音）而輕文字，在論述起源時，主客已明、賓主已分。〈語言緣起說〉最終得出的結論是：

　　　　是故同一聲類，其義往往相似。（《國故論衡》，頁439）

企圖藉他的語言緣起說，在本源上給予「因聲求義、不限形體」根本的保障，而賦予了語音、本體論的地位。音一義的結構關係從而具有神秘主義的色彩。他說：

　　　　最初聲音未有遞衍之文，則以聲首兼該餘義。（頁440）

在「聲首」尚未分化的初始時刻，語義的富饒性早已含蓄其中；「紐韻皆同者，于古宜爲一字」——「在古一文而已，其後聲音小變，或有長言短言，判爲異字，而類義未殊。」（頁442）語音是一個龐大的義類，它們在本體上是親密的粘合，卻由於受限於物質形式而無法在歷時中自我顯示，所以必須藉由文字來表徵它。文字是現象，音義是本體。章太炎非常固執的堅持這一點，換言之也就非常堅持語言——文字之間「代」的階層關係——被代是主，所代是客——「以文字代語言，各循其聲」（頁440），語音相對於文字具有本體論上的優先性，在文字顯形之先，它已佔有了義。這樣的主張頗值得注意，因爲堅持「代」的關係同時也就意味著根本的否定了字形生產的自主性，文字的型態和構成原則、書寫規律必須固定下來，以免亂了音義之間神聖的親密關係。對章太炎而言，在本源上，文字根本就是第三者，她不能亂了尊卑秩序。尋求本源，無非是訴諸神聖裁決。在這裏他其實是在替「書同文」找尋究極的理由，也就是以文化長老、巫者的身份對語言——文字進行關係的再確定。因而章太炎所建構的言／文合一無可避免的是以語言（音）的優先性爲前提的，而形，依舊是結構性的在外。

　　在此一前提之下，如何去面對他自詡爲「不刊之論」的《文始》？從《文始》周邊的理論說明（尤其是〈轉注假借說〉、〈文始敘例〉）來看，它可以說是章太炎經學義理上的著作。藉乾嘉之學，他讓「小學」回歸到古文經學的

知識譜系去，投身於許慎《說文解字》長久被遺忘與埋沒的迷宮藍圖中去。
就因爲《說文》表面上看起來是字書，所以它具有根本的重要性，因爲「識字」是進入典籍之林的首要條件。問題在於如何識，與怎麼識。「五經無雙許叔重」的《說文》可以說是兩漢古文經學的一個總結，[註93] 因爲它採取的書寫體式——字典、辭典——逐字的說解，就等於是把五經拆解爲共同的，九仟三佰五十三個局部，也就是 9353 個基本符碼，讓「識字」者有門徑可尋。可是它同時也讓識字者面臨了極大的困難，因爲這些孤立的字詞的內在關係是隱匿、甚至隱晦的，非深通經學則無以貫串，很容易把它窄化爲「字典」。章太炎認爲那是許書之用而非許書之本，《說文》內在的機密一直未被發掘，所以他批評清代樸學說：

　　　　故近世小學，似若至精。然推其本，訓未究語言之原。[註94]

《文始》闡述的正是「語言之原」[註95] 而非文字之原。如此一個立即的問題是：何以名之爲《文始》而非《名始》、《名原》或《言始》？建構文字始源是許多古文字學家的慾望，孫詒讓著有《名原》，唐蘭曾發願著《名始》，[註96] 原初的「文」都是「名」，二者都相對於「字」（鄭康成注《周禮》曰：「古曰名，今曰字。」；《說文敘》：「文者，物象之本；字者，言孳乳而浸多也。」）「名」其實更富語言的意味，何以選擇了「文」？章太炎本身沒有加以解說，我認爲，正是在這細微之處，章太炎已給文字（形體）保留了一個隱微曖昧，卻又是結構性的位置——正因爲字由文孳乳（形聲相益），所以「文」才因「字」而獲得那一個特殊的位置。從這點出發，本節討論的重點是：1. 在這「語原」系譜中，究竟給字形保留了怎樣的位置，意義何在？2. 成均圖具有怎樣的象徵意義？「轉」的機制意味了甚麼？這兩點恰也是《文始》爲後世語言文字之學研究者詬病的焦點，無妨把它看做是結構上的癥狀；而癥狀，往往是意義瀦聚的地方。

[註93] 許慎的古文經學身份殆無可疑。《說文敘》：「其稱《易》孟氏、《書》孔氏、《詩》毛氏、《禮》、《周官》、《春秋左氏》、《論語》、《孝經》皆古文也。」許沖〈上說文表〉：「慎本從逵受古學。」然而許慎身在東漢，今古文家法已爲馬融、鄭玄所亂，今古文也有合流的趨勢，故《說文》中不免間引今文經義。就其實，東漢以後恐怕再也找不到一個「純粹」的古文經學家。「純粹」只是理論上的構設，眞實存在的古文經學家，不免是帶著各式各樣的異質性。

[註94] 章太炎《自述學術次第》頁 17。

[註95] 《國故論衡．小學略說》：「悼古義之淪喪，愍民言之未理，故作《文始》以明語原，次《小學答問》以見本字，述《新方言》以一萌俗簡要之義。」頁 422。

[註96] 唐蘭，《古文字學導論．自敘》。

問題集中在「初文」、「準初文」的設定上。關於「初文」、「準初文」，在〈文始敘例·敘〉中章太炎自述：「刺取《說文》獨體，命以初文。其諸渻變及合體象形指事，與聲具而形殘，若同體複重者，謂之準初文。都五百十字，集爲四百五十七條。」（頁51）這一點歷來飽受訾議，典型的論調如齊佩瑢：

> 所謂「初文」及「準初文」者，仍是「立文字以爲根」的一脈傳的老法，脫不開字形的束縛；即使「初文」與「語根」相應，這種「初文」也當求之於最古的文字形式，不宜死守《說文》部首及其說解。〔註97〕

周大璞的批評用語雖不同，意思卻一樣。〔註98〕其他學者的批評幾乎都不出乎此。這樣的意見可以歸納爲三點 1. 脫不開字形的束縛；2. 應求之最古的文字形式；3. 死守《說文》部首及其說解。「脫不開字形的束縛」批評者在表述的修辭上也十分一致（如王力：「拘棄形體」、張建木：「拘溺形體」）；而第 2. 點張建木表述爲「語言發生的次第與文字發生的次第混爲一談，把《說文》中獨體之文與最早的語言視爲一事」，〔註99〕對於問題的表述準確些了；王力則特別指出，語言的產生先於文字，「在原始社會千萬年的漫長歲月中，有語言而無文字，何來『初文』？〔註100〕問題的眞正關鍵原來在於，從語言始源到文字始源那一大段迄今無從考究的時間空白，被章太炎取消了。問題既然出現在時間上，就變得非常棘手。要求章太炎建構初文「應當求之最古的文字形式」，也就是要求他離開《說文》回到那段被他取消的時間中去，往遠古撤退。然而在那段被取消的時間中，人並不具有主導性，起作用的反而是深藏不露、神秘莫測的「大地」。於是實證意義上的初文的探尋，便只可能是一永無了局的未竟之業。在那不可能、不確定的時間空白中，章太炎以長老的身份做了裁斷——而可能性正啓始於長老的裁斷。裁斷需要堅實的理由，這一點他並不擔心，《說文》提供了保證，許愼受邀爲他背書。「文始」者，言始箸跡，表徵爲文。初文、準初文並不孤獨，因爲它在形、音、義的三角關係中被設定著；它的可見形式牢牢的受著不可見形式的制約。〔註101〕

〔註97〕齊佩瑢，《訓故學概論》，華正書局，1988：158。

〔註98〕周大璞主編，黃孝德、羅邦柱分撰《訓詁學初稿》，武漢大學出版社，1987：79。

〔註99〕張建木，〈說文解字序偶箋〉（收於《古漢語論集》第二輯，湖南教育出版社，1988：362～363）。

〔註100〕王力，《同源字典·同源字論》，商務印書館，1987：40。拾王力餘唾而罵者，如楊端書，《訓詁學》，山東文藝出版社，1992：209～210。

〔註101〕陸宗達、王寧的〈論字源學與同源字〉一文對章太炎立「初文」、「準初文」

這些被立為「初文」與「準初文」的 510 個字（大多為獨體，且取諸《說文》部首）其實是古文經學意義理論中的假設性起源，是「既有遞衍之文」後，建構起來的初始代言的表徵。它的存有獲得的並非實證上的保障，而是既有的遞衍之文的支撐。「流」的存在證成了「源」的存在的合法性。所以他在〈文始敍例〉中說：

> 若準初文無所孳乳，亦不可得所從受者，不悉著也。（頁 52）

「無所孳乳」，即「無後」，不具語言上的生產性，故而不具理論意義；「不可得所從受者」，即沒有既存的說解予以支撐，來源不明，也即是非屬經學系統。換言之，「遞衍之文」的存在其實是以既有的古文經訓為條件的。「初文」和「準初文」存在的合理性就建築在《說文》是古文經訓之集大成者這一點上，它之所以是「初文」、「準初文」因為它們在形、音、義上已族類繁多，理論證明它們是某一族類可以追溯的共祖。它們不止具有「形」的意義，而是理論上的原始和諧，形、音、義緊密結合的「一名」「語根」，是字源、音源，也是義源。所謂的本字、本義、（本音），意思是，它們在古文經學說解的傳統中，被「約定俗成」或「積非成是」了。「初文」「準初文」之必要，對章太炎而言，猶如在漢字保衛戰中對字形的堅持，它是某種已成系統的說解存在的存據。語言（音）在歷時狀態中無以自表，不得不藉文字以為表。也就因為這樣，憑著在視覺上的優先性及抗拒時間的物質性，它也獲得了它的本質地位：結構性的在外，卻也是結構性的「在」。字形已非轎子，而是家，以它被選擇的古老形貌。另外，實證意義上的文字起源不可能有定論，它必須隨新的出土文物做不斷的猜度修正，理論上的（假設性）起源則不然，它業已凝固，也必須凝固，祖先的確立才可能建構清晰的親族網路，才不會亂了血緣傳承。在章太炎看來，這樣的理論上的假設起源並非毫無實證的依據，只是該實證依據在歷史上已階段性的完成，在理論完成後它已成為「過去」。他的理由是，《說文》中的小篆、古文奇字等等在形體和說解上都前有所承，因而他擬設出來的「初文」、「準初文」其實是汰選之後的產物，是理論上的「精選」：

> 倉頡之初作書，蓋依類象形。其後形聲相益，即謂之字。文者，物

為根的方式有保留的肯定，認為「如果以平面系源的觀點來看，這種方法的合理性和有效性都是無容置疑的。」（《古漢語論集》第二輯，頁 18）問題在於源／流的設定上，詳後文。

象之本。字者，言孳乳而浸多也。以訖五帝三王之世，改易殊體，
封于泰山者，七十有二代，靡有同焉。然則獨體者倉頡之文，合體
者後王之字。（……）古文大篆雖殘缺，倉頡初文固悉在許氏書也。
（〈文始敘例〉，頁 51）

引文中涵蓋了三次「書同文」，每一次的書同文都有所保留、有所揚棄，揚棄
了脫軌和紛亂，保留下來的則是合乎法度的穩定性成份。「倉頡初文固悉在許
氏書也」指出了《說文》的過濾作用。何以以《說文》部首為準？因《說文》
部首為義原，〔註102〕義原即音原即形原。幾度書同文之後，初文與準初文以
遺跡的方式被保存在《說文》部首中。這便是歷史長期合理性的作用。而章
太炎這樣的主張，其實是以秦一統後，李斯書同文的產物——小篆——為立
足點而發言的，而「小篆結束了秦以前歷時數千年的古文字形體」（《漢字學
通論》，頁 110）。它「是一種規範化程度很高的古文字，它統一了殷周以來的
古文字的形體，簡化漢字的筆劃和結構，淘汰了異體字，同時也精簡了字數。」
（頁 109）他的「初文」的合理性，就建立在這樣的歷史事實之上。在字形的
背後，支撐著的卻是一個霸政，文字不過是權力的結果之一。

　　文字雖然是作為語言本體的表徵而存在，然而它們之間的神聖約定一旦
確立，字形反過來又可以制約語音的變衍（因而語言——文字是互動的），而
有著統一方言的作用：

獨體所規，但有形魄。象物既同，異方等視，名從其語，以呼其形。……
能呼之言不同，所呼之象不異。（〈文始敘例・略例癸〉）

這是因為「文者，物象之本」（獨體曰文，合體曰字），象形字是物的摹本，
隨體詰屈，察而見意。確立初文，在功能上也就是確立本源而掌握了方言。
〔註103〕字形的重要角色，也業已無可質疑。

　　當字形被擺進形、音、義三角結構中，引入時間性，問題卻又產生了。
在〈文始敘例・略例庚〉，章太炎批評了王聖美的右文說「以為字得某聲，便
得某義」，認為有相當狹窄的解釋有效性，也就是適用於「諸會意形聲相兼之
字」卻不宜過度誇張，以免「形聲攝於會意」。形聲的聲符確是為了制約象形，
讓隱匿的語音可以目寓（〈略例癸〉：「形聲既定，字有常聲；獨體象形，或有
逾律。」）然而形聲產生於再度的假借（詳前一節），形符聲符各有一段或顯

〔註102〕趙伯義，〈說文解字部首新論〉，《許慎與說文研究論集》。
〔註103〕問題當然沒那麼簡單，詳下節。

或隱的過去，使得它們之間可見和不可見的聲義關係變得吵雜與曖昧，「故非可望形為驗」。音義關係就其本質而言是不可見的。所以章太炎在為初文、準初文下定義後補充道：

　　討其類物，比其聲均。音義相雠，謂之變易；義自音衍，謂之孳乳。

音近義通，或音義皆同，異語同字，他稱做「變易」；義自音衍，音義皆變，而可以蹤跡者稱做「孳乳」。這包含了章太炎所理解的轉注和假借及二者的互動（都是義的引伸，差別在於「更為制字」「不更為制字」）不論變易還是孳乳，決定權都在於語音。而運轉的機制，正在於古韻分部與「通轉」。

　　（2）成均圖與轉

　　樹立初文、準初文也就是確立了語根。章太炎所謂的語根，就是「詞根」。而「所謂詞根，就是一個以某種最初的聲響為基礎，可以無限轉變的表達性核心。」〔註104〕做為本體的語音，在歷史長期的發展中，早已離於原初的一而族類繁多。它們的秩序和規律必須顯露，以證明不可見的音一義關係是合理的，為了合理運作上的「不限於體」，它們必須化為另一種方式的可見形式——它們的結構。那便是他定出的古韻二十三部，表徵為圖便是〈成均圖〉，〔註105〕及古聲母二十一紐，如下圖：

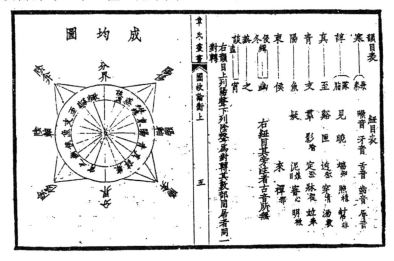

────────────

〔註104〕福柯，〈詞與物〉，張宜生譯。收於陳啓偉主編，《現代西方哲學論著選談譯》，北京大學出版社，1992：804。這篇譯文只是 M. Foucault《詞與物》第八章第四、五節。

〔註105〕〈成均圖〉的「均」有圓轉之意。章太炎在《文始敍略‧略例戊》中自我解釋道：「夫經聲者，方以智；轉聲者，圓而神。」（頁53）。

再把初文、準初文依對轉旁轉分爲九類，如下：

而《文始》一書如是亦分爲九卷。其轉法如下（取自〈文始敘例〉或〈小學略說〉）；共分六種：

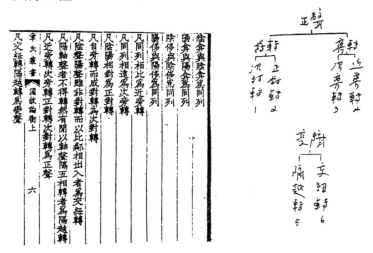

以上六種轉法中，正聲四轉爲疊韻，變聲二轉爲雙聲。前者在〈成均圖〉中，謹守分界（含圖中的「分界」與陰軸、陽軸），變聲則跨越正聲所謹守的分界。這些機制構成一個完整的系統，〈成均圖〉爲他的右韻二十三部訂出結構上的座標。然而，王力卻企圖施以致命的一擊，他說：

> 章氏的成均圖，是主觀臆測的產物。韻部的次序和地位，都是以意
> 爲之的，因此，由成均圖推出的結論往往是不可靠的。〔註106〕

王力對於章太炎的分韻、弇侈、對轉、旁轉等等，都很有意見，指出諸多他認爲不合理之處，而動搖了〈成均圖〉的結構。他進一步指出「所謂交紐轉和隔越轉，更是荒唐的。……有了交紐轉和隔越轉，則無所不通，無所不轉，就失掉通轉的意義了。」〔註107〕而離析它——

> 所謂交紐轉、隔越轉，其實只是雙聲的關係，不是疊韻的關係。（頁
> 238）

〔註106〕王力，《清代古音學》，中華書局，1992：237。
〔註107〕齊佩瑢也有類似的意見：「然對轉旁轉旁轉已不可深信，何況次對轉次旁轉，甚至於交紐隔越者乎？若然則無不可轉了。」（頁158）。

之所以「無所不轉」在於混疊韻雙聲而為一，而〈成均圖〉的奧妙也許就在這裏：它有一個較寬廣的可轉場域。

　　站在聲韻學或訓詁學的立場，「必得聲韻兼顧，證以右文通假，或體重文」，且以語義為限制。〔註108〕章太炎聲韻各取所需，以取得較寬廣的領域，幾乎讓他的聲韻學破產，卻也未始沒有意義：從王力等人嚴厲的批評可以看出，他的立場確和學科分化之後的語言學大不相同。聲韻學在〈成均圖〉中自身並非目的，而是為某種目的服務的工具；在一定程度上章太炎扭轉了「把工具當成目的」的乾嘉樸學的現代的語言學研究。也就是說，對於他們而言，章太炎開了倒車。和他的「拘牽形體」一樣，都是把語言文字之學退縮回小學，且附庸於經學的舉措。章太炎為甚麼要這麼做呢？在文字（形體）、聲韻這些可見的形式上都找不到答案，主導的其實是始終隱匿的「義」。「不限形體」而讓古聲韻的結構浮現，其目的是「因聲求義」。在形、音、義的三角結構中，其實是互相制約的；聲韻之所以結構化為〈成均圖〉，也正因為「義」的緣故。有當代學者讚許他「雖未能概括出音變的規律，卻能反映出音變的已然現實」。〔註109〕所以〈成均圖〉和《文始》便是對音變義衍的「已然現實」的某種大規模的解釋。解釋需要立場，他的立場是歸本《說文》，也就是立足於古文經學。

　　在面對「反訓」時，他為音義關係做了特殊的界定：

　　　　語言之始，誼相同者，多從一聲而變。誼相近者，多從一聲而變。

　　　　誼相對相反者，亦多從一聲而變。（《國故論衡·小學答問》，頁296）

分居兩端，他卻認為都「多從一聲而變」。這種說法表面上有例可證（同頁），可是例子畢竟有限，實無法支撐如此龐大的前提，從而讓他的前提離於實證而為信仰（《文始》、《新方言》也都在這樣的意義上顯現為「未竟全功」）。「變」、「轉」、「通」含意類似，隱含的是論語言起源時提及的「神話邏輯」──屬性原則、相似性原則、部份代全體原則。那是思維的法則，客體化為「音聲求義、不限形體」的操作上。〈成均圖〉無非是一張關係表，裏面的關係不出於上述三原則（或也可以補充李維斯陀的修辭：「鄰近性」），相近相同相對相反，一言以蔽之，曰：相關。〈成均圖〉中音韻相關的語詞，就構成了一個廣大的「義域」。〔註110〕在該義域中，就形、音、義三條件加以考量判斷，而選

〔註108〕齊佩瑢，頁1580。

〔註109〕陸宗達、王寧，前引文，頁21。

〔註110〕概念上的簡單談論參蔣紹愚，〈關於「義域」〉，收於《紀念王力先生九十誕辰文集》山東教育出版，1991。

擇語詞，建構源流。程瑤田的〈果蠃轉語記〉、王念孫的〈釋大〉、《廣雅疏證》，郝懿行的《爾雅義疏》〔註111〕都企圖「因聲求義、不限形體」的平面系聯出一張張義域的網路，差別在於（1）他們都著眼於物名；（2）慎論源流。《文始》和前述著作的關鍵不同在於（1）它一本《說文》；（2）不限物名；（3）必論源流。

在源流問題上，又可以看出《文始》中蘊含的長老的精神偏執。裘錫圭在〈談談《同源字典》〉中歸納出王力《同源字典》製作的幾個原則：（1）同源字必須是雙聲兼疊韻的；（2）以古代訓詁為依據；（3）不作系統的詞族研究；（4）慎斷源流。〔註112〕除了第（2）點之外，均和章太炎的作法不同；而從王力的堅持和放棄中卻也可以看出章太炎的放棄與堅持。《文始》的實踐上，把王力第（1）個原則中的「兼」改為「或」；取消（3）的「不」；（4）的「慎」改做了「必」。知識上的差異顯示了精神上的不同。裘錫圭針對第 4 點補充道：「判斷同源字哪個是源哪個是流，的確不是一件很容易的事。」而稱讚王力「通常採取不明確說哪個是源哪個是流的態度，是很明智的。」（頁106）王力的審慎，說明了裁斷源流需要某種隱含的信仰做為前提，一如章太炎之樹立初文與準初文。

判定源流意味著時間性的轉化。歷時性的材料在研究者面前以共時狀態呈現，它的歷時性因時移事往甚或某些中間環結的失落而隱晦難明，使得二者之間有著繁複的辯證關係。因而在共時材料中恢復歷時性便需要離析時間，所以判定源流也無非是某種信仰下的建構。建構的原則便是它的義理。一如初文準初文在《說文》部首，而構成了源、源流中的環結也都具在《說文》中。

《文始》始於初文與準初文，而孳乳、變易的各個環節也都繫以《說文》中的字，甚至終點也是《說文》所有之字。章太炎的作意相當明顯，他是企圖為《說文》所載九仟餘字找出內在的結構關係，所以他在〈文始敘例·略例丁〉中說：

> 今所籀敘，未能延遍九千。世有達者，當能彌縫其闕。假令盡茲潢潦，澂以一源；觭字片言，悉知所出，斯則九變復貫，卓爾知言之選者矣。（頁52）

〔註111〕程瑤田的《果蠃轉語記》收在《安徽叢書》中；王念孫的《釋大》收於《高郵王氏遺書》中。簡單的討論參任繼昉著《漢語語源學》（重慶出版社，1992）。
〔註112〕裘錫圭，〈談談《同源字典》〉，收於《紀念王力先生九十誕辰文集》，頁93。

他坦承尚未能克盡全功，爲每個字做準確的歸類——也就是爲每個字定出古文經學系譜中的確切座標，該獨特族群中關係網絡的某個不可移易的環節。因此，《文始》實際上是古文經學基本意義單位所構成的一部族譜，孳乳便如血緣上的繁衍，萬變而不離其「宗」。在這**裏**，章太炎把「識字」推到空前困難的境地，非深入中國典籍數十年，皓首窮經，掌握中華文化的「大體」，則不能識一字。因爲那已不單是一個字的問題，而是該字在以古文經爲基柢的典籍中的結構位置。於是，每一個字都是文化中經千年的說解沈積凝縮而成的象徵符碼，含義難以盡掘，因爲它只是一個小小的開口，內**裏**卻通向整座幽森無底的文化迷宮。每個字都是一部微型的中國文化史，而掌握之道則在於返本溯源，掌握「本義」，我把這種近乎約定俗成的習慣稱做「操作上的復古」。以爲掌握了「本義」，就可以把紛紜複雜的流置於價值較低的角落。

　　這樣的操作讓語言文字變成了稠密的歷史實在，而

> 在變成了稠密厚實的歷史實在之後，語言便形成了一個匯集傳統、
> 思想的無聲習慣及民族的幽晦精神的場所；它積累著一種不可避免
> 的記憶，而這記憶甚至沒有意識到自己是記憶。〔註113〕

那是一個極爲幽深的處所，在那**裏**記憶總是以遺忘的方式存在，需要信仰的鑰匙以開啓它封閉的門。

九、方言（白話）：大地的話語

　　每一個豐富的心靈都活在他自身的矛盾之中，章太炎也毫不例外。「文字本以代言」這一個觀念如果可以貫徹，只要時間持續流動，語言不斷變遷，就會有不斷更新的形式表徵。在把語言（語音）奉爲本體之後，又屢屢堅持原初的代、最初始的表徵，從而讓字形也具有本質的意義。往古徹退的結果，是讓「今語」沒入一片遠古的滄茫之中。讓我們從結構的中心再度回到邊緣。首先是方言—白話問題。

　　在第三節舉的兩個《新方言》的例子中，他爲「昏蛋」找到語源「渾」；爲「光棍」找到始祖「矜」、「鰥」，找到了語源也就是找著了「本義」，因而在運作上可說是「操作上的復古主義」的具體實踐（在表述形式上順序正相反）。《新方言》和《文始》的根本差別在於，《文始》不及鄙語，而《新方言》必及鄙語。因爲《新方言》有更強烈的「致用」目的，爲鄙語找出典籍中的

〔註113〕福科，《詞與物》，頁816。

源頭，目的是以源易流，在「言文合一」的書寫中把所有的鄙語還原為「雅言」，經過整體的、系統的替換，「言文合一」才算竟功，方不致使古籍「廢絕誦讀」。許多典籍中罕用的字，或罕見的用法，也因「方言」而得以復活。章太炎在文學史上找到可以為榜樣的實踐者——韓愈，借韓之口，把問題提出來：

> 昌黎謂：『凡作文字，宜略識字』學問如韓，只求略識字耳；識字如韓已不易，然僅曰『略識字』，蓋文言只須如此也。〔註114〕

反之：

> 余謂欲作白話，更宜詳識字！識字之功，更宜過於昌黎！

他認為之所以「宜詳識字」、「非深通小學不可」，就因為「以白話所用之語，不知當作何字者正多也！」（頁 116）韓愈是在文言的、已定型的書面系統內進行改革，復活古字而不必貫通雅／鄙，而章太炎理解的白話文卻是想把鄙語系統的還原為正字，是以其難甚於昌黎。站在小學的立場發言，所以他說「古人深通俗語者，皆精研小學之士」（頁 120）並以顏之推為例，表明他的（反）白話文立場：

> 余謂須有顏氏祖孫之學，方可信筆作白話文！余自揣小學之功，尚未及顏氏祖孫，故不敢貿然為之。（頁 121）

這段極富意味的話，卻正象徵了章太炎《文始—新方言》體系的封閉。茲略述之：

1. 自謙、自嘲，或借自謙自嘲人的章太炎，在自稱「小學之功尚未及顏氏祖孫」時，一來批評那些「小學之功」遠不如他的人實在沒資格寫白話文；二則從他的「不敢」中，也頗令人懷疑他那「文言合一」的主張究竟是否有實踐的可能。連他樣的小學巨匠，都承認自己還不夠資格寫「白話文」，那他的理論主張，是否只是一種理論上的空想？是否僅僅只是一種理念型（Idealtype）？

2. 從他未竟全功的《新方言》中舉幾個例子，來看看他提出的主張假使真的獲得實踐，會產生怎樣的後果。如〈釋詞一〉中認為今日「湖南閩廣（方言）皆謂無為毛」（頁 196），而廣東方言俗字寫成「冇」，意即「沒有」。「毛」是經典中的假借字，「冇」是民間「會意」新造字。又如「咁」（廣州，意為「何故如是」）章太炎在《方言》中找到始原：「湴」（頁 195）。諸如此類的例

〔註114〕〈白話與文言之關係〉，《國學概論》，頁 115。

子，如果眞的付諸實行，那這種只有小學家才有能力寫的「白話文」，也只有小學家才可能籀讀，古今如異國，困難有過於文言者。在運用上，它必須經過重新的約定俗成；要徹底的掌握，則需深通《文始》。於是「越鄉如異國」的方言問題，在古今的時間軸上重新展現。它們的困難其實是同質的。章太炎的「不敢」因而也比較可以理解，借「小學之功遠逾太炎」的顏之推的話來說就是：

> 從正則懼人不識，隨俗則意嫌其非，略是不得下筆也。〔註115〕

結果卻是無法下筆。

3. 在以正字代俗字、以源易流的操作中，一個顯然可見的弊病是「因源限流」。如在《新方言》中他把「腐儒」還原爲「侏儒」，而批評顏師古「望文生訓，乃云『腐者，爛敗』，失其旨矣。」（頁214）若不究本義，顏師古的說法也頗可以接受，然而「侏儒」卻限制了它只能朝一個指定的方向做解釋，而排除了其他詮釋的可能。在這種情況下，語義幾乎沒有再生產的空間。源決定了流，而無法以比較開闊的心胸去面對紛紜的流，去揭發它們存在的、或許無關於源的意義。反過來說，鄙語俗字的忘卻起源正是它們開展自身存有的不二法門和先決條件，只有對始源的策略性棄絕，它們才有存活的空間。只有讓始源成爲歷史，它們才可能有自己的歷史。

另外，章太炎的源／流構想其實也太過理想化和簡單化。他以爲在理論上可以爲所有的鄙語找到正字、本義，而忽略了（語言的、詞彙的）孳乳和（字形的）變易是充滿著偶然性和（重新的）約定俗成的。孳乳和變易誠然是歷史現象可是它的產生並非毫無條件的，而是受特殊的社會條件制約的。器用的變更、外來文化的衝擊、知覺結構的改變，在在都影響了特定時代的語言和辭彙、字形（如簡體字）和語用（如青少年次文化的影響）。〔註116〕換言之，當假設的原始生產語境成了過去，新的生產語境必然的會造成語義的再生產。那仍然不只是語言問題，而是文化問題。

4. 章太炎激烈的堅持，甚至以自己小學功力不足來徹底的否決時下白話文論述，卻正象徵了「文始—新方言」體系的封閉。在他把他們他者化的同時，他自己卻也淪爲那些他者的他者。於是，小學的歸小學，歷史的歸還給歷史，反而給白話文劃出一片廣大的、充滿未知和冒險的天地。章太炎的堅

〔註115〕顏之推撰，王利器注《顏氏家訓集解》〈書證〉（漢京，1983：463）。
〔註116〕這是當代社會語言學專注的課題。參邁克爾・葛里高利、蘇珊・卡洛爾合著，徐家禎譯，《語言和情景》，語文出版社，1988。

持本源，強調的是原始符碼中被文化認可的、古老而沈重的積澱，在新的語言環境中，企圖用「格義」的方式，舊瓶裝新酒。惟做爲舊瓶的符碼，始終不是一個空瓶子，甚至總是已經超載了的。它能裝的新酒不只有限，且易於把對方給同化、稀釋，甚至裝在外頭。因而這卻從反面論證了淺薄狂妄的漢字拉丁化論述的部份主張是正確的，他們正是爲了徹底去除那些原始符碼中的凝滯積澱，以便在全新的語境中得以重新符碼化——賦予新義，或選擇性的（而非被決定的）以古爲資。

　　章太炎的「新方言—文始」體系著眼的是規律和一個個去除掉上下文的語詞，企圖因流探源，以源馭流，不免是對於文化總體的極度簡化。去《國學略說‧小學略說》中，談及方言時，他有另一種「簡化」的方式——凸顯了「地」：「各地讀音不同，故生異文。語言不齊，因地轉變」；「造字之初，本各地同時並舉。太史採集異文，各地兼收。」（頁 12）而「地」在他建構體系時，始終是抽象的背景，沒有什麼重要性。被簡化的地之所以抽象，是因爲「地上物」被清除了。這些「地上物」就是形成方言的具體歷史、社會、文化、地域因素，諸如歷代的移民潮、行政區的設置、地方上原有的語言、文化風俗、地理特徵（內陸區隔、濱海或其他）等等。〔註 117〕然而這被清除掉地上物的大地，卻以它神秘的緘默置疑了章太炎過於素樸的發音器官（喉牙）。方言的異質和喧嘩使得學科分化之後的方言研究不得不採用一套羅馬化的標音符號，在嚴謹、科學的名義之下置漢字（字形）於一旁，而諷刺了章太炎，他被這後世的喧囂定位爲「傳統方言學的最後一位大師」。〔註 118〕因爲古語實際上無能駕馳它，因爲「在方言中各各不同地說話的是地方（Landschaft），也就是大地（Erde）。」〔註 119〕其中的「大」被章太炎簡化掉了。

　　去除掉「大」的「文始—新方言」，是類似觀念史的操作，不考慮具體的多元因素，只從內在規律著眼，只從內在做解釋，從而掩蓋了「轉注—假借」背後的權力運作和血淋淋的鬥爭，書同文的暴力。語言文字在各個不同的新語境中再符碼化的精神與感受都被置之不顧，被操作掉，以達致一條純淨清明的規律。把古籍和方言／白話之間無數的斷裂、不連續（新生的俗語、俗字）被強行補上，所有的差異都被剔除出去，從而暴露了理性的偏執。大地

〔註 117〕詳參周振鶴、游汝杰，《方言與中國文化》，上海人民出版社，1986。
〔註 118〕《方言與中國文化》，頁 12。
〔註 119〕馬丁‧海德格著，孫周興譯，《走向語言之途》，時報，1993：175～176。

的反撲是，替《新方言》的「新」加上括弧，讓它的實踐性處於顏之推的尷
尬——無以下筆的矛盾中。而章太炎一心求古的個人語言文字實踐（他的書
寫），卻也形成了他的個人方言（idiolect），解讀困難，而飽受冷落。

在方言—白話問題的另一端，是他的（反）出土文字論述。

十、出土文字：被否定的掩埋

（一）世間已無孫詒讓

從資料上看，章太炎對碑版金甲的否定或排拒，並非如許壽裳所說至晚
年有所鬆動改易，相反的卻是愈來愈徹底，而且所提出的理由也越見完備。
在 1910 年以前，也就是全面反對吉金甲文的〈理惑論〉發表之前，他對器物
古文雖反對卻還有所保留，至少對甲骨文研究開山人物之一，被他譽為清代
樸學殿軍的孫詒讓，他不僅不敢批評，而且在大罵其他人「分析字形」「未為
正知小學者」的同時，卻大大稱許孫詒讓的古文考釋「精鑿傀琦，足補漢師
之闕」，認為孫氏的「虒」字辨識讓他醒悟原來「皋本作虒，二千年未睹本字」，
原來許慎也有錯的時候——「叔重誤認耳！」而乞觀《名原》。同年（西元 1908
年），在得知孫詒讓謝世而為孫氏寫的傳中，對於孫氏的古文研究也大大的記
上一筆：

> 自段玉裁明《說文》，其後小學益密，然說解猶有難理者。又經典相
> 承諸文字，少半缺略，材者欲以金石款識補苴，程瑤田、阮元、錢
> 坫往往考奇字，微闕文，不審形聲，無以下筆。龔自珍治金文，蓋
> 繆體滋多於是矣。詒讓初辨彝器情偽，擯北宋人所假名者，即部居
> 形聲不可知，輒置之；即可知，審其刻畫，不跌毫氂，然後傅之六
> 書。所定文字，皆隱括就繩墨，古文由是大明。〔註120〕

推崇備至。推崇的理由也十分充份：他承認《說文》有部份說解還是不很周
密；承認經典上的文字在長遠的流傳過程中有所損耗，因而器物文字確有其
功能。而他對孫詒讓的推崇，後來也證明了是過當。孫氏在器物古文上的開
創性研究，其實正像是他理解中的戴東原之於樸學，〔註121〕也正是他所標舉

〔註120〕章太炎，〈與孫仲容書〉（《全集（四）》，頁 162）。
〔註121〕章太炎在〈菿漢閒話〉中引東原的話「大國手門下，不能出大手。二國手三
　　　　國手門下，反能出大國手。」以評東原，認為東原「但開門徑，未遽以美富
　　　　示人。」（《全集（五）》，頁 107）孫詒讓近似，雖後無傳人，精神上的繼承
　　　　正自不少。

的，爲後人「制法」的「作者」。

在章太炎畢生反器物文字的論述中，孫詒讓是最大、最難以解釋的例外。其時章太炎流亡日本，孫詒讓的「古文」研究（如《名原》、《古籀餘論》、《古籀拾遺》、《契文舉例》）刊佈甚晚，〔註122〕他也無由得見。也許他看到的，也僅僅是〈與孫仲容書〉（此信寄達時孫已亡故）中提到的「承以古文三條見示」〔註123〕的那「三條」而已。因此他的判斷也許受私人感情影響過鉅。

在章太炎披頭散髮、革命流浪、被清廷追捕的歲月裏，在他被「治小學不摭商周彝器」〔註124〕的本師俞樾所「謝」之後，他曾考慮投奔孫詒讓（「欲道海抵溫州，履先生門下，」〔註125〕），孫也表示願意收留（『自有館舍，可止宿也！』，因時局緊張而罷（「時文網密，不可。」）。孫詒讓對他而言終究是有知遇之恩的師摯輩，他也多次把著作寄交孫氏商正。即使在他自詡「上天以國粹付余」（西元1906年）之後，因爲有孫詒讓在，他也只能自居第二人。在那封孫詒讓來不及看到的信中，章太炎遲來的讖語似的對孫氏寄以厚望：

> 海內奇碩，自德清、定海二師下世，靈光歸然，獨有先生。雖年逾
> 中身，未爲大耋，浙人所仰望者，亦無第二人。（頁163）

然而在孫亡故之後，他自己就儼然躍居爲當代「古學」第一人了。他自己的語言文字之學其時已逐漸完成系統的建構（《文始》、《新方言》、《國故論衡》（上卷）），結構性的排斥字形於焉也徹底浮露。之前的「叔重誤認」一轉而爲「許慎是不可被器物文字質疑的」。因而原先唯一的保留如今也完全不予保留了。

在〈理惑論〉（西元1910年）中，他說：

> 迨孫詒讓頗檢以六書，勿令離局。近校諸家，諒爲愼密。然彝器刻
> 畫，素非精理。形有屈伸，則說爲殊體；字有暗昧，而歸之缺泐。
> 乃云李斯妄作，叔重貤繆，此蓋吾之所未論也。〔註126〕

既悔前言，又批評孫氏之治龜甲文字，「斯亦通人之蔽」。一直到晚年（西元1936年），謝世之年仍持此意以爲定論：

> 宿學如瑞安孫氏，猶云李斯作小篆，廢古籀，爲文字大厄。……觀

〔註122〕《契文舉例》寫于1904年，1917年初王國維方得稿本，後由羅振玉刊於《吉石庵叢書中》。《名原》成於次年，付梓更晚。
〔註123〕同118。
〔註124〕章太炎，〈俞先生傳〉（《全集（四）》，頁211）。
〔註125〕章太炎，〈瑞安孫先生傷辭〉（《全集（四）》，頁224）。
〔註126〕章太炎，《國故論衡上》（《章氏叢書》上）頁444～445。

其意，直謂自知黃帝時書者。一言不智，索隱行怪乃如是。〔註127〕
「解決」了孫詒讓，他的反器物文字論述中就再也沒有異例留存，而顯得純粹
且完整。因而晚年對清代漢學的總結中，公羊之學和彝器款識之學被並列爲「其
極足以覆國」的兩大漢學流弊。〔註128〕於是做爲甲骨文研究開山人物之一的
孫詒讓就一變而爲該流弊之一的代表人物之一，章太炎對孫詒讓的批評，一個
主要的焦點正是他早年所推許的「叔重誤認」。《文始》完成之後，小篆之外的
文字形體對他而言早已是理論上的「存而不論」或「蓋闕如也」。因爲自秦一
統之後小篆在中國文化史上成爲假設性的起源已有兩千多年的合法性，典籍的
構成、字義詞義的說解也終究在《說文》所蘊涵的義理結構之內，即使是戴段
樸學，它所揭發的音義關係也不出於《說文》底層的迷宮藍圖。

（二）虛構的出土

章太炎後來把他反吉金甲文的論述歸結爲八個字：

器由僞造，文由妄識。〔註129〕

而他的反對是年歲越大理由越充份，也越具有象徵意義。

此二者都涉及「辨識」的問題，「釋器」與「釋文」二者有極密切的相關
性，都必須以典籍的記載（簡稱「典文」）爲依據，以證明它們在歷史上曾經
存在過，甚至確認它們在歷史上的文化位置。而其實器（器文）與典文二者
實爲同源，在流傳中各自經受著時間的考驗，在時間中存佚損耗，因此器物
和典籍也都有亡佚和僞造——「出土」的問題。典籍「出土—僞造」的問題
章太炎討論得不多，在晚清那是康梁和疑古論者的專業，章太炎反而是站在
「辨眞」的立場進行反論述。他的反論述是接受典籍已成統系的論述（也就
是以接受清儒的典籍整理爲前提），而章太炎的反器物（文字）其實是他對典
籍「辨眞」的延伸。

在 1935 年的演說〈論經史實錄不應無故懷疑〉中，他提三個理由來質疑
「釋器」：

1. 器物鑄造的階層（級）性：古器物率多貴族高官所鑄，「而齊民者絕少」。
因此它們所能「證」的，也無非是史籍已有記載的；因爲——

2.「器物不能離史而自明」，一旦「離史」，它們的歷史存有就失卻了依據，

〔註127〕章太炎，〈題中央大學所刻黃先生紀念冊〉（《全集（五）》，頁 131。
〔註128〕章太炎，〈漢學論上〉（《全集（五）》，頁 20）。
〔註129〕語見〈答金祖同論甲骨文書〉（1935），《制言月刊》第五十期，頁 2。

無法自證更無由證或否證歷史記載。他舉例說「如器有秦、漢二字，知秦漢二字之意義者，獨非史乘所詔示耶？如無史乘，則無從知秦漢二字爲何語也。」因而「徒信器物，僅如斷爛朝報，何從貫穿？」（頁 130）器物於焉只佔據了歷史的局部。〔註 130〕從而推出結論——

3. 典籍的記載是歷史的「大體」，讀史應講求「大體」，〔註 131〕「豈暇逐瑣屑之末務」（頁 129～130）。章太炎所指的「大體」包含了地理天官制度譜諜世系和人物事跡等等。

1、2 點在積極功能上可以證器之僞；消極功能可以貶低器物的重要性（即使它是眞的）。在這樣的前提之下，「器文」的辨識就全然無關緊要了。

章太炎在這裏確實提出了認識先後的問題，以典籍的記載爲先期理解的說法是可以接受的，也是必然的；章太炎的問題在於他拒絕詮釋的循環，堅決主張「先期理解」是凝固的，拒絕讓它接受器文的補充和修正。雖然他也承認故有的典籍記載在細部上是有缺陷的（「大體」的負面意義），卻把它合理化了——掌握「大體」都已來不及了，「豈暇逐瑣屑之末務」。〔註 132〕這種理解上的封閉讓他作爲「新學僞經—疑古」的鏡像，是對方的異形同構體。昔日的故人，今日的同志。他沒有意識到，他眞正貶抑的不是器物，而是「出土」這一回事。把一部逐漸成統系的《甲骨金文大系》視爲不識字的妄人的虛構，從而也蔑視了大地在文化上含藏的豐富生產性。

十一、古文的憂鬱

他的反器文論述，同樣也是提出了先期理解的問題——「識字」如何可能？

在〈答金祖同論甲骨文書〉中，他說「甲骨文眞僞且勿論」——意謂甲骨就算是眞的，而他實際上根本不相信甲骨可以千年不朽——

〔註 130〕《國學概論》，頁 131～133。又，加達默爾的意見可以參考：「如果我們對於某種文化根本不佔有其語言流傳物，只佔有無言的文物，那麼我們對這種文化的理解就是非常不可靠的和殘缺不全的，而我們也不把這種關於過去的信息稱爲歷史。」（《眞理與方法》，頁 501）。

〔註 131〕章太炎晚年多主張如此讀史。詳見章太炎先生講，王乘六諸祖耿記，〈略論讀史之法〉，《制言月刊》第五十三期。

〔註 132〕章太炎年歲越大態度越堅決誠然和第四章談及的亡國危機有關，卻也可能和他個人的身體狀況有關。他已經太老了，沒有那麼多時間去處理諸多可疑的局部了。

問其文字之不可識者，誰實識之？非羅振玉乎？其字既于說文碑版
經史字書無徵，振玉何以能獨識之乎？〔註133〕

對鐘鼎文字的辨識，他也提出了相同問題：「又誰實識之？」答案是「非託始
於歐陽公呂與叔等乎？」再追問下去：「字既無徵，歐呂諸公何以獨識之？」
而提出了嚴肅的方法論和認識論問題：一個連章太炎這樣的小學巨匠都「不
認識」的字，其他學者憑甚麼說他們認識？辨識的依據是甚麼？章太炎認爲
絕無可能，認爲彼輩無非是王安石《字說》精神上的繼承上，簡直是拿文字
來開玩笑。他提出的理由有兩點：

（1）文字的辨識賴於師說：「夫文字者，十口相傳，始無疑義」。「口耳
相受，不可間斷」。「其字之不常用者，則徵之字書，音義具在，故可知也。
未有千百年未見之字，而能猝然識之者。」「先生受之於師，師又受之於師，
如此數千年，口耳相受，故能認識。」〔註134〕不間斷的師說保障了文字辨識
的可能。換言之，所有可以被辨識的字都是已經被辨識了的。既然是「託始」，
必然涉及師說與始源。

（2）「《說文》其總龜也」──《說文》是前述「師說」的集大成者。章
太炎認爲《說文》提出的「六書說」並不只是造字之則、釋字之則，更是「汰
字之則」：

壁中古文見于三體石經者，《說文》亦不能盡錄，非獨彝器款識也。
蓋《說文》據六書以解說，而古文筆畫增減最多，至有無以下筆
者。……然則壁中之字，焉能一一合于六書。不合，故汰之甚多。

〔註135〕

因而《說文》其實起著規範文字的作用，甚至藉六書說而在理論上合理化小
篆的獨尊地位，合理的把「不合六書」的「古文」（其實是六國文字）從「典
文」的體系中驅逐出去。在這**裏**他賦予了「六書」法的權威。它來源於重法
的秦帝國──「書同文」中蘊含的巨大權力。在李斯之後，《說文》無形中執
行了這樣的法。然而他這樣的說法其實也無非只是「託始于《說文》」，仍然
可以被他自己批評別人的理由所質疑。於是他必須讓「師說」穿過秦火，而
提出「漢儒之識古文，亦由師授」：

〔註133〕〈答金祖同論甲骨文書〉，頁1。
〔註134〕前引文，頁1及《國學略說·小學略說》頁5交叉引述。
〔註135〕〈答馬宗霍論古文大篆書〉《制言半月刊》，第三十四期。

　　　　蓋自秦皇焚書，以至漢除挾書律之歲，中間不過二十二年，其在朝

　　　　如張蒼叔孫通蕭何陸賈之倫，皆生于秦未焚書之前。〔註136〕

秦火之前是否只有一種文字說解，或是否有其他的解字體系，則因書闕有間，

而「蓋闕如也」。

　　　既託始於《說文》則必須「以《說文》爲總龜」（頁2），因爲《說文》是

現存各個字、各種書體可以追溯的假設性起源，「識字」本乎眞書，眞書「省

減篆文而爲之，篆文又損益古籀而爲之。故欲明眞書之根，必求之于篆文，

再溯之于古籀」「苟與今之眞書無源流相涉者，雖誠爲三皇五帝之書，亦可置

之不論。」（頁2）這段文字相當強悍的否決了吉金甲文考釋的必要性，再度

見證了古文經學的封閉和排他性，「流」，再度鞏固了「源」。小篆在秦一統之

後，藉政治之力取得了文化上的主流地位，相互依存的說解也在學派和政治

鬥爭中逐步取得了正統地位（雖然已遠訖東漢末）。在兩漢時它的鬥爭對象是

「今文」，以隸書而「望文生訓」的一個忘郤了起源（小篆）的說解系統。此

後由隸而行草而楷，與及大量的民間俗體字。在古文（經學）取得始源的地

位後，這些形體上的「今文」都被貶爲末流，是「結構性在外」的「形」。

　　　根據王國維一系列的研究，他告訴我們，在今古文之爭中眞正的犧牲者

不是今文，而是被「古文」這修辭掩沒了的六國文字。王國維對漢代的幾部

重要的典籍進行了密集的個案分析，發現「古文」從書體之名變爲學派之名

其實有一段長遠的時間。正因漢代「去古未遠」，許多學者做爲跨朝人物身歷

秦火，他們既是漢代傳述先秦師說的重要媒介，也是懷藏六國古文舊籍的傳

經人。他們經過了秦火的洗禮，經驗了、或者也帶著統一之前大亂的記憶，

以時代轉折期的知性和感性，在新興的帝國中以他們模糊的身影再度創造了

起源的神話。他們在文獻中像幽靈一樣沒有身世，只有師承和名字，因後世

學者的召喚而從典籍的小角落中現身而出。斯時六國文字雖已廢不用，然尚

非難識。〔註137〕古文長期被壓抑，不得進入官方體制，加上時間流逝造成的

遺忘，「古文」漸漸變爲一個統一體。在大一統的格局中，以秦篆爲主體，以

致「六國」被遺忘了：

　　　　凡先秦六國遺書，非當時寫本者，皆謂之古文。（頁308）

〔註136〕〈與金祖同論甲骨文書〉，頁4。這一點王國維在《觀堂集林》卷七中做了詳
　　　　盡的討論。

〔註137〕王國維，〈史記所謂古文說〉，《觀堂集林》，河洛，1961：309。

「古文」被認知爲異於篆文的較古的文字。

孔壁書的「出土」是一大關鍵，因爲「惟六藝之書爲秦所焚，故古寫本較少」，中秘雖有部份古文寫本六藝，卻並不完備：

> 孔壁書出，於是《尚書》、《禮》、《春秋》、《論語》、《孝經》皆有古
> 文。（頁 309）

一如章太炎反對的器物文字，古文經學也同樣面臨了「出土」的問題。災難性的秦火讓它幾乎化爲烏有。在那樣的一個政權的統一帝國中，在它還來不及「出土」時，當「眞本」被高壓政權被迫入土時，它曾經一度被順應時勢、以新政權通行文字的某種「師說」（今文經）所壓抑。已成弱勢的（古文）師說在虛弱的聲音中卻得到了大地的支援而獻寶——在象徵中國文化精神的孔老夫子後人神聖的牆壁上，藉帝國紈袴子弟的怪手，讓銘刻著古文的經典出土，以無可質疑的實物來爭取某種師說的生存權。﹝註138﹞曾經出土，而且在一次政治動亂中起著曖昧的作用（做爲「發現」古文經、復活古文經學、建構古文經學知識系統的劉歆，曾經是王莽的國師），而讓它失去了原始的純眞，給予了反對者合理的懷疑的口實，而不斷的遭受「是不是假貨」的粗暴的檢驗。而六藝古文經的完備，導致了「古文」和「古文經」之間產生了角力：

﹝註138﹞「古文經」「出土」的記載，在兩漢文獻中，可以《漢書·藝文志》爲例：「《古文尚書》者，出孔子壁中。武帝末，魯恭王壞孔子宅，欲以廣其宮，而得《古文尚書》及《禮記》、《論語》、《孝經》凡數十篇，皆古字也。恭王往入其宅，聞鼓琴瑟鍾磬之音，於是懼，乃止不壞。孔安國者，孔子後也，悉得其書，以考二十九篇，得多十六篇。安國獻之。遭巫蠱事，未列於學官。」（卷30，頁 1706 中華書局）這段正史中的記載頗具神秘色彩，也帶有寓言性。後世的研究者慣於把這些記載當成「事實」，卻由於不同的典籍在記載／傳述上文字頗有出入，詳略不同，因而在「實錄」的裁定上其實頗有選擇性。在這些差異文本的出入之間，可以各取所需，辨眞辨僞都可以，從閻若璩到康有爲，都就文本的差異提出合理的懷疑（詳參劉人鵬，《閻若璩與古文尚書辨僞》一、二、三章），而忽略了歷史書寫本質上的寓言性，從材料的取得、第一次載錄、轉錄……都必須面對《公羊傳》提出的「所見異辭，所聞異辭，所傳聞異辭」（這**裏**刻意望文生義），也就是當前新歷史主義關切的問題。在這種情況下，無妨把古文經的「出土」讀做一則象徵敘事。在前述引文中，有幾個敘事要素特別值得注意：（1）「出孔子壁中」：這是「出土」的位所，象徵了「眞本」的意義來源，和它接近本源（穿透秦火）的權威性、神聖性。（2）「魯恭王壞孔子宅，欲以廣其宮」：孔子宅若是文化象徵，那魯恭王的行動就是一種帝制政權下權力的暴力。（3）聞樂音中止了破壞行動，也把破壞轉化成「考古挖掘」。這**裏**只是簡單的舉個例，整個象徵事件的敘事分析，需要更大的篇幅。

孔壁書之可貴，以其爲古文經故，非以其文字爲古文故也。（頁 309）
「古文」並沒有因經而貴，反而逐漸變爲模糊的象徵。在和今文經學的長期
鬥爭中（爭立於學官），「經學」的不斷前景化使得「古文」的實體被忽略以
致被遺忘，降爲「古文經學」的代稱，「於是古文二字遂由書體之名而變爲學
派之名」〔註139〕以致「後漢以降，凡言古文者，大抵指壁中書。」（頁 314）
降及後世，「古文」經學本無一留存，三體石經也殘缺過甚，「古文」遂名實
皆亡，只有個別的字被收錄在許愼的《說文解字》裏。在政治／學術場域上
長期的鬥爭中，「古文」終於被置入括孤。這表明了，古文經學派也認同了這
一「時王」和新的政治形勢。爲了存活，爲了被立於學官，它其實已經和政
權進行了妥協，也接受了今文經學的邏輯，以當時統一的文字爲正統。在說
解上雖然優於今文學派，在依附政權上卻殊無二致。它的代價是以近古爲遠
古，許愼和《說文》所引「通人」集體的忘卻了起源，也竊取了「義」。《說
文》中蘊含的字形系統的差異說明了這一點。

　　王國維發現許愼在〈說文解字敘〉中「既以壁中書爲孔子所書，又以爲
即用殷周古文，蓋兩失之」，〔註140〕「實皆據壁中古文以爲說」（同頁）許愼
這「兩失之」也可以解釋爲生在東漢「去古未遠」的許愼已忘卻了文字的始
源（王國維之所以敢（能）說「叔重兩失之」根據的正是他對先秦器物文字
的研究），而他之把壁中古文當做孔子所書、殷周古文，其實頗具理論意義。
一則縮短《說文》說解和所解之字和始源（殷周古文）的距離；二則就近把
傳承直接接上孔子（古文經學理論的假設性起源），如此《說文》也就比較容
易合理化它的「始源」地位。「兩失之」的結果是「兩得之」，達致巧妙的替
代和轉換。

　　《說文》實合古文籀文篆文爲一書，可是此三者間早已難以離析。王國
維從段玉裁對〈說文解字敘〉中的兩句話做的註解中發現段氏已在嘗試離析
《說文》，且發現一般以爲「《說文》正字皆篆文，而古文籀文惟見於重文中」
的說法大有問題。段氏已發現《說文》正字有可能不是篆文，而是籀文或古
文，只是許愼沒有標明。許愼在《說文》中只有在古文籀文和篆文不同的情
況下才標出古文或籀文，因而在古文或籀文隱沒之處，就可能有三種情況：
1. 古籀與篆文同；2. 篆文有而古籀無；3. 古籀有而篆文無。〔註141〕王國維

〔註139〕王國維，〈漢儒所謂古文說〉，《觀堂集林》，頁 314。
〔註140〕王國維，〈《說文》所謂古文說〉，《觀堂集林》，頁 316。
〔註141〕王國維，〈《說文》「今敘篆文合以古籀」說〉，《觀堂集林》，頁 317～319。

認爲從《說文解字》引書中可以區辨出箇中差異。惟「有此標識者，十不逮一」（頁 320）可見在理論上雖可以離析，而要實際操作卻十分困難。這種困難也就是造成「昔人或以《說文》正字皆篆文，而古文籀文惟見於重文中」的原因。

　　離析的困難讓古文籀文在《說文》流傳的兩千多年歷史中被理解爲是一種差異的存在，次要的參照（「重文」），同時卻也無意中擴增了篆文的數量、膨脹了它的重要性。離析無由讓上述的傳統說法取得了合法性，甚至使王國維的構想也不得不退居爲一種理論上的假設。如章太炎所言：

　　今觀《說文》所錄重文、古文有三百餘字。而籀文不及二百。此因
　　小篆本合籀文。籀文繁重，李斯特爲省改。〔註142〕

換言之，如果《說文》中並沒有標識出何字屬古文、籀文，則就《說文》本身判斷，根本不可能辨認出何者屬古文何者屬籀文，在古、籀隱匿之處，只能籠統的把它當做篆文。「小篆本合籀文」。所以眞正異己的存在是古文。因而在前述王國維推論出的三種狀況之中，第三種狀況「古籀有而篆文無」其實和第一種狀況「古籀與篆文同」殊無二致，古籀依篆文筆意「省改」之後，「今敘篆文合以古籀」，則「古文由此絕矣」。李斯統一文字的志業，到許愼的手上才眞正完成。《說文解字敘》中的這一聲沉重嘆息，無奈卻指向許愼自身。

　　在秦焚書、滅六國文字之後，達致第一度大規模、影響深遠的文字（文化）統合；及至兩漢，由於「去古未遠」，古文抄本及傳古文者未嘗絕。一直到《說文》才達致眞正的文字統合，小篆被認可爲古文經學譜系中的始原地位，眞正的六國古文被納入系統的邊緣，以聊備一格。於是非常嘲諷的，「古文」經學的密碼書卻是讓古文被文化遺忘的樞紐，盜其名而竊取其義，象徵了秦帝國「書同文」之後，對於文字系統（及相應的世界觀）也造成了結構性的長遠影響，六國文字無言的痛史，也只有深深埋入大地，無緣昭雪。而之所以如此，是因爲《說文》成書於隸書通行之世。隸書佔據了「今文」之名，遂使小篆得以（在比較下）合理的竊據「古文」之名。

　　「隸變」是中國文字形體演變的一大歷史轉折；在隸變之前，文字的形體因「象」而見意；之後「象」被轉換爲「形」。〔註143〕因此可以以隸變爲分

〔註142〕《國學略說・小學略說》，頁 17。
〔註143〕《漢字說略》：「隸變徹底破壞了篆書中遺存的圖畫意味，使漢字完全革除象

界，把中國文字分爲兩個系統。一是「象」的系統，殷周古文、六國古文、籀文、篆文儘管在書寫上有頗大的差異，卻仍屬於同一個系統，存象以表義。一是「形」的系統。隸變以後的所有「今文」屬之。在「象」的階段，文字的形體具有豐沛的生產性，六國文字的區域分化，幾乎各成統系的發展說明了這一點。〔註144〕秦之滅六國文字可以說是有意的斬絕漢字朝多元體系發展，小篆的產生象徵了象的生產已近於尾聲，隸變之後象的生產性從而被終結，象的時間性也被凝結在古文經學的假設起源上。在「形」的歷史中，「形」又被古文經學判定爲結構性在外，它的生產性被貶爲俗字、訛誤，是沒有價值的生產，總是等待被小學家援引假設性始源來修正它。因爲遺失了象，所以它也和價值絕緣。此後敘事的主角轉到了「聲」，只有「聲」具有被認可的生產性——因爲它「不限形體」，且賴於傾聽。

在《說文》六書說中，象已在形成的文字說解系統中被取消了優先性。做爲古文經學家的章太炎，他的發言正是爲了維護這麼一個「忘象」的論述系統。而出土的器物文字，正是在古文經學的開場中滅（秦火）絕（《說文》）的「象」的重現，既是對「古文」（經學）的嘲諷、質疑和挑戰，也重新對中國文化提出「識字」的問題。章太炎之主張「詮釋的拒絕循環」，正是在那被還原的歷史場景中，企圖重演古文經學對「象」的排拒。

在章太炎的反象論述中，對龜甲文字尤其忌諱：

> 大抵鐘鼎文之可識者，十可七八。刀布則十得五六。至於龜甲，則
> 矯誣之器，荒忽之文而已。（《國學略說·小學略說》，頁22）

這已經是章太炎可以接受的極限。在可以接受的極限中，甲骨（文）還是絕對不可以接受的。

十二、出土的存有

一如章太炎難以掌握的方言是「大地」的話語一樣，器物（文字）的出土也象徵了大地對既成體系的文化的無聲發言。器物在時間的偶然裂隙中，帶著生產時間的銘刻和烙印被埋沒，而回歸大地。大地把它們的時間凝結在

形性。」（頁131）；《漢字學通論》：「隸變是古文字和今文字的分水嶺，它使漢字離象形的特點更遠了。」（頁110）而漢字的隸變卻是以小篆對古文字的離象趨形爲基礎的（頁109）。

〔註144〕詳參《戰國文字通論》。《漢字說略》：「秦系文字比較保守，與西周和春秋前期的正統文字相比，除了書寫風格上逐漸趨於規範勻稱以外，結構上的變化總體而言並不明確，而六國文字則幾乎面目全非了。」（頁101）。

遠古的過去，未經人手，層層沈積於早被逝者的子孫們遺忘的故土。時移事往，滄海桑田，地名屢經變遷，即或不變，指涉也往往不同。隔代的遺址在失卻了文化的地面標識之後回歸自然，卻像化石一般默默的等待出土的偶然時刻。而出土是一種宿命的慾望，它可以證實某片歷史實在確定曾經被掩埋。它們的隱匿存有，是大地中最豐富隱秘的地質學。在它們藏於斯土的漫長歲月裏，典籍雖屢遭劫難，記述的「大體」仍在，器物的位置或者正處於此大體中的某個重要環結，或者微不足道的空白或局部，或竟在此大體之外。因為它們的長期埋沒，那些空白早已被人類的想像和狂悍的智能填補，而積非成是，而自成師說，而統系儼然。

　　器物的出土是大地的冒險，一則充斥的贗品會和它們爭奪時間性；二則不識器的發掘者不一定認識它們的價值，因而可能對它們造成嚴重的損害；三則文化代言人、智識貴族們不一定會接受它們。投入陽光人世，重新經人之手，和出土古籍一樣吉凶難卜。甲骨（文）的「出土」（指被士大夫發現）在統一帝國的晚期，以未經辨識的殘字敗句訴說秦火之前的往古史事，足見大地也頗慎於選擇時機。

　　然而甲骨（文）出土的故事實際上又是一則憂鬱哀傷的敘事，適可以解讀成一則文化隱喻。

　　在骨董商和學者在十九世紀末年發現並認識甲骨（文）之前，在產地已經有一段很長的難以追溯的甲骨（文）出土的「史前史」。村民們在未曾被辨識的遺址上犁田耕作，偶而會翻出骨片，由於文化中給予這些未名的骨片預留了一個暧昧的位置——「龍骨」——磨成粉末，以做為療治創傷的金創藥，而有了起碼的適用功能。在這段「史前史」中，發現者和加工者甚至使用者幾乎都是文盲，既使並非文盲，也是「不識字」的。「不識字」者的皮肉創傷掩蓋了古遠中國文化的巨大創傷；用掉了，毀掉了，就再也回不來了。其時論斤賣錢，有刻字的反成妨礙：

　　　　購者或不取刻文，則以鏟削之而售。其小塊及字多不易去者，悉以

　　　　填枯井。〔註145〕

其後因學者的搶購，它的價值逐漸被認知，也從龍骨變成骨董；當少數學者致力於初始的考釋時，有刻字的龜甲價值暴增，而產生了大量的偽造有字甲

〔註145〕羅振常，《洹洛訪古游記》，轉引自吳浩坤、潘悠著《中國甲骨學史》（上海人民出版社，1985：5）。

骨。從而也給章太炎提供了懷疑的堅實理由。

「地不愛寶，先後獻瑞」，〔註146〕大地所獻的是早已被文化遺忘的「象」。它呈現的是由線條構成的物質形跡，能否獲得辨識是進入故有文化統系的關鍵。章太炎從根源上徹底否決了這種可能，甚至不惜調整六書的功能，把它也看成是封閉的理解結構：

> 夫古人先識字形，繼求字義，後乃據六書以分析之。非先以六書分
> 析，再識字形也。〔註147〕

認爲「未識字形，先以六書分析之，則一字爲甲爲乙，何所施而不可。」（頁5）甚至不惜援用康梁古文經辨僞的操作邏輯（凡是所有有利於古文經的漢代記載都說是劉歆竄入或僞造的）來斬截甲骨文。他在給金祖同的信中說：

> 來書又特舉龜甲文字合于《說文》者爲證。夫作僞必先似眞。〔註148〕

這是辨僞論證的典型思路，既疑其僞，即無所不僞。

和章太炎的（反）白話文論述一樣，當他徹底的否決了對象，那對象就再也不是他的對象，而是他人的對象。在他把大門關上之後，門外的廣場卻是一個嶄新的、充滿可能性的論述場域。

雖然如此，章太炎提及的「以《說文》爲總龜」、理解的先後問題其實也是甲骨文考釋的共識。已識之字是未識之字的辨識基礎，在大方向上都能獲得研究者認可，可是在方法上卻難以建立客觀的標準。不論是唐蘭的「偏旁分析法」〔註149〕還是龍宇純的「基因」說，〔註150〕都企圖從字形中總結出核心的理解單位，卻總是只能憑經驗主觀的認定。他們也都接受了王國維的前提：劃出，或圈出未識字的語境，一圈圈的縮小範圍：

> 苟考之史事與制度文物以知其時代之情狀；本之《詩》《書》以求其
> 文之義例；考之古音以通其義之假借，參之彝器以驗其文字之變化。
>
> 〔註151〕

首先是章太炎喋喋不休的「大體」，是時代的大脈絡；再次是典籍脈絡；其次是典籍字詞的「家族指認」；復次是彝器文字的家族指認，企圖籍此以定出該

〔註146〕章太炎，〈曲石唐志目四跋〉（《全集（五）》，頁129）。
〔註147〕《國學略説・小學略説》，頁5。
〔註148〕〈答金祖同論甲骨文書〉，頁5。
〔註149〕唐蘭的方法見於《古文字學導論》。
〔註150〕龍宇純，《中國文字學》，頁161～162。
〔註151〕王國維，〈毛公鼎考釋序〉・《觀堂集林》頁294。

未識之字的文化座標，「由此以之彼，即甲以推乙」以構成詮釋的循環。在理論上爲某些字劃出理解的範圍之後，卻並不能保證該字必然就可以被辨識。因爲做爲「總龜」的《說文》正起著過濾的作用——「某些古文字在《說文》中找不到它對應的位置」——也就是找不到「中間環節」：

> 當中間環節的缺失使我們找不到古文字與小篆等後代已識字的聯繫
> 時，我們對這個字也就不能準確釋讀了。〔註152〕

於是劃出來的可能就只是個（　）。

　　因而古文的考釋就從經學問題、古史、古文字學問題延伸爲詩學問題，在物證窮盡之處，直覺、靈感和想像就發揮了作用。〔註153〕當一元的標準變爲可以質疑的參照，物質上的銘刻以它遠古的形象向我們展露它古遠的在場，像一個個經過凝縮作用的夢。當我們無法把它還原成語詞、無法聆聽它內在的聲音，也就無法對它進行解讀。在理智和思辯窮盡之處，想像就發揮它長期被理智埋沒的作用，初始的銘刻以它似曾相識、難以確認的形象向凝視者召喚他們初始的感性，要他們開放那早已遭文化層層制約的感官，以統覺的暈眩和迷醉穿透時空，以親臨那早已被遺忘的在場。

〔註152〕劉翔、陳抗、陳初生、董琨編著，《商周古文字讀本》，頁241。這種「中間環結」大權全掌握在《說文解字》，秦的大一統、書同文、小篆的制定等等，造成這樣的歷史事實。《漢字說略》：「至秦始皇統一中國，廢除了六國文字，從而六國文字被歷史淘汰，真正成爲支流；而秦系文字上承商周古文，下啓漢魏隸書乃至楷書，成爲漢字發展史的一個環結。」（頁101）。

〔註153〕余英時在〈莫道人間總不知——談郭沫若的古史研究〉（《中國時報‧人間副刊》，1992年10月21日）中指出晚清以來幾位卓有成就的古史學家、古文考釋者如王國維、郭沫若、陳夢家等都是詩人，他也強調了詩人的想像力在古文考釋中發揮的奇妙作用。

第五章　在佛莊會通的場域

一、在起點和終點處

　　章太炎晚年總結自己的「思想史」時，曾提出兩組有趣的修辭——首先談到他對佛家唯識哲學的接受，乃因爲：

> 此一術也，以分析名相始，以排遣名相終。從入之涂，與平生樸學
> 相似。〔註1〕

「從入之涂」相似，「終點」可大不一樣。起點同爲名相分析，然而那只是操作上的（方法論上的）近似，前提和目的都大異其趣。「排遣名相終」業已躍出樸學的範疇，而走向玄學。名相的排遣，標誌著章太炎思辨已回歸心識，在精神上穿越清代、明、元、宋、唐而投向魏晉。換言之，對佛學的接受，讓他得以跳出傳統樸學的認識論格局，同時讓他以一種特殊的方式把清代的漢宋之爭轉化爲樸學（漢學？）和〔魏晉〕玄學的內部問題。〔註2〕這表現在他接受唯識哲學之後對中國思想史上各家學說的大規模「格義」與「判教」；以唯識論的認識論和本體論爲依據，把各家學說都「玄學化」。〔註3〕而入口處正是他對佛莊的會通，也就是《齊物論釋》的製作。

〔註1〕章太炎，《菿漢微言》，世界書局1982年本《章氏叢書》，頁96。

〔註2〕清代漢學宋學之爭與漢代學術、魏晉玄學之間的差異有其可以交會之處，尤其是對待名言的態度。至於二者在模態上的不同，此處難以具論。

〔註3〕太炎的「格義」和「判教」是一體的。在接受大乘佛學之後，他便以之爲「判教」的標準，用「自內所證」的方式，把文孔老莊以至宋明諸儒都一論列次第，如「文、孔、老、莊，是爲域中四聖，冥會華梵，皆大乘菩薩也。」（《國故論衡》，頁943）便是顯例。俱載於《菿漢微言》和《菿漢昌言》二著作中。

這樣的一個過程，用他自己的表述便是：

自揣平生學術，始則轉俗成真，終乃迴真向俗。〔註4〕

在這一句「總結」中，包含了三個步驟，是一個黑格爾式的辯證過程：

俗 → 真 → 俗；
（正）（反）（合）

在那轉折點上屹立的，也正是《齊物論釋》。〔註5〕以這句修辭為焦點，和前一句比較，就會發現一些有趣的問題：「排遣名相」似乎並非究竟的終點。試把這兩組文字銜接起來：

以分析名相始／始則轉俗成真；

以排遣名相終／終乃迴真向俗。

「始則轉俗成真」之前並非「未始有始」；而「排遣名相終」之後，乃復「有終」。

這並非文字遊戲，這樣的排比基本上是合理的（參照章太炎的「個人思想史」），而排比的目的，也無非是想透過這樣的結構，以理解、探尋章太炎在思想轉折處，如何在「排遣名相」中安頓他那必然是「分析名相」的「語言文字之學」？

最早對這一問題發言的是侯外廬。他以一個篤信經典馬克斯主義唯物論的中國思想史研究者的立場，指出章太炎

實證論的方法與唯心論的體系，而二者間成為一個不可解決的矛

盾。〔註6〕

認為章太炎的哲學體系是「附保留的唯心論」，在「體系」和「方法」之間之所以會產生難以調和的矛盾，乃是因為

他把宇宙分成真俗二界，在俗界是從物質經驗出發，到了真界則從

心識出發了。然而俗界諷刺了真界。〔註7〕

俗界是否「諷刺」了真界姑且不論（那和侯外廬本身的理論立場有關），體系之中存在的內在矛盾卻是一個顯見的事實。而焦點也正集中在「以分析名相

〔註4〕 《國故論衡》，頁961。

〔註5〕 詳參蘇美文的學位論文《章太炎《齊物論釋》之研究》（淡江大學中國文學研究所碩士論文，1993年6月），尤其是第四章〈《齊物論釋》在章太炎思想中之定位〉。

〔註6〕 侯外廬，〈反映十九世紀末葉社會全貌底太炎哲學〉《近代中國思想學說史（下冊）》，坊間本，頁871，865。

〔註7〕 同前註。

始」和「以排遣名相終」中呈現出的兩套異質的語言哲學。

侯氏簡略的比較了章太炎《國故論衡》和《齊物論釋》中不同的語言論述，說在前者中（指〈語言緣起論〉中以實德、業談語言緣起）「肯定概念之歷史的發展，及其由具體到抽象，再由抽象到具體的正確發，一到了哲學上（引者按：指《齊物論釋》），便又被章氏整個推翻。」（頁900）進而推論那是因為太炎思想體系中唯心／唯物難以調和而留下的「破綻」（這一點容後再談）。

可是在侯氏的論述中，一個首先該提出來的問題也許是：章太炎這些似乎自相衝突的語言哲學論述卻是生產於同一個時段之內的。——都寫於受佛學洗禮之後，在東京避難講學之中。《國故論衡》之中的大部份篇章都寫成、刊佈於1906～1909年之間，《國故論衡》出版於1910，而是年《齊物論釋》寫成。這段時間是章太炎學術大成的階段，也是他哲學體系的構築時刻。甚至這也是他從樸學轉而深入古文經學的關鍵：《文始》、《小學答問》也都寫於這時段之內。檢視《國故論衡》中的「小學」式的語言論述，其實也都帶著濃重的「格義」氣味（如以「實、德、業」論語言緣起）。換言之，設使《齊物論釋》是置於章太炎學術／思想的真俗轉折點上（如其他論者所言），那它是否也承擔著章太炎語言哲學的真／俗會通？如何理解真／俗——是絕對的差異還是相對的？「迴真向俗」之後的「俗」和「轉俗成真」的「俗」之間有何差別？約而言之，如何理解外廬指出的「破綻」？問題牽涉頗廣，關涉佛莊會通的各種問題，以下試次第論之。

二、隱匿的前提：齊文野

《齊物論釋》開宗明義：

> 齊物者，……一往平等之談，詳其實義，非獨等視有情，無所優劣，蓋「離言說相，離名字相，離心緣相，畢竟平等」，乃合《齊物》之義。其文既破名家之執，而即泯絕人法，兼空見相，如是乃得蕩然無閡。〔註8〕

隱約道出了章太炎何以選擇〈齊物論〉做為他會通佛莊，並且構築自己哲學體系的中介。在這段引文中，他有意引了《大乘起信論》中的一小段文字（離三相），這段文字在《大乘起信論》的原初脈絡中是用以表述一切法的本體——

〔註8〕章太炎，《齊物論釋》（重定本），頁碼依上海人民出版社出版的《章太炎全集（六）》（1986），頁61，標點略有調整。後面正文內不註明出處的頁碼出處悉同此註。

—「心眞如」。〔註9〕意謂「心眞如」是在此三相之外的。在章太炎的引文中，「在……之外」的「離」強烈的表現了動詞義——排遣。所以他接著說：

> 人心所起，無過相、名、分別三事。名映一切，執取轉深。是故以
> 名遣名，斯爲至妙。（同頁）

「遣名」是爲了破執——破名相、言說之執，以排遣人心所生的虛妄，以達人我法空，以獲致圓成實性。〔註10〕換言之，〈齊物論〉中呈現的汪淵博辯在章太炎看來正是一個排遣名相、以名遣名，以詣畢竟平等的「論述」，正和他所設想的大乘佛學體系綜合型態類似。〔註11〕剛好可以讓他透過以佛「格」莊，以表述一己的哲學構思。在前兩段引文中，「名言」都居於關鍵的地位。而〈齊物論〉本身又是遠古時代的經典，文字和語詞、文意的解讀就必須用上他的樸學訓練；「格義」於《莊子》以名遣名的文脈中又必須讓佛莊語言哲學交會。於是三種不同的語言觀就遭遇於該被設定的共同場域。〔註12〕

　　章太炎讓佛壯語言哲學交會主要集中在〈齊物論〉第一章（「舊師章句，分爲七首」〔頁 64〕）。究全〈釋〉來看，主要可以分爲三個論題：（一）名／實問題，（二）言／意（義）問題；（三）辯的問題。三個問題其實也只是一個問題，所謂的名、言、文字都可以歸爲「文化表達」。在表達的兩端，一是主體（心識），一是客體（物，實相）；在做爲中介（相）的「表達」本身，又必然包含了兩個成分：言（名）與意（義）。所有的論辯，都可能產生於前述任何一個可以離析的間隙之中。身爲一個「文化角色」，章太炎最關切的並非純粹「求實」層次上的語言哲學或形式邏輯問題，而是文化問題。這一隱

〔註9〕眞諦譯，高振農校釋。《大乘起信論校釋》（北京中華書局，1992），頁 17。

〔註10〕前引蘇美文書，詳細的整理分梳參該書第二章《齊物論釋》之思想）。

〔註11〕蘇美文已注意到章太炎在《齊物論釋》中分別用了不同系統的大乘佛學（《大般若經》、唯識諸論、《華嚴經》、《大乘起信論》……），對於這些經論宗派之間可能產生的問題，以及綜合的樣態，她也並沒有處理，只把差異還給歷史（頁 147）。麻天祥則將它綜合整理爲「眞如本體論」、「萬法唯識論」（包含了方法論、認識論），而認爲二者之間有理論的裂隙（麻天祥，〈章太炎法相唯識哲學的理論框架〉，氏著《晚清佛學與近代社會思想》，（卷上），文津出版社，1992）。

〔註12〕章太炎另著有《莊子解故》（《章太炎全集（六）》）以傳統樸學／小學的方式，爲《莊子》先做了基本的解讀，以做爲《齊物論釋》的基礎。在小序中他說：「余念《莊子》疑義甚眾，會與諸生講習舊文，即以己意發正百數十事，亦或兼采諸家，音義大氐備矣。」（頁 127）樸學的功能，已先於佛、莊而進駐，構成了基墊的作用。

匿的問題意識浮現在他對〈齊物論〉第三章的訓釋。在一個角落**裏**，他談到「〈齊物〉之用」：

> 原夫《齊物》之用，將以內存寂照，外利有情。世情不齊，文野異尚，亦各安其貫利，無所慕往。（頁 100）

明顯的把「文野」問題提出來。接著他補充何以文野問題對他來說那麼重要——彼時中國正處於風雨飄搖之際，古老的中華文化在西方文明船堅炮利的對照之下幾近於「野」，也幾乎被陵夷——

> 然志存兼并者，外辭蠶食之名，而方寄言高義，若云使彼野人，獲與文化。斯則文野不齊之見，為桀跖之嚆矢明矣。（頁 100）

所以他才認為「齊文野」在〈齊物論〉之中具有優先性（「文野之見，尤不易除。……故應物之論，以齊文野為究極。」（頁 101），且是究極的目的。

　　表面上這和上述的「文化表達」問題沒甚麼直接的關係，而是更廣泛的異文化之間的問題。然而對「〈齊物〉之用」的堅持卻相當大程度上決定了章太炎「求是」的方向與方式，也幾乎決定了他給予那根源於乾嘉樸學——（古文）經學的語言文字之學保留的理論空間。

三、（遣破）訓釋

　　讓我們先回到原先的論題。

　　以因名／實問題延伸出來的「訓釋」問題為起點。章太炎認為問題根源於心我法我二執，「執一切皆有自性」（頁 79），誤把五識對境作用而產生的妄相當成真實的實體（這也就是偏計所執性的作用）。他把「訓釋之詞」分成三種情況：

> 一謂說其義界。……求義界者，即依我執法執而起。二謂責其因緣。以其如此，謂其先必當如彼；由如彼，故得以如此，必不許無根極；求根極者，亦依我執法執而起。三謂尋其實質。以不許無成有，謂必有質；求實質者，亦依我執法執而起。（頁 79～80）

總結而言之：

> 故無意根，必無訓釋。（頁 80）

用「訓釋之詞」來「訓釋」〈齊物論〉「物謂之而然……無物不然，無物不可」本身就值得追究。「訓釋」可以說是乾嘉樸學的傳統訓練之一，也是古文經學的基礎訓練——訓詁。章太炎以上的三分同時帶著名家（墨辯）和因明學的

色彩，在格以佛學時，統歸之於「意根」、「我執法執」。這一「訓釋」的前提／假設由於有佛學本身內在理路和諸《論》繁瑣的論證的支撐而顯得難以辯駁。然而假使我們把這佛學前提加上括弧，存而不論，那章太炎這三項「以名遣名」的否定式論述卻又可以讀做肯定。這乍看之下十分荒謬，卻正是章太炎「兩行」、「二諦」的奧秘。

　　這麼做並非刻意找麻煩，而是章太炎的〈釋〉留下的空隙給予的機會。首先在章的〈釋〉中，除了繁複的佛家名相的演繹之外，在具體的論證上，他常好舉當時所能理解的自然科學，以非常實證的方式去論證抽象的玄理。當時過境遷，當他據以為「事實」的自然科學成為今日的歷史之後，他的論據也就再也不能證明甚麼，當然也不具否證的效力。〔註13〕另外，在「格義」的過程中，也常見到一些不具說服力的強悍「硬格」。〔註14〕換言之，他的「能詮」和「所詮」之間同樣的也存在著裂隙，釋與不釋之間並非一逕的和諧，毋寧是存在著無言的內在緊張。緊張存在於佛教名相和《莊子》原文之間，也存在於訓釋者有意無意帶進來的諸多先期理解和前二者之間。當他以「訓釋之詞」為證（遣破之例證）時，他把他學術的「故鄉」也帶了進來，寄居在多義性的文脈之中。

　　試試他的「遣破」操作：

> 諸說義界，似盡邊際。然皆以義解義，以字解字，展轉推求。其義其字，惟是更互相訓。……說單字時，必以數字為其義界；逮說彼數字時，復須數字為之義界。如是輾轉至盡，還即更取前字為最後

〔註13〕尤其是頁80～81談細胞何以會動，苦參何以能退熱等；頁92～96遍舉頗具「古典色彩」的自然科學，用他解釋得十分荒謬以致顯得幾乎無法在自然科學中獲得有效解釋的例子，來證明諸如「金亦有識」之類妙論。

〔註14〕如頁78釋指馬問題：「假令云馬者所以命有情，白者所以命顯色，命顯色者非命有情，故曰白馬非馬，莊生其奚以破之邪？」面對這種要命的設問（也許採集自講學中學生的質疑），章太炎悍然答以「應之曰：此亦易破，鋸解馬體，後施研擣，猶故是有情否！」不惜殺馬求證，把設問中關鍵性的差異未經說明而悍然去除，如此，任何無關的二物都可以互證。其他諸如證莊生承認有輪迴（頁118），「但說佛果，不說涅槃」（頁119），承認有「種子」、「藏識」等等，不免強莊就佛，強為莊子披袈裟。這種習氣遍及《菿漢微言》、《菿漢昌言》。再如他為了證明老子和釋迦同樣達「究竟覺」，卻又必須解釋二者在表現型態上有所不同（前者「乃掘若槁木，慹然若非人者」，後者「正獅子吼，六種震動」），他竟然說：「中夏素風，不尚神變。又于是時釋迦已轉法輪，……，不欲於一士見二佛耳。」（《國故論衡》，936）「中夏素風，不尚神變」是還可以接受的理由，後一個說法則十分荒謬。而類似的操作，並不鮮見。

字義界。故曰「惡乎然？然於然。惡乎不然？不然於不然。」言捨

本字，更不能解本字也。（頁80）

這是最精釆的一段文字，帶有後結構的解釋風味。相當切要的解釋了〈齊物論〉中的文字。看起來似乎對於他自己的「基礎訓練」是一大否定——第二章中提到的乾嘉樸的認知結構（語詞的「家族指認」）正是陷溺於語詞之中以致畢生宥限於斯，在特定的認識論門檻前止步，終生「抱樸」，無以超越。章太炎前引文正是他跨越「以分析名相始」的依據。從他對他最尊敬的戴東原的批評就可以看出他和清儒之間的認識論斷裂。他說：

戴東原已能灼知儒效，而封執名言，不能廢詮談旨，此拘於聲量，

不任見量比量之過也。〔註15〕

他批評戴東原把語言文字當成實相，「拘於聲量」意謂只從古聖先賢的經典言說之中獲得知識，而不是直接從現實世界去感知體證。〔註16〕章太炎之一再強調自己讀懂〈齊物論〉是「涉歷人事而得也」，是「涉歷世變，乃始楽然理解，知其剴切物情」〔註17〕正道出了生存歷練正是他『「反」樸歸眞』的主要依據。

　　然而，他眞的是在進行否定嗎？問題並非如此簡單。

　　在前引「說義界」時，他有意無義的舉數目字「一」和「二」為例，指出二者的義界是「更互相訓」；談「責因緣」時，更廣舉物理現象，推論至極，在否證「究竟因」時暴露的其實是他那一個時代的科學認識的極限，或許只能說明「每一個時代的科學認識都有它的侷限」。「究竟因」在他無效的論證中隱沒入「存而不論」的括弧中去。「尋實質」亦然，他把推論逼到極限，求「原」，求「最初之質」，最終歸於心識，人我法執。後三者和樸學的訓釋大不相類（至少就章太炎的舉證所「示範」的來看），那是「物理之後」的形上學問題，仍然處於樸學認識論的邊界之外的括弧之內。

　　這並不表示樸學訓釋沒有「責因緣」和「尋實質」，有，而且恰好在章太炎有意無意的舉證之外。而章太炎那樣「具體」的舉證方式，卻也正表明了在他唯識的「分析名相」的血肉之下，包裹的卻是實證主義的根骨（所以他說：「不驗之言，更無理喻」，頁 110）。樸學訓釋中的「責因緣」，「尋實質」不在別處，正在於他「說義界」所論的「輾轉互訓」的「聲量」之內，在那

〔註15〕《菿漢微言》，頁 947。
〔註16〕對於聲量的解釋，參姚衛群編著，《印度哲學》，北京大學出版社，1992：170。
〔註17〕章太炎，《章氏叢書・國故論衡》，頁 479。

「以字解字、以義解義」的封閉界域之中）。〔註18〕從隱喻的角度來看，章太炎爲樸學訓釋的保留的空間體現於「一謂說其義界」之後的自註裏。他說：

> 此土訓釋文字者，兼有二事，如《說文》云「元，始也。」此爲代語。「史，治人者也。」此爲義界。（頁 79）

後者是他在〈釋〉中所要排遣的；而前者（文字本以代言）在這裏並沒有處理，而是留到後頭——本名、本義的問題（即言與意的問題）。值得注意的是此二例都出自《說文》，而且和章太炎因爲遣破而所舉的例子不類。這不是數目字，也並非物理現象。因此在〈釋〉中雖遣而未遣。這牽涉到另一個觀念：物。

章太炎在〈菿漢昌言三〉談到「陽明致良知以正物」時說：

> 物，即事親治民等事。（《章氏叢書》，頁 1116）

> 君臣父子國人之交，以至禮儀三百，威儀三千，是之謂物。

而這些「物」的特徵（「義界」？）在於

> 切于人事，未嘗汎及物理。

這樣的「物」的觀念根本上已把章太炎舉證以遣破的「窮極物理」排除在外。換言之，這樣的「物」的觀念及其實質業已劃出一個意義範疇，一個封閉的意義場域，而那是被「文」約定的場域。因此不論是「說其義界」、「責其因緣」、「尋其實質」，只要是在這一區域之內，都是有效的。它的有效性，業已獲得文化的保障。而文化的約定，正是使章太炎那段遣破「義界」的精采論述從否定變成肯定的「隱藏起來的條件」。在那個設定的文化封域內，「輾轉互訓」正是一個從局部到整體、從整體到局部的一個不斷重複往返的詮釋循環過程。它們互相補充、定義、指認、確定關係；以既有的經典文本爲上下文，它們是同一個工具箱之內的工具。〔註19〕依《莊子》的思路來看，要破的正是這個箱子（「言未始有『封』，詳後），而那卻也是章太炎堅守的「文」的依據。

〔註18〕章太炎大弟子黃侃把訓詁方式分爲：（一）互訓；（二）義界；（三）推因。他解釋說：（一）「凡一意，可以種種不同之聲音表現之，故一意可造多字，即此同意之字爲訓或互相爲訓。（亦可稱代語。）彼此相等，故而可以互證；（二）「凡以一句解一字之義者，即謂之義界。……在太古時，一名詞即爲一義界。」；（三）「凡字不但求其義訓，且推其字義得聲之由來，謂之推因。（即求語根。）」（黃侃述、黃綽編，《文字聲韻訓詁筆記》，上海古籍出版社，1983：186〜187）這樣的說解相當忠實於章太炎的小學論述。而章太炎在《齊物論釋》中，故意把它帶去別的地方。

〔註19〕借自維特根斯坦的隱喻。參氏著湯潮、范光棣譯《哲學研究》（三聯書店，1992年）。維特根斯坦的「工具箱」和他的語言遊戲說相依，反本質主義；章太炎的「工具箱」，卻是本質主義的建構。

四、建構俗諦

「約定俗成」一直是章太炎語言論述中非常堅持的觀念，幾已成為（特定）文化的護身符。

在《國故論衡・原名》中他引荀子的意見以為表述：

孫卿爲〈正名篇〉，道後王之成名：「刑名從商，爵名從周，文名從禮，散名之加於萬物者，則從諸夏之成俗曲期。」〔註20〕

「文名」、「爵名」、「刑名」是承繼前代官方的禮儀刑法專名；一般名詞則依從各諸侯國內的自然形成的約定。借用荀子〈正名篇〉中那對貌似相對卻是互補的觀念，相當完整的陳述他的觀念：

孫卿亦云：「名無故宜」，故無常也；然約定俗成則不可易。（同頁）

在民間的共同約定中「散名」逐一增加，它們指涉向大家共識中指定的實物，而成為表達的中介，並構築了一個共同認可的認知領域。因而所謂的「義界」其有效性也正是訴諸於這種文化上的共同約定。

然而問題也就產生於語詞形成之後詞與物的分裂，所謂的「名守之執」也就是執名以為相，執相以為物：

名雖成，藏於胸中，久而不渝，浮屠謂之法。（章太炎自註：色、聲、味、觸皆感受者也。感受之境已逝，其相猶在，謂之法。）〔註21〕

名言既為約定，便是先於認知主體的存在，它所指涉的實體（「境」——名之所以形成的發生情境或認知客體）既已成為過去，名言本身做為逝去的境的表徵，它喚起認知主體對於它所表徵的境（物）的想像，喚起主體心識中的「相」，然而名言就其物質存在而言又是必須被認知的實體，它具有境和相（摹本）的雙重性質。而對於認知主體而言，名言甚至同時表徵實存之物，使得問題變得十分複雜：

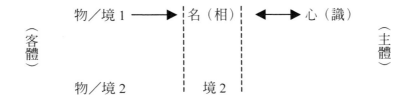

文字做為空間的存在比（口頭）語言更具有凝固性，所以章太炎以物質上的

〔註20〕《章氏叢書》，頁 495。
〔註21〕《章氏叢書》，頁 486。

銘刻爲例，一方面道出其積極意義。

> 已有文教者，以文字足以識語言，故曰：「名者，聖人之符。」〔註22〕

銘刻的共時存在保障了文化傳承，所以他說：

> 夫國有成俗，語言不可移，故文字不可移。（同頁）

文字維繫了文化的特殊性，所以「不可移」，這是太炎的信仰。然而他也鄭重的指出文字可能造成的偏執（文字之弊），因而他補充告誡：

> 然而文字不以爲實。（同頁）

「實」是勝論句義之一，指實體。章太炎好舉實、德、業，後二者爲實體的性質。誤把文字當成指涉物，正是章太炎指出的樸學之弊。爲了突破這種遍在的認識侷限，章太炎不得不在認識論上進行補充，回歸心識，強調對實體的重新認識過程（「親證」），借《墨經》墨辯的「親、說、聞」格以因明三量：現量、比量、聲量，親證、思辯、訴諸傳統或經典文本。「親證是爲了讓主體在名言之外直接面對實體，甚至是從更廣泛意義上的在人世歷練，透過感／知的交匯而重新符碼化名相。如此方可能言語自我指涉的封域中逃離出去，以達致超越名相的思辯和體悟，而越俗入眞。

認識論的補充之外，章太炎並不企圖徹底廢絕名言，而毋寧是策略性的，墨格爾辯證法意義上的揚棄。「輾轉互訓」是封閉的認識圖，在其中語詞相互證成，卻也宣告了實體的隱退與被遮蔽。「當其成立時，亦即其毀破時」，「成毀同時，復通爲一」（頁 82）。反之亦然，在「遣破」的同時章太炎其實也是在「說明」樸學訓釋，宣告它的成立，在一個保留的區域——約定「俗成」——「俗諦」。所以他說：

> 隨俗諦說，物固有所然，物固有所可；依勝義說，訓釋三端不可得
>
> 義，無義成義，則雖無物不然，無物不可也。（頁 82）

「俗諦」比「約定俗成」更強烈、也更富哲學意味的賦予語詞存活的空間；莊子〈齊物論〉的層層遣破劃給了「眞諦」，而「遣破」的前提和結論則予以雙重懸擱，兩者之間的「過程」則保留給「俗諦」。這便是章太炎的「兩行」之道：

> 聖人內了無言，而外還順世。順世故「和之以是非」，無言故「體乎
>
> 天鈞」。……「和之以是非」者，則假天鈞爲因，所謂隨順言說。體
>
> 乎天鈞者，則觀天鈞自相，所謂性離言說。一語一默，無非至教，

〔註22〕同前註，頁 500。

此之謂兩行也。（頁 82～83）〔註23〕

「真諦」是不落言詮的，賴乎玄智默證，是語詞背後不斷撤退以致隱沒在理智的邊界之外的莫須有所指，所以是「不可說」、「不可說」的。做為一個「菩薩」，入世才是他的關切，因而在「默」的另一端，卻必須「隨順言說」，以致語默並存，真俗兩行。

在這種情況下，「以分析名相始」在章太炎的（學術）生命中是一個相當漫長的過程，涵蓋了他受大乘佛學啓發，以佛學「遍格諸子百家、中外學術」之前。而「始則轉俗成真」，「以排遣名相終」，「終乃回真向俗」則是一個連貫，且近乎同步的過程，指他在東京講學那幾年間繁複的排遣（拆散）和建構（重構）。爾時真俗並存，一方面是樸學／經學上的自我檢討，一方面以佛格莊，且藉佛學本體論和認識論對中國思想上諸家學說進行「判教」。惟玄學本體論和認識論（指佛莊的綜合型態）卻並非他學術上的究極目的，他也無意做一個封閉在隔離於塵世排除了時間的「真空」狀態的「真界」中的經院哲學家，以為在想像和語詞上完成了本體論的建構就已經「為萬世開太平」的解決了所有世俗的問題，可以高枕無憂，貌似聖哲的「默」居於象牙塔之內；另一方面他的實踐哲學和衝動也不容許他像那些謹守樸學家法、皓首窮經，把相互指涉的語詞當成實體且近乎不辨菽麥，無視於世變的「求是」之仕們那樣「默」居於款式不同的象牙塔之內。在那兩端之上，便是「此亦一是非，彼亦一是非」的兩極偏執；都自居為真，然而卻也都是離於俗卻仍深陷於俗的。他清楚意識到，沒有離於俗的真，卻有離於真的俗。此必須雙遣雙破，雙重否定同時雙重肯定；方生方死、方死方生，成毀同時，復通為一。在肯定真諦的同時，卻也把它加上括號，以致非有非無，亦有亦無；而在否定俗諦的同時，也把「否定」二字加上括號，以致然於然，不然於不然。所以他在〈齊物論〉釋的同時，卻也坦然的對諸生〈小學答問〉面對小學——樸學的知識系譜建構《文始》。換言之，「排遣名相」、「轉俗成真」、「回真向俗」是一體的；在「俗」——真——俗之間，「真」在此一轉換過程中留上了痕跡，它是「俗1」變成「俗2」的轉換條件，在更高的層次上保障了「俗界」存在的合理性和必然性，它以辯證的否定方式肯定了否定的對象。而被否定亦被肯定的對象也反過來支撐亦（否定）了它的存在，在詮表能指所指相互指涉的無窮極數的未始有始的起點，和未始未始有終的終點。

〔註23〕《國故論衡》，頁 487。

五、有／有始／有封

從這裏我們可以再度回到「訓釋之詞」並做一些必要的增補。

一、說其義界——「……其次以爲有『封』焉，……」

二、責其因緣——「有『始』也者……」

三、尋其實質——「有『有』也者……」

「說其義界」討論的是「封」的問題，「責其因緣」是求「始」；「尋其實質」則是探討「有」。在〈齊物論〉中，這三個問題都表述爲數列：

一、「封」：「古之人，其知有所至矣。惡乎至？有以爲未始有物者，至矣，盡矣，不可以加矣。其次以爲有物矣，而未始有封也。其次以爲有封焉，而未始有是非也。」

二、「始」：「有始也者，有未始有始也者，有未始有夫未始有始也者。」

三、「有」：「有有也者，有無也者，有未始有無也者，有未始有夫未始有無也者。」〔註24〕

這樣的「增補」純粹基於論述的需要，也可以說是有意的移植上下文（〈齊物論〉正文與章太炎的〈釋〉）。章太炎所論既爲「訓釋之詞」，所以這「封」、「始」、「有」三者討論的也就是詞與物，詞與詞間繁複的關係。在章太炎的「兩行二諦」裏，未始有無／未始有夫未始有無、未始有始／未始有夫未始有始、未始有物……都歸諸於「存而不論」；他的俗諦是從「有封」開始的；是「有」，是「有物」，也是「有始」；所謂「有封」，也就是已進入文化的約定俗成，渾沌業已鑿破，名無固宜的階段已結束，而進入了「名有固善」。《文始》書名就已昭示了那樣的開場。

前章已論及，《文始》有一個隱匿的前提：「於古宜爲一字」——每一個聲類在華夏文化的初始場景中，在詞與物的原始和諧時刻，一字、一音、一名、一義、一實，合而爲一。其後在時間的流動中，各自繁衍自己的家族，而忘卻了起源和親緣。換言之，有始、有物、有封必然的也有是非。對於「一」的起源眷戀，在〈齊物論釋〉中，章太炎在「遣破」義界時也不忘提出：

若知字義，惟是更互相訓，故一名字中具有一切名字，彼亦輔萬物之自然，非有琦祕，亦自非強爲也。（頁83）

而爲《華嚴》、《大般若經》「善學一切語言，皆入一字；善學於一字攝一切字，一切字中攝一切字」推明其故，更進一解。從而反證了《文始》構想的合理性。

〔註24〕文字悉依章太炎《齊物論釋》的〈齊物論〉正文。

甚至給貌似實證的《文始》那「有封」的界域之外，著上一層神秘的玄想色彩。

從「有封」又可以進入「言與義不相類」、「能詮名與所詮義互不相稱」的問題。章太炎提出此一問題是用以訓釋〈齊物論〉中「類與不類」、「有始／未始有始」、有／無等命題。在型態上也和表述「訓釋之詞」類似，甚至可以說是對於它的一個補充，卻也更具有樸學——小學色彩。針對此一問題，他提出「三事」：本名、引伸名、究竟名。在論「訓釋之詞」時他提到「捨本字不能解本字」、「窮智推求，還如其本」，其中的「本」、「本字」和這裏要「遣破」的本名、本義有極密切的關連：在假設的原始和諧狀態中，它們原屬於「一」。而這裏的「三事」中的前三事，也正是他樸學——小學語言論述中的焦點。尤其是《文始》更是以本名（本字、本義）及其孳乳（引伸、假借、轉注）爲經緯。因而這裏的「遣破」如果可以成立，對他而言幾乎可以說是動搖了「國本」。

綜合言之，「三事」的問題重心都一樣，即「一能詮上有多所詮」、「一所詮上有多能詮」，前者包括了引伸、假借；後者尤其指方言；這些「一對多」的現象甚至可以說是「一」的原始和諧破裂之後的「二」的問題。借《攝大乘論》的措辭「顯目」和「密詮」來「格」本義與引伸義：

> 從二名之本義，即是密詮；從纍名之現義，即是顯目。（頁 86）

「顯目」指當前文化脈絡中的意義，「密詮」則是指被符碼化於過去，尤其是假設性起源點上的原始意義。它總是被隱藏起來，甚至總是被遺忘，因爲在每一個時代的日常的語用中都有特定的上下文賦予語詞名相「現義」。現義對於本義而言是遮蔽與替代的關係，而章太炎把「密詮」凝固在「本義」上也可以看出他作爲小學／樸學學者的偏執，因爲「密詮」其實可以意指語詞做爲隱喻本質上的不確定性。〔註25〕把問題帶到本義上去，恰可以讓「遣破」轉換成說明。他對「究竟名」的解釋也是拘泥於本名本義：

> 云何究竟名？尋求一實，詞不能副，如容道，言大極，言實在，言實際，言本體等。道本是路，……大極本是大棟……。（頁 87）

本義和它的意義變遷始終是章太炎關切的中心。所以「三事」的問題關鍵，其實仍在於「本義」。試看他的「遣破」：

〔註25〕弗朗西斯・徐在〈自我的隱喻性基礎〉中著重強調了這一點（見馬塞勒等著、任鷹等譯《文化與自我》，遠流，1990）語詞（尤其象形文字）的隱喻特質其實是詩學的問題，道出了語言「表達」本質上的象徵性。這一部份留待下一章再討論。

云何本名？如水說爲水，火說爲火，尋其立名，本無所依。若夫由
水言準，由火言毀，皆由本名孳乳，此似有所依者，然本名既無所
依，所孳乳者竟何所特？（頁86）

而似乎否定了「立名有所依」的說法。侯外廬認爲章太炎自相矛盾也正在於
這段文字和〈語言緣起說〉中的主張背馳。在〈語言緣起說〉中，他似乎是
主張「立名有所依」的。是文開宗明義：

語言不馮虛起。呼馬而馬，呼牛而牛，此必非恣意妄稱也。〔註26〕

「必非恣意妄稱」和「尋其立名，本無所依」恰恰針鋒相對。在這裏我們面
臨了詮釋和理解上的選擇；承認它們是矛盾的，或者嘗試替章太炎調和之。
侯外廬選擇了前者。他認爲在〈語言緣起說〉中章太炎以「觸受順違」爲命
名做認識論上的補充是可以接受的，惟他沒有注意到章太炎的「觸受順違」
不僅僅是近代科學認識論的立場，他以感覺爲認識的前提其實更是以唯識論
爲依榜。侯氏接受了命名和語詞內涵的變遷是順隨自然史的演變這樣的觀
點，因而認爲〈齊物詮釋〉中的「尋其立名，本無所依」是對前者的否定。

在章太炎的語言哲學中，「名無固宜」是非常重要的觀念，可是它卻始終
受到「約定俗成謂之宜」的限定。因此我們可以說「尋其立名，本無所依」
是約定之前的狀態，也就是「名無固宜」的狀態（這裏把「名無固宜，約定
俗成謂之宜」，讀做一個有先後的歷史歷程）；而「必非恣意妄稱」卻是「約
定俗成」以後的事。在約定以前，呼馬爲馬，呼牛爲牛，可以任意選擇，也
無紡呼牛爲馬，呼馬爲牛；可是一旦約定了，馬即是馬，牛即是牛，俱指涉
向不同的實體，語詞也各具有不同的內涵。如果要更換指稱，必須再經約定，
換言之，它在文化中已具有一個被設定的位置，很難被更動或替代，它的位
置受到了文化的制約。這是「約定」的更深一層的涵義。「必非恣意妄稱」正
是以上述約定爲前提的：牛已是牛，馬已是馬。這時恰恰可以問「牛何以是
牛」，「馬何以是馬」而不是別的？爲何某一個名指向特定的實體？在「名無
固宜」時，命名是可以選擇的，也似乎有著某種任意性；在「約定俗成」之
後，「任意性」被歷史終結了。偶然事故變成了必然的事實，「可以選擇的」
不再是命名，而是詮釋——文化必然賦予任何該文化中的存在或關係各種可
能的詮釋。「命名」是確立某個詞與物的關連，同時也是對其他可能性的無言
排除，其他無限多的可能性也因而被迫隱沒。「名無固宜」的歷史性也保障了

〔註26〕《章氏叢書》，頁438。

各種可能詮釋的潛在合理性——沒有一個唯一的詮釋，所以機會均等。然而在文化的長期發展中，各種不同的可能業經權力鬥爭尚有主流／支流、強勢／弱勢之分，《說文解字》的產生說明了該場戰役的階段性結束。「不馮虛起」必須有堅強的依據，章太炎的依據正是《說文》。

　　《說文》的訓解便是「物名自有由起」之所由。「不馮虛起」劃出的其實是一個廣大的意義空間，在那「未始有封」和「有封」的交界點上。

　　章太炎在描述「能詮與所詮不相稱」時，說：

　　　　若夫由水言準，由火言毀，皆由本名孳乳，此似有所依者，然本名
　　　　既無所依，所孳乳者竟何所恃？（頁86）

其中的「水，準也」，「火，毀也」皆本諸《說文》，也為《文始》所依從。在〈語言緣起說〉中，此二者也在舉例之列。值得注意的是，他借勝論實、德、業之說，認為「實德業三各不相離」，而水、火「是其實也」；毀、準「是其業也」。性質定義者實體，構成實體的內涵；如此「德、業」其實已訴諸比量，甚至聲量；「實」與本名在約定之後，詞與物之間也同時產生分裂，「本名」完成於實體（「物如」）的撤退，二者之間是一種隱喻的關係；它之所以成為始源的真正原因早已被遠古的喧囂和靜默掩沒，流傳的只是一些信仰者的傳說——它需要信仰的扶持。象形字的銘刻特質與及它和隱在的實體之間透過視覺就依稀可以辨識的特徵（訴諸想像或信仰）讓它具有強烈的物質性，望文即可生訓，不假外求。「本無所依」乃是因為它本體自足，依自不依他；「皆由本名孳乳」的準、毀，孳乳之所恃，也正是「本名」。它們之間這種相互指涉、定義、證成的「神聖」關係，是《說文》這部「聖典」賦予的。因此實、德、業三者也都無一例外的受到文化的制約。章太炎對於名相的執著，可以再舉一個例子做最後的補充討論。

六、石頭問題

　　在《國故論衡‧辨性下》他舉了個相當難以理解的例子：

　　　　故有一石焉，扪之即得堅，視之即得白。堅與白，其德也。而終不
　　　　曰『堅白』，必與之石之名者，其念局於有實也。故諸有相，取相不
　　　　足，必務求其體。〔註27〕

在這段文字中，章太炎認為觸受所得也只是德（業）而非「實」。感覺也只能感覺

〔註27〕《章氏叢書》，頁500。

到對象的性質（堅、白）——現象，而非本體（「物如」）。至於爲甚麼不會把目寓、碰觸到的當做事物本身，他的解釋是「其念拘於有實也」，這「拘於有實」的「念」，也許便是他格義格出來的「原型觀念」，是先驗的存在。本體是超乎感官的（先驗？）存在，何以表徵之？莫若以「名」。去除了名，局於有實的「念」和爲念所局的「實」雙隻都落了空，變成不可感不可說的（？）。因而在同文中他說：

> 實不自表，待名以爲表。德者，無假于名，故視之而得「白」，捫之而得「堅」。雖瘖者猶得其相，至于「石」，非名不起也。執有體，故有石之名。（同頁）

果眞「無物不然，無物不可」，那石易名爲堅、白也未嘗不可。再者，在「待名以爲表」這一點上，石、堅、白這三者其實是在同一水平上的；「局於有實」而招喚石之名，同理，局於有德（業）而招喚堅、白之名。認知主體何以憑感覺就能判斷堅白而予之「堅」「白」之名？無非是靠著約定。文化早已爲那兩種感覺命名爲「堅」、「白」。因而在認識過程中，堅、白、石三者（依章太炎的理路）都個別的有實／相／念的問題：

$$ 實 \longleftarrow 相 \longleftarrow 念 $$
$$ （石、堅、白之實）\quad（石、堅、白之相）\quad（石、堅、白之念） $$

否則認知無以成立。「念」跟「實」都不可觸不可說，因而「可以驗證的」，恰恰只是名、相。如此，章太炎的問題重心其實在於實、德、業何以「不相陵亂」，他的答案是：

> 約定俗成故不可陵亂。假以實、德、業論萬物，而實不可爲德業，德業亦不可爲實。（同頁）

然於然，不然於不然。章太炎補充一個隱喻：實／德、業之間是一類似「假設」的關係，「知其假設而隨順之爲正見，不知其假設而堅持之謂之倒見。」（同頁）妙哉斯言。「顯目」和「密詮」，引伸、假借和「本義」之間，在結構上不也雷同？名言之奧妙，之爲「實有」，於斯可見。

如果要在鷄蛋裏挑骨頭，太炎的鷄蛋裏，可能不只挑得出骨頭，還可以

挑出魚刺。把感覺限定在堅、白，可能只是隨著公孫龍子的論述脈絡，舉例以局部代整體。當他越來越遠離公孫的脈絡，越走越遠，以致把場景定焦在一個「如何認識石頭」的特寫中時，將心比心，不禁要問：堅白「而已」？確實很難找到一個只有「堅」「白」的石頭！（此處諧擬章太炎的論證方式）每一個石頭都是具體的、特殊的，也都有它們各自的身世。它也許已被青苔覆蓋，石上也有深淺不一的裂縫，白中也帶著交融混雜難以命名的色相；因潮濕而帶著水氣，幾隻螞蟻剛好路過。這一切，包括石旁的樹根，構成了理解一個石頭的「上下文」。這些偶然和機緣相會而成的所有枝節，構成了認識的總體內涵，可以讓我們在看不見石頭的地方知道有石頭隱匿著，讓我們在我們看見石頭的時刻忘記石頭。石頭無自性，因緣而有。責因不可求終極，無盡緣起便是歸宿。焦點意識和支援意識，原就唇齒相依。

七、「兩行」辯術

　　章太炎對名言的執著使得他對語言哲學有一種異乎尋常的關心，和他對名言的「遣破」似乎恰成對比。然而值得注意的是，章太炎對名言的「遣破」都集中在《齊物論釋》之內。在《齊物論釋》之外，則一再強調「約定俗成」。而章太炎名言遣破表現得似乎徹底也最密集的出現在〈齊物論〉遣破名言的正文之後。就〈釋〉的體例、體製而言，章太炎的遣破名言或許也可以理解為是順隨〈齊物論〉的脈絡而引伸發揮，它必須遷就它的文脈以符應莊子的思路。在這種情形下，解莊是否全等於章太炎的自我說明也就成了問題。在必須順隨正文的體製之下，章太炎究竟有多少自由的空間表述自己的論點？畢竟在〈齊物論釋〉中，章太炎並沒有明白的反駁莊子的任何論點；同時他也把《莊子》內、外、雜篇均視為統一、互補的整體。〔註28〕如此，既使〈齊

〔註28〕就《齊物論釋》而言，這是相當高明的策略。被召喚進來的內、外、雜篇的局部一則是「包裹」被釋的文字，提供上下文；再則是一種增補、延伸的作用。然而這其實也凸顯了《齊物論釋》內容上的駁雜性，與及章太炎在格義中「格」出來的一些問題。試略做補述。
　　章太炎在〈釋〉中大量徵引《莊子》其他篇章中關於孔子、顏淵及其他孔門弟子的言行描述，且不論言還是行，章太炎都把它當成「實錄」。借這些儒家典籍之外的增補，依順這些言行的莊子色彩，他為自己找到一條以佛學「格」孔老之路；以這些珍貴的補充為上下文，去「包裹」《論語》中的文字，自以為獨得之秘的解釋了孔子的「絕四」、「六十而耳順」「克己復禮」，並且通向《易經》，把孔子也「格」得莫測高深。同時也「復活」了顏淵和子路，甚至有意無意的改寫了先秦諸子之間的精神系譜。然而也就在這裏，章太炎的〈釋〉也

物論〉中的語言哲學明顯的和小學／樸學相衝突，〈釋〉也不該有所違逆。況且〈齊物論釋〉的名言遣破和佛教語言哲學又可以會通，思路殊途同歸，[註29] 無礙於格義。然而問題在於，如此以佛解莊應該就已足矣，又何必把小學——樸學的語言哲學帶進那樣的脈絡中？何苦讓它們相會？

　　一種可能的解釋是，〈釋〉的被動性（依於正文，甚至囿於正文）讓它既使和章太炎的「平生學術」相矛盾，也是合理的。同時，又可以合理的在章太炎的「平生學術」中加入異質性。這樣的合理的異質性，也獲得了章太炎自述學述次第的保障。在章太炎的自我總結中，那樣的「遣破」是一個不得不然的結構性過程。「不得不然」是因為不如此就無以鑿樸入真；「結構性」，是因為既然已進入他個人思想史的脈絡中，且有他所接受的莊佛二家思想支撐，就再也無法抽離；既然是一個「過程」，卻又可在過程中獲得合理的解釋。前文的討論就是在這樣的前提之下，帶進該「過程」前後的上下文。在莊子「兩行」、大乘佛學「二諦」的辯證結構中，章太炎恰可以十分堂而皇之的安頓他的矛盾，甚至使得那原本十分尖銳的矛盾獲得一定程度的解消。在兩行之間，在二諦之際，是一個極其廣大的遊走空間，當然遠勝於執守於一端的偏狹；面對辯論時，也幾乎可以立於不敗之地。「窮智追求，還如其本」，從

就遭遇到《莊子》的用語問題：重言、危言、寓言。章太炎在《菿漢微言》中有一段文字：《大毗婆沙論》說：『聖者有夢，唯佛無夢。』而孔子夢見周公，莊生夢為胡蝶，知其未證佛果。（頁943）而在《齊物論釋》定本中，他補充説：「……此正同大宗師説。諸有夢者皆由顛倒習氣未盡身。然尋莊生的説輪回之義，此章本以夢為同喻，非正説夢。」（頁117）然而到底何者為「喻」（泛指莊生「三言」）、何者為實，似無一定的標準，依釋者的「需要」而「緣生」。如此，莊子用言型態的特殊性（又參沈清松〈莊子的語言哲學初考〉，中國哲學研討會論文，1985.11.3～7。是文有一番整理，並「格義」於後結構思潮。深入的討論詳下註引錢新祖文）為遣破名言而不肯固著於某一定的語言策略，留下了許許多多可以填塞、格義的空間，莊子的方便也為有心人提供了許多方便。然而語言的弔詭也正在此，不論章太炎是把莊子的「三言」當「實錄」還是「喻」，他的〈釋〉都已被捲入莊生「三言」的結構中去，若以前舉的把「重言」當「實錄」為例，則章太炎的會通也不過是一則新鮮有趣的「故事新編」。〈釋〉者既已進入《莊子》文脈，就已經參加了那一場歷久彌新的語言遊戲，隨時可能被適應力極強的正文解構。《齊物論釋》的問題論者甚少。王煜在《老莊思想論集》（聯經，1986年）一書中有兩處批評章〈釋〉。一是批評章太炎以藏識「格」以靈府靈台，「違反莊子強調的虛靈無隔閡之原義」（頁154）；一是批評章太炎「濫用訓詁」，把「彼是」解為「是非」，不逕直解為「彼、此」（頁160）。一涉佛莊會通，一涉樸學訓詁，觸處雖小，可以見大。

〔註29〕詳細的討論參錢新祖，〈佛道的語言觀和矛盾語〉（《當代》第十一、二期，1987）。

哪**裏**出發，就回到哪**裏**。如此，俗諦是權說，眞諦又何嘗不是？

章太炎既然肯定名言「有封」、語言「有始」，自然也必須面對侯外廬和當代大陸學者最關切的問題：他究竟是唯物論者還是唯心論者？章太炎曾專文批駁唯物論，也曾因此被唯物論者批駁，〔註30〕此亦一是非，此亦一是非，這**裏**不具論。只舉章太炎兩句話頭：

> 物質不能自認物質爲物質，誰認之者，惟是心量。（頁 115）

這句頗具現象學「意向性」論調色彩的話頭，道出了章太炎是如可把物質消攝入心識：物質在認知主體的意向性投射之中始開顯存有，未被體認知的客體便不是客體。在這一立足點上，認知以外的就存而不論了，被順當的排除出去。啟動他的兩行哲學，他早半個世紀就回答了教條唯物論者那令人不耐煩且總是帶著政治教條氣味的問題，他「正言若反」的回答說：

> 唯物之極，還入唯心；倒見之極，幾於正見。〔註31〕

章太炎在這種地方特別能顯示出那種生於「邪說橫行」、眾說紛紜的亂世**裏**，好辯卻總是一副「余豈好辯哉，余不得已也」的縱橫家的博辯氣勢。正言若反，我們當然也可以說：「唯心之極，還入唯物。」因爲他接受唯識法相的理論前提：接受「阿賴耶識」作爲本體論上的假設。所以在大乘佛學中那屬於「有」宗。既然有始、有封，也必然的有物、有。不過對於章太炎，任何確定的判斷都必須打折，必須有所保留。〔註32〕他在〈齊物論釋〉中也用了華嚴無盡緣起來詮釋需要那樣論釋的段落，所以他不止「有」，也曾「空」；然而，言，其實還如不言，因爲「緣生亦是假說」。〔註33〕

〔註30〕 同註 1 引侯外廬文，近年來大陸學者的章太炎研究多在此一共同思路之下。

〔註31〕 《國故論衡》，頁 33。

〔註32〕 章太炎本身也意識到這一問題：「……佛法有緣起之說，唯識宗以阿賴耶識爲緣起；《起信論》以如來藏爲緣起。二者均有始。而《華嚴》則稱無盡緣起，是無始也。其實緣起本求之不盡，無可奈何，乃立此名耳。」（《國學略說‧諸子略說》，頁 164）。

〔註33〕 《章氏叢書》，頁 711。

第六章　遊於「物之初」 〔註1〕

一、「文學」場域

　　章太炎在爲「語言文字之學」命名之初（〈論語言文字之學〉）、在論述「小學」自漢代六朝以降逐漸衰微的歷史時，就已經有意識的把小學的「不修」和文學的衰微相提並論；強烈的把後者視爲前者的表徵、把前者看做後者的內在機制。因而論述章太炎的語言文字之學，文學便是一個相關的、難以分割的重要場域。關鍵在於章太炎對於「文學」的認知和定義的和我們今日的觀念相當不同，一如他把「語言文字之學」理解爲「一切學術之單位之學」，他也把「文學」理解爲一切文字表達的單位表達——凡是文字表達，皆在他「文學」的視域之內。因而「文學」對他而言並不（只）是一種文類，而是一種跨文類的基礎表達，是一切著作的「單位表達」，是以它和「一切學術之單位之學」互爲表裡。所以討論章太炎對於「文學」的特殊構思，也就等於處理他對於文字表達的特殊構想，有它根本的重要性。在此一場域中，除了讓佛莊／樸學兩種異質的語言哲學之間的衝突在「文學」場域中以不同的方式再度相會之外，在以下的討論中，有幾個個別的重要議題（1）章太炎的小－樸學如何宰制了他的「文學」觀；（2）「操作上的復古主義」如何「操作」了章太炎的文學史論述；（3）把莊子特殊的語言觀帶進來（那是近代以來認爲最切近當代文學觀念的）同時也可以讓章太炎兩種難以並容的語言哲學再度遭遇。一來可以再度檢測一下他的「排遣名相」；二來可藉以評估他的認識

〔註 1〕 典出《莊子‧田子方》:「老子曰：『吾遊心於物之初』」這裏只是語詞上的借用。

論斷裂究竟是怎麼一回事。統而言之，作為一個文化個案的章太炎，他以他那種特殊的方式去面對文學，究竟可以給我們一些甚麼啟示——在一個（中國）文學在觀念和實踐上早已經過現代化而奔赴向後現代的我們的時空，當「白話文學」在「傳統」學者們的視域中仍屬於「結構性的在外」。

二、「文始狀態」

討論、理解章太炎的文學觀念十分容易也十分困難。這麼說是因為要把它處理得很容易也可以，運用「解釋不足」的方式，以羅列、分類、歸納再加以描述即可。〔註2〕而困難也就在於，如果不先理解章太炎思想和精神狀態的「大體」，以之為基礎，則根本無法理解章太炎為甚麼會有那樣的文學構想。這是局部和整體之間的關聯。在不預先理解其他局部的情況下，該局部若是在這一場解釋中越具有重要性（如「小學」），就越容易成為解釋者逃避解釋的一個缺口。〔註3〕以對於關鍵符碼的不解釋來替代解釋，以至於論文的寫作淪為是只是原文的摘要。

而章太炎對於文學的構想，其奧秘也正在他的「根柢之學」（樸學、古文經學、小學）上。它們共同決定了此一場域的型態。

在《國故論衡・文學總略》中，章太炎開宗明義：

　　文學者，以有文字箸於竹帛，故謂之文；論其法式，謂之文學。〔註4〕

〔註2〕李瑞騰先生的〈章炳麟的文學思想〉（氏著《晚清文學思想論》的一章。漢光，1992）許多判斷都大有問題，近乎「述而不作」的抄錄原文、隨文疏述，而忽略了章太炎的許多關鍵用語都在他的思想體系中業經重新定義（如雅／俗、誠、文學、文字……），也沒有注意到章太炎某些言論的上下文——針對甚麼問題發言？或是針對哪些人？比較之下，錢基博《中國現代文學史》（文馨，1976）中的相關章節就謹慎得多。吳文祺的〈論章太炎的文學思想〉（章念馳編，《章太炎生平與學術》）的討論比較全面，而且也已援引章太炎的（反）白話文論述做參照。限於篇幅，解釋仍嫌不足。

〔註3〕如吳文祺解釋章太炎「何以如此曲解文學」時，說：「惟原其故，因為他是一個小學專家，故常喜歡用文字的本義來解釋一切名詞」（頁376），而小學專家（尤其像章太炎那樣一個特殊的小學專家）何以喜歡用文字的本義來解釋一切名詞，及其意義何在，則不甚了了。

〔註4〕《章氏叢書》頁447。這一說法變化自許慎《說文解字・敘》：「文者，物象之本；字者，言孳乳而浸多也。箸於竹帛，謂之書。」（依段注本）可以注意的有兩點：（1）章太炎的「文學」定義實歸本《說文》，而且遙指文字始源，帶著經學、小學的學科前提；（2）他的「文學」接近於「書寫」，惟不強調主體的活動力，而注重的是文字在器（竹帛）上的呈顯。

這段文字直可看做章太炎文學觀的一則總綱領，相當嚴密的把各個關鍵要素和它們之間的關係扼要的展示。四個要素：文字、箸、竹帛、法式。「文字」章太炎把它納入小學的範圍；「箸」指書寫活動，關涉的是書寫者的道德、情志，因而不（只）是書寫行爲，而是何以書寫、何以不得不書寫；「竹帛」泛指文字的物質載具，文字依它以顯形，「法式」指篇章字句甚至字本身的構造原則，通向「治經之法」。更值得注意的是，章太炎在這一綱領中選擇了他本身所能接受的最古老的物質載具：竹帛（他不承認龜甲）。因而這一綱領其實有一層更深的含意；它表徵出一種初始的狀態，就章太炎的思想特徵而言，無妨稱之爲「文始狀態」。這種狀態之所以重要，在於它具有決定性；決定了文學的「本質」。

　　熟悉章太炎思路的讀者在這一句話中就可以發現，他那「操作上的復古主義」早已啓動，而且直逼盡頭，那「太初有道」的始源情境。在這一點上，他其實讓「古文」（經學）和「樸（學）達致了某種調和。在「文始狀態」中，那「文字」不是一般的文字，而是「古文」；載具不是一般的載具，而是「樸」——原始的物質。此時乾坤初分，初始的文字著於原始的物質，存而不論的神秘存有將文字著於物質上以進行初始的分類；「各從其質以爲之名」，初始的「法式」也必然的帶有物質性。看他如何申論「文學之本柢」：

> 余以書籍得名，實馮傳竹木而起。以此見言語文字功能不齊。（《國故論衡》，頁 450）

接著他把「以經爲常，以傳爲轉，以論爲倫」這些帶有價值色彩的、「非必睹其本眞」的「後儒訓說」「操作」掉，而操作出「本眞」（「樸」的另一個含義）：

> 案：經者，編絲綴屬之稱，異于百名以下用版者。……傳者，專之假借。……《說文》訓專爲六寸簿，簿即手版。古謂之忽（今作笏），書思對命以備忽忘，故引伸爲書籍記事之稱。書籍名簿亦名爲專，專之得名，以其體短有異於經。……論者，古但作侖。比竹成冊，各就次第，是之謂之專，比竹成冊謂之侖，名從其質以爲之名。（頁 450）

此「本眞」即是本字和本義。還原至極，而歸於物質。那是命名剛完成，名仍然準確的指涉著物的時刻，物質的原始功能保障了原始意義的合理性、神聖性。「名」便是爲物質所規定的原始「法式」。而章太炎以上的操作，運用的便是他「治經六法」的第一法：審名實。

如此，他的文學視域似乎無限寬廣，也頗有論者為此歡呼；而章太炎的思考方式向來是正言若反。物極必反，最寬廣的文學定義，恰也是最狹隘的文學定義。確立了本質也就等於確立了主幹，主幹之外的枝葉繁華，全都是被剝落操作的對象。剩下的才是有價值的。定義從寬，標準從嚴。

在上面的引文中，章太炎有意的舉了經、傳、論予以「正名」，企圖相當明顯。在策略上他先打破晉以來的文／筆、韻／散、文辭／學說之分，認為這些區分是不明文學本柢的皮相紛爭，不識大體。他尋求的是本質上的區分，因而率先回到命名之初，回到先秦，重新把晉以後因「文學」場域、價值、標準改變而被排除出去的經、傳、論重新納入，所以表面上看起來他對文學的構想還比晉唐以來主情性比興的文學觀念寬廣。然而他把經、傳、論納入的同時，代價卻是對原有的場域進行本質上的清理。換言之，確定了「源」之後，也確定了哪些「流」，是該被驅除的。

三、「汰華辭」

在〈文學總略〉中，在開宗明義之後，他說：

> 凡文理、文字、文辭皆稱文。言其采色發揚，謂之彣。……夫命其形質曰文，狀其華美曰彣。指其起止曰章，道其素絢曰彰。凡彣者必皆成文，凡成文者不皆彣。是故榷論文學以文字為準，不以彣彰為準。（頁 447）

「指其起止曰章」，「起止」也就是「法式」。這段引文操作了素樸檢約的經濟原則，在本質上——也就是從原始功能上——確立了「文學」是「書契記事之本」（同頁），從而本質上的排除了修飾：「彣」——並且是就其「本義」加以排除。在這段文字中，他正式樹立了兩個原則，一肯定一否定：

肯定：榷論文學以文學為準。

否定：榷論文學不以彣彰為準。

文字的問題留待後論。在否定中，又可以延伸出一個肯定的原則——論文尚質。

在晚年寫的〈天放樓文言序〉中，他強調論文（學）「宜觀其質」：

> 文者所以宣其質也。苟內屢空而美于外，美之將焉用！〔註5〕

美屬於外，質屬於內；而他「論文則規矩周秦」，因「晚周之論，內發膏肓，

〔註5〕 《章太炎全集（五）》，頁 152～153。

外見文采，其語不可增損。〔註6〕這屬於「內」的「質」，在章太炎的認知**裏**是可以和華美分割（華美沒有獨立存在的價值）的，它有著繁複的容——「言之有物」的「物」，「詩以道性情」的「性情」、「文以載道」的「道」⋯⋯。據實而言，則有六經、先秦諸子、秦漢史籍、晉唐以前的詩賦。

對於「華辭」的一貫焦慮與批駁在章太炎的書寫活動中是一件顯明的事實，始終不歇的砍伐也確實令人好奇，也許那也可以解釋為是結構性的。

一個最簡單的事實是，「華辭」矗立在「樸學」的反面，而且族類繁多。有清一代辭章、義理、考據三分，章太炎透過佛莊會通吸納了義理，對於三角結構中的另一角宿敵卻始終深懷敵意。他的遣破和攻擊甚至可以說是援用樸學的學科規範，「治經六法」第六法「汰華辭」。

「汰華辭」的動作有強烈的道德意味，直指華辭的製作者。弔詭的是，在此一動作中同時顯現出他對語言文字的信仰，與及對語言文字被使用的不信任。就後者而言，章太炎認為那是一大災害，所以常引用了諸如「淫文破典」、「華辭害道」、「言隱於榮華」之類的話頭。然而他卻不認為責任在語言文字，而歸咎於使用者。是使用者的道德出了問題，他們背叛了語言文字的信仰，悖離文字代言紀事的原始功能，忘卻了起源——「知文辭始於表譜簿錄，則修辭立誠其首。」〔註7〕反之，卻也無形中承認語言文字極易被誤用，濫用，所以才一再強調「修辭立其誠」，要求動機純正，信仰誠篤，因為「不誠無物」。

這樣的要求是相當消極的，因為「華辭」和人的情感抒發有相當密切的關係。所以在他的文學論述**裏**，進一步要處理的便是「情性」的問題。

四、「復歸於樸」

章太炎反對「學說以啓人思，文辭以增人感」這樣的說法（〈文學總略〉，頁449），認為「感」是主觀性的，學說未始不能感人（頁450）。他也接受遠古詩教，承認「詩以道性情」。而問題在於，他是如何去理解性情、感性，從甚麼角度出發，把它安頓在那**裏**？章太炎關於文學的討論都不是共時性的，都自然把它擺在朝代更替的歷史脈絡中，因而這**裏**順便討論一下他這種文學史式的處理方式。

章太炎認為感性在文學中是不具優先性的，必須不違詩教，依於道德。而他從哪**裏**出發去理解它，也就把它安頓在哪**裏**。他對於（文學）感性的理

〔註6〕 《國故論衡・論式》，頁465。
〔註7〕 《章氏叢書》，頁451。

解是功能性的，認爲它並不具有獨立的價值。他在〈思鄉原〉下明白點出「立德自情不自慧」：

> 不自慧，故雖智如挈瓶，辯如炙轂，無補益；自情，故忻望怨慕之
> 用多。〔註8〕

雄辯不足以服人，不如動之以情。他相當生動的敘述他對「情」的安頓：

> 文皆記載，而述道德者適歷分佈其間，誦之使人愛慕，又轉而不厭。
> 其漸漬人情深，故可以就至行。（同頁）

感情是道德的溶劑，服之使人不厭。反之，它也可以導人以淫，如果失去了規矩法度。它一樣得受到道德的規範，也就是以「修辭立其誠」的「誠」爲條件。

章太炎告訴我們歷史的悲劇在於，這種「立其誠」的眞實的性情／情感，非常不幸的在歷史中過早的失落了（除了在他的一些朋友的詩作中還可以偶然見到）〔註9〕：

> 詩以道性情，六義衰，性情之開始有僞飾者，然唐以上猶少是。……
> 自宋以後，詩與性情離，……雖有名章曼辭，爲世稱道者，欲依詠
> 以觀其志，則不能已。〔註10〕

因爲對他而言歷史是向下傾斜的滑梯。

在《國故論衡・辨詩》一文裏，他再度啓動他那「操作上的復古主義」，爲我們勾勒出情性在詩史中淪落的哀傷故事。情性的淪落和文類的分化、文體的變遷息息相關，在章太炎的觀念裏，當時間開始流動，初始之流自本源剝落（「六義衰」《詩經》時代結束），所有的演變都意味著對本源的偏離。文體和文類的變遷是「法式」上的變異，但同時也決定著裝載的「情性」的變異；二者都可以說是爲「文學」提供了新的可能性，呼應著一個時代嶄新的物質狀況和生存情境。然而章太炎的判斷根本不予各個變體獨立存在的價值，固執的爲每一個嶄新的可能建立源／流關係；這之間不是「發展」的關係，而總是「承其末流」；價值的中心是固定的，也是凝固的。「本質」完成於源頭，所有的變異都是那棵價值之樹上多餘的枝葉和花朵。它們都必將在

〔註8〕《章太炎全集（四）》，頁136。

〔註9〕章太炎爲李希白的詩集寫的〈治平吟草序〉稱讚他「然其傷往古，悼逝者，感慨之氣，猶時見聲律間，斯正性情之眞也。」（頁154）；又爲汪重英寫的〈璞廬詩序中〉中稱讚她「蓋學古而見情性者也。」（頁155），《章太炎全集（五）》。

〔註10〕章太炎，《章太炎全集（五）》，頁153。

章太炎的復古主義中被「操作」掉，因而〈辨詩〉中表面的文學史形式其實蘊含著殘酷的價值判決。章太炎以「斷情感」的斬截極有保留的肯定了遠古的「情性」。

在運作上，章太炎先樹立源（本乎六義），而本質（本色）即是該源的內涵；接著「操作」出一條狹窄的道德／價值視域。關鍵在於唐代（「唐世浸變舊貫，其勢則不可久」），試看他對唐代最重要的詩體──七言、近體──的評斷：

> 自爾千年，七言之數以萬，其可諷誦者幾何？重以近體昌狂，篇句填委，凌雜史傳，不本情性。……訖於宋世，小說、雜傳、禪家、方技之言，莫不徵引。夫以孫許高言莊氏，雜以三世之辭，猶云風雅體盡，況乎辭無友紀，彌以加屬者哉！宋世詩藝已盡，故其吟詠情性，多在燕樂。……要之本情性、限辭語，則詩盛；遠情性、喜雜書，則詩衰。（頁 470）

在他的價值建構中似乎只有「一種」情性，是已失落、退卻為理想的那種。而唐以後詩中所見的，大抵是「僞飾」，是華辭。在他的建構中（建構也無非是虛構），源和流之間是一種是非題，而非選擇題（「……觀郭璞之游仙而後知李賀詭誕也。……淡而不厭者陶潛，則王維可廢也。……」頁 470），至於五四以後的現代詩，他說：

> 近人創新體詩，以雜言為主，可也。但無韻終不成詩耳。〔註11〕

在他的本色本質之外，就連「情性」也不用談了。

不論是汰華辭還是安頓情性，在章太炎的文學論述中終究不是結構的中心，文字才是它的中心。於是在〈辨詩〉中他從比較繁縟的語言再度為他的文學觀念做了總結：

> 宜本之情性，參之故訓，稽之典禮，去其繡采，泯其華飾，無或糅雜故事以亂章句。先民有言：「既雕既琢，復歸於樸」，此之謂也。（頁 472）

「治經六法」中的第二法「重佐證」（「稽之典禮」），第三法「忌妄牽」（「無或糅雜故事以亂章句」）也在強調之例，足證章太炎論文之法通於治經之法。這三肯定（本之、參之、稽之）和三否定（去其、泯、無或）共同構成了章太炎論文的法式。文字在這當中被表述為「參之故訓」，而最終「復歸於樸」。「復歸於樸」，無妨理解為「回到古文字」。

〔註11〕章太炎，《國學略說・經學略說》，頁 70～71。

五、「古怪」

章太炎曾經就不同的需要，依不同的方式表述過他理解中的「文學史」（文學在歷時過程中的場域變遷），不論是《國故論衡‧文學總略》、《國學略說‧文學略說》還是〈論語言文字之學〉呈現的幾乎是古典著作的「全景」——經、史、子、集，甚至一向被視為「小道」的「小說」也不忘提及。〔註 12〕這樣的場域，幾乎便是以所有的書寫為對象。原因就在於他「推論文學以文字為準。」

也因為這樣，在〈論語言文字之學〉（上）他把先秦迄唐宋元明清的「古典文學衰微史」（總是「衰微」！）和「小學衰微史」相提並論，且認為前者受後者主導、制約，小學的衰微造成唐宋以降的文人率多「不識字」，以致淫辭浮濫，文運低迷。從韓愈的「讀書宜略識字」他推導出一個原理：為文宜先識字。然而從前幾章的討論可以看出，「識字」又談何容易。

「識字」有多難，「文學」的實踐就相應的有多難。當章太炎把尚樸崇質的觀念推論到極致，問題就回到「古文字」上。

在章太炎的生命裏，表達既已成為（文化）象徵，做為表達形式之一的書寫自也不例外。對於這一點，他自己也頗有自知之明，他把它內化為自己的文學／書寫主張——政治、文化「光復」之內、之外的一項神聖使命：光復古字。在〈自述學術次第〉中他自述道：

> 余少已好文辭，本治子學，故慕退之造詞之則，為文奧衍不馴。非
> 為慕古，亦欲使雅言故訓，復用于常文耳。〔註13〕

章太炎的好用難字、僻字、本義業已形成個人風格，也業已是個人形像的構成成份之一。「使雅言故訓復用于常文」是一項「馴化」罕用字的工程，卻由於從事者少，反倒使得章太炎行文的風格「奧衍不馴」。章太炎反倒被「不馴」化了。

章太炎的「光復古字」在理論上表述為他的方言論述、（反）白話論述、

〔註12〕章太炎討論小說，謹守《漢書‧藝文志》對小說的定位與定義，仍是運用操作上的復古主義，討論「古之小說」、小說之原意，乃是為了否定「今之小說」——晚清以降的小說熱潮。所以他在《國故論衡‧原經》中說「史之所記」，大者為春秋，細者為小說。（頁 456）仍然把小說理解為史部的一支，可以補史之闕，無礙於實錄。因而他對魯迅最肯定的「唐人始作意好奇」的唐傳奇大施撻伐：「唐人始遂意為巫蠱媟娓之言，晚世宗之，亦自以小說名，固非其宜。」（〈與人論文書〉，頁 168）對蒲松齡、林紓也大加否定。

〔註13〕《制言半月刊》第二十期，頁 8。

《文始》、《新方言》等，第四章都已經談過。這裏要補充的是章太炎爲自己好用難字進行的辯護，和它的象徵意義。

首先他認爲那才符合「正名之悒」。認爲那些罕用的「廢棄語」「多有可用爲新語者」，因爲這些「古之遺言」有無可替代的準確性。他說：

乃夫一字所函，周包曲折，晚世廢絕，辭不懔志，必當採用故訓，
然後義無遺缺。〔註14〕

再則是許多罕用字之所以變成「難字」仍是因爲它在典籍中長期「出借」（用爲假借），幾經約定俗成，本字本義遂遭廢置，借字反賓爲主，吞沒了始源。他說：

至乎六書本義，廢置已夙，經籍仍用，通借爲多。舍借用眞，茲爲
復始。其與好書通用，正負不同。曽者不睹字例之條，一切訾以難
字，非其例矣。〔註15〕

「光復」之道在於「捨借用眞」，回歸本字本義，附加條件是深通六書。而光復古字的一個原則便是依準《說文》。而這些難字、廢棄字，俗稱「死字」。章太炎對於這些他鍾愛的字被稱爲「死字」頗不以爲然，他抱怨說：

今人謂文字不用於時者，即爲『死字』；不悟用與不用，亦無恆準。

〔註16〕

別人不用他用，所以「亦無恆準」；再不然即使難以「致用」，也可退而「求是」。然而在這問題上，章太炎卻不甘心讓「致用」和「求是」斷爲兩橛，他要即求是即致用。根據他那「文字本以代言」的觀念（「原其始造，必有是語然後製是字」），要尋求二者間的溝通環結，必須從方言中去搜求古語遺跡，以對應於詞庫中的庫存字，只要對上了，該「死字」因爲語的現時存有和可以在場傾聽的音，就馬上獲得「復活」：

雖古今語變，日有洮汰，亦當日存二、三，窮詢方語，自可周知，
安得悉爲死字哉？（頁107～108）

之所以如此大費周章——窮詢方語、遍覽故典，力求「死字」復活，原因正在於那些被廢置的字「去古未遠」，它們接近始源，它們和物之間的間距不大，「因質以爲名」的結果，也只有這些初始的文字能有效的保障本眞的「質」。

〔註14〕 《檢論・正名雜議》（《章太炎全集（三）》頁510）。
〔註15〕 同前，頁509。
〔註16〕 章太炎，〈菿漢閒話〉（《章太炎全集（五）》）。

它是「代言」的「文」和「言語」之間原始和諧的象徵，這種和諧保證了詞義的不會偏離，也保障了某種既定的理解，和對於這些保障的信仰。

然而讓那些隱沒的語（本字、本義）重見天日其實又是一種加工的過程，一種文化身份認同的選擇的舉措——因爲選擇怎樣的語言（語詞）就意味著選擇一個怎樣的世界。語言的邊界往往也就是我們的世界的邊界。〔註17〕文化的理由同時也是道德、美學、存有上的理由。在這一點上，他雖然素來不大瞧得起韓愈，卻因爲在「造辭」的精神系譜上韓愈「去古未遠」，恰可引爲同道以爲用難字辯：

> 余以爲造辭非始唐人，自屈原以逮南朝，誰則不造辭者？古者多見子夏李斯之篇，故其文章都雅，造之自我，皆合典言。後世字書既已乖離，而好破碎妄作，其名不經雅俗之士，所由以造辭爲戒也。
>
> 若其明達雅詁，善赴曲期，雖造辭則何害？〔註18〕

「造辭」必須以字書爲準繩，而唐以後整個古文化產生了斷層，〔註19〕「字書乖離」「破碎妄作」，把雅言故訓懸擱起來，造成大量的字詞僵斃在遙遠的朝代。「造辭」也是章太炎的「正名之惛」，從中又可以延伸出美學上的價值次第：

> 修辭之術，上者閎雅，其次隱約。〔註20〕

遍覽章太炎的著作，這位居於「上者」的「閎雅」，實未嘗許人。他最推許的王闓運他許以「能盡雅」；而「閎雅」卻肥水不落外人田：

> 向作《訄書》文實閎雅。篋中所藏，視此者亦數十首。博而有約，文不奄質。以是爲文章職墨，流俗或未之好也。〔註21〕

閎雅的「閎」有宏大廣博之義，用在章太炎身上，似有閎達之意（淵博通達——《文選》，班固〈西都賦〉：「大雅閎達，於茲爲群。」），用他自己的話來說，便是「博而有約」的「博」，「博而有約，文不奄質」便是「閎雅」的最

〔註17〕維特根基坦：「語言（……）的界限，意味著我的世界的界限。」（轉引自洪漢鼎，《語言學的轉向》，頁153）另外，對詮釋學而言，語言構成了理解的視域，當然也劃出了「世界」的邊界。

〔註18〕章太炎，《國故論衡·辨詩》，《章氏叢書》，頁472。

〔註19〕詳參龔鵬程，〈察於時變：中國文化史之分期〉（氏著《思想與文化》，業強，1986）他認爲中唐時產生了「哲學的突破」而開展了宋型的文化。斯義散見於他的許多著作中。

〔註20〕《檢論·正名雜議》（《章太炎全集（三）》，頁510）。

〔註21〕章太炎，〈與鄧實書〉（《章太炎全集（四）》，頁169～170）。

佳註釋。王闓運能盡雅而不能閎達，所以章太炎只好「自賞」了。而他之所以恥於與當代文士並列，〔註 22〕也顯然和這種「高自標置」〔註 23〕的心態有關。

　　從這裏也可以看出，「推論文學以文字為準」最終乃然變成章太炎的自我說明，他是箇中蘊涵的價值的當然受益人。當他把「文學」的範圍擴大以包含所有的書寫，並且尤其重視論理之文、學術論著時，他的全部著作都進入了他的「文學」視域之中；而他「復活古語」的實踐又恰是他狹窄的價值標準所肯定的，後者構成了前者的「單位」。當他就自己的實踐和主張製定價值，該價值也就等於是他的主張和實踐的自我表述。理解了此一前提，才比較容易瞭解章太炎關於雅／俗的罕見說法——那是另一種自我表述。

　　在〈與人論文書〉中，他以「修辭立其誠」為前提，提出

　　　　徒論辭氣，太上則雅，其次猶貴俗。〔註24〕

駭人聽聞的把「俗」提高到僅次於雅的價值位階，一反傳統把雅／俗列為兩極的做法。然而也就在這種地方，特別可以看出章太炎之善辯和擅用近乎詭辯的技倆、恥與人同的狂狷氣和迥異於常人的思考方式。他這裏所謂的「俗」，在內涵上業經一番還原和篩選。他引《地官・大司徒注》說：「俗者，謂土地所生習。」引《天官・大宰注》說：「婚姻喪紀，舊所行也。」而「非猥鄙之謂」，換言之，他把它還原到一個還沒有負面的價值判斷的狀態中去，是「約定俗成」、「習俗」的「俗」；而非「俗不可耐」之「俗」。在這裏，隱約又可以聽到大地的聲音。

　　從方言研究的經驗中，章太炎領教了大地的幽晦，在經典中靜默瘖啞的字辭，它們的「舊音遺響」或竟失落在民間；另外「土地所生習」也往往生產出記載之外的豐沛，它是文化經驗的原始來源之一。在這一點上，它又具有「樸」的意義。此所以章太炎說：

　　　　李斯云：「隨俗雅化。」夫以俗為縵白，雅乃繼起，以施章采，故文
　　　　質不相畔。（同頁）

如此他所汲汲追求的雅反而不是初生態的樸，而是「既雕既琢，復歸於僕」的二度和諧的樸。如此意義的俗，內涵上通於雅，也不過是某一種雅的別名。

〔註22〕同前，頁 169～170。
〔註23〕錢基博，《中國現代文學史》，文馨出版社，1976：83。
〔註24〕章太炎全集（四），頁 167。

而章太炎的「閎雅」，似乎就已二者兼備。

　　自詡「閎雅」的章太炎，他的同時代人錢基博評以「詭誕」；〔註25〕他評斷平生論敵康有為「時有善言，而稍譎奇自恣」；〔註26〕為廖平蓋棺定論：

　　　　顧其智慮過銳，流於譎奇，以是與樸學異趣。〔註27〕

詭誕、譎奇語義相近，可以互通。其實他們都是同一類人，精神傾向近似，在思辯和行為上都特立獨行，恥與人同。章太炎評騭廖平的那句話，移贈給他自己也未嘗不可；在他手上樸學早已變了樣，論「智慮過銳」他也絕不會比廖平遜色。不過為了凸顯他那極端強烈、終身無改的慕古傾向，其中的「譎奇」二字，似乎易為「古怪」更為妥切。

六、「守凡例」

　　綜觀章太炎之論文學及其本身的實踐，其實和他的「治經之法」有極密切的關連，甚至可以說整個論述結構都反映了治經之法的主宰作用。這裏做一點簡單的補充。

　　一是篤守「審名實」之旨，把「正名」和論文視為同一回事，而且通乎形名。在〈與鄧實書〉中有一段清楚的表白：

　　　　以為文生於名，名生于形。形之所限者分，名之所稽者理，分理明

　　　　察，謂之知名。〔註28〕

這段文字又出現於《國故論衡・論式》（頁 466）。二則隱然強調「守凡例」。在《國學略說・經學略說》中，他把「其義竊取之也」的「義」解釋為「凡例」，〔註29〕認為史書都有凡例。擴大來談，就是「法式」。在《國故論衡・原經》有一段重要的文字：

　　　　古之作者，刱制而已。後生依其式法條例，則是，畔其式法條例，

　　　　則非。〔註30〕

「式法條例」便是法式、凡例的別稱，頗具強制性與規範性。它提供了一個不可見的結構，章太炎的復古主義操作正是反映了這樣的結構，它決定了本

〔註25〕錢基博前揭書，頁85。

〔註26〕章太炎，〈與鄧實書〉（《章太炎全集（四）》，頁 170）。

〔註27〕章太炎，〈清故龍安府學教授廖君基墓誌銘〉（《章太炎全集（五）》，頁 170。

〔註28〕《章太炎全集（四）》，頁 170。

〔註29〕「義即凡例之謂。竊取其義者，猶云其凡例也。」頁 93～94。之所以如此，部分原因在於章太炎反對微言大義和筆削之說。

〔註30〕《章氏叢書》，頁 452。

質、枝葉，源、流。論法式、審名實也都屬於廣義的「守凡例」之例。

章太炎這種守凡例的論文方式，也可說是篤守古文經學家法。「推論文學以文字爲準」的文字是「古文」，而字義皆本《說文》。是以疏不破注，執源以遣流。〔註31〕所以當他批評今文經學家「推孔子制法，訖于百世」，而十分理性的說：

> 法度者，與民變革，古今異宜，雖聖人安得豫制之？〔註32〕

不禁要令人大覺納悶。在「論文」（「文」兼指文字、文學）上，章太炎又何嘗不相信聖人爲百世制法？又何嘗不相信聖人之法是對時間免疫的？在這裏也可以看出，如果康有爲是今文經學的教主，那章太炎就是古文經學的長老。文字對他而言已不僅僅是文字，而是一種神秘（神聖）的意象。他之論文，也無非是以長老的身份再度宣告「法」的威力。

七、語詞的遭遇

章太炎那種長老的魅力形成的古怪文風與五四以來一直難以被新文學家接受的文學觀念，卻似乎可以和俄國形式主義的詩學主張掛鉤。用難字、生僻字便是一種對於日常語言的背離，讓讀者像第一次看到事物那樣的去認識那些語詞和字，從而也像第一次看到的那樣去認識該陌生語詞所指涉的事和狀態，〔註33〕而達到陌生化的效果。如此可以打破已成規套的寫作和業已自動化的感知方式，以「重新回到原初的準確觀察中去」。〔註34〕他們強調文學的文學性，也就是文學之所以爲文學的構成要素，其中之一便是詞。詞必須像物一樣被感知。而「詩就是受阻的，扭曲的言語」，〔註35〕扭曲的言語讓詞成爲感知的對象。漢字在這一點上似乎是佔了先天的優勢，尤其是廢棄的古字。古字本身似乎就是詩，尤其當它以「象」的形態展現。

讓我們回到章太炎那句「綱領」：

〔註31〕 章太炎，〈與劉光漢書〉：「至夫古義無微，而新說未鑿者，無妨于疏中特下己意，乃不爲家法所困。」（《章太炎全集（四）》頁147）。

〔註32〕 《國故論衡·原經》，頁455。

〔註33〕 維克托·什克夫斯基〈作爲手法的藝術〉：「列夫·托爾斯泰的反常化手法在於，他不用事物的名稱來指稱事物，而是像描述第一次看到的事物那樣去加以描述，就像是初次發生的事情，同時他在描述事物時所使用的名稱，不是該事物中已通用的那部份的名稱，而是像稱呼其它事物中相應部份那樣來稱呼。」方珊等譯，《俄國形式主義文論選》，三聯書局，1989：7。

〔註34〕 同前引書，〈前言〉，頁21。

〔註35〕 同註33引文，頁9。

　　　　文學者，以有文字箸於竹帛，故謂之文。論其法式，謂之文學。

現在考慮一種特殊情況——當文字是「一」時候，也就是在單個字的情況下，
是否可以說是「單位文學」？從章太炎這句「綱領」來看，是毫無疑問的。
首先它必須是以象的方式表徵的「古文」，再則必須箸於物質形器。所以必須
是「象」，在於單個文字時，構成「文學的條件之一的「法式」便是六書。六
書原就是文字的「法式」。如此，字書便也可以是文學，也是「詩」了。

　　從這裏出發，還可以走得更遠些。

　　章太炎〈正名雜議〉論語言文字形成，分三個階段：本義（名，即表實，
表有形者。）、表象（表無形者）、正文（特製正文）。此三者間有發展上的關
係，而表象和正文的關連如下：

　　　　如能，如象，如群，如朋，其始表以猛獸羊雀。……久之能則有態，

　　　豪則有勢，群則有宭，朋則有佣，皆特製正文矣。〔註36〕

此四者本義都是鳥獸（能—態，豪—豪豬，群—羊群，朋—鳳），後來指涉一
種抽象，再則爲之特製一字（能—態〔意態〕；豪—勢〔豪傑〕；群—宭〔群
宎〕；朋—佣〔朋黨〕）而復歸具體，由簡至繁，變文爲詞。而「正文」之名
典籍不見。

　　後結構主義風行之後，text 的概念被引進，通譯爲文本、正文。張漢良指
出，text 在中世紀時一度指「神的原文」（《聖經》，其後業經三次重要的變遷，
從早期的版本校勘訓詁、新評批時「獨立自足、有機的意義世界」到六〇年
代中期以後轉變爲：

　　　　它是開放的、不定的、自我解構的一種創造力，一個衍生力量的表

　　　演場所或空間。〔註37〕

而它之作爲文本、正文而大大風行並且爲中文學界後進熱烈擁抱，正在於它
伴隨後結構思潮並帶著那極易被忽略的標記而進口。在這裏讓它與章太炎在
語詞上相遇，是有一點嘲諷的認祖歸宗的意味。在章太炎的「文始主義」中，
「正文」是文字淪落爲詞的一種狀態，與 text 無關；而中世紀的 text，就其「紡
織」的原意而言，倒和太炎理解的「經」（編絲綴屬）可以溝通，神聖性也相
仿，如此它們不得不在相逢處分手。

　　在語詞上遭遇，在精神上分手。而後結構的語言哲學卻比較接近佛莊，

〔註36〕《檢論・正名雜議》，《章太炎全集（三）》，頁 494。
〔註37〕張漢良，〈正文〉（《文訊》第 18 期，1985.6）。

在不斷的遣破、意符意指的無限追蹤之下，圈出了一個沒有邊界和中心的場域。莊生得意忘言、忘象，而言和象卻是章太炎一生的信仰。初始的文字銘刻了那一椿不尋常的遭遇，造字者親臨命名的現場，目擊而道存，本質、本義經由那隻神聖的手灌注入作為載具的物質上，留下了文明的痕跡，留下了物與跡的「象」。那是章太炎永遠不能忘卻的現場，他不斷的回到那裏，並且一再的親臨了詞與物的初次遭遇。那文／野初分的時刻。

信仰決定了他的表達；而他選擇了那樣的表達其實也間接說明了，在精神上他和莊子始終大異其趣。他和莊子的相會是以佛學為觸媒的，而且是透過大乘佛學中論辯性最強的唯識去「格」《莊子》中思辯性最強的〈齊物論〉。論者都相信章太炎的話，認為他之所以釋〈齊物論〉著眼於「齊物」（由俗入真），仔細評估，他的興趣其實也許正在於「論」。他以一種完全不同於《莊子》三言（重言、卮言、寓言）的用言方式去面對〈齊物論〉，以論釋論，在感性上卻早已分手。然而莊子的理論部份就實踐在他那卮言曼衍的表達中。

如此，章太炎的「認識論斷裂」在立即、同時的「回眞向俗」中，或許就已經癒合，而留下的只是褶痕——無可磨滅的，認識論的褶痕。

八、「書寫」

和莊子在表達上分手的章太炎，在他把「文學」擴張為一切的文字表達之際，似乎和西方後結構主義的文本（正文，text）觀念有可以溝通之處，然而卻由於他的文字的本質主義——拘泥於文字、不重視主體的能動性——而在語詞上遭遇，在精神上分手。這種表面上的相似、語詞層面上的借用，也正是今日中文學界「格義」的尷尬。章太炎和後結構提前在語詞上遭遇，也表現在「書寫」此一修辭上。在後結構主義，那是一種能指的遊戲，是透過主體的投入而造成文本的多重指涉，在世界中括擦出生命的痕跡而後在不斷的擦拭中讓能指逃逸。它沒有邊界，所以不限文類、體製；恆常保持在動態的狀態。章太炎的「書寫」在跨文類這一點上有點類似，卻和他的「正文」一樣，還原到本質主義上去。在〈大疋小疋說〉一文中，他談及「書寫」：

> 黃帝之史倉頡，見鳥獸之跡，知分理之可相別異也，初造書契。是故記錄稱疋，取義於足跡。今字作疏。疋寫古音同，故亦為寫。號其物形謂之書，書者，象足之音，而孳乳之字也。（《全集（四）》，12）

章太炎的「書寫」遙指他的「文始狀態」；號其物形曰書，狀其足跡曰寫。那是對於奔走的物的一種速寫與追摹，它離那原初的物太過於接近，因而便是那初始的名。

九、故鄉

「其次有物也」（〈齊物論〉）「有物之觀念，斯人類開化矣。」〔註 38〕「文質之數，獨自草昧以逮周、秦，其器曰麗，周秦之間，而文事已畢矣。」〔註 39〕「自草昧以逮周、秦」是章太炎心目中的黃金古典時段，也是他觀念裏的神聖過去。那段時間已過去得太久，對於大部份文化中人而言是沈積得太深的遺忘，那層層的積累，需要一種特殊的考古學。即使是章太炎，以他的淵博好古，也只相當逼近的考證出「物」的本義是「牛之毛物」；〔註 40〕王國維在更深的挖掘之後幽幽的說：那「物」不只是牛的毛色，而根本就是一隻雜色的牛。〔註 41〕

在那草昧之際，奔走的原來不是象，而是牛。

在這裏，我們相當接近了章太炎知識和精神的家鄉——那原始的素樸場景，名追逐著物。他不斷的以一種迂迴回歸的方式回到他的故鄉，帶著它到自己的存有脈絡中去旅行，遭遇著陌生的時代、經驗、思潮和語詞。在一個又一個衝激的場域，他的「故鄉」卻被粹礪得更為古奧與純淨，也被推溯得更遠、更幽深。當他的所有表達都變成古老中華文化的象徵，他的語詞便渙發出蠱魅的魔力，「故鄉」於焉便是層層層累剝落之後、重重還原之極的神秘之境。那裏居址著諸多的神祉，文化代言人也無非是代祖宗說話，所以章太炎在披上長老的道服之後也儼然是個巫者了。落葉歸根，從哪裏出發，就回到那裏。

〔註 38〕章太炎，《國學略說·諸子略說》，頁 190。

〔註 39〕章太炎，〈信史（下）〉（《章太炎全集（四）》，頁 65）。

〔註 40〕章太炎，〈說物〉（《章太炎全集（四）》，頁 40）。

〔註 41〕王國維，《觀堂集林·釋物》：「古者謂雜帛為物，蓋由物本雜色牛之名，後推之以名雜帛。（《王國維先生全集初編（一）》，大通書局，1976，頁 285）。

第七章　總結：革命・光復・學隱

一、章次關聯

　　在本論文的各個結構面向之間其實都有著部份的重疊，這裡稍稍做一點解釋。在各章之間產生交集的部份主要還是在於章太炎的語言文字論述（和它的淵源）。第二章展示的是三百年的樸學的意義理論和它的意識型態意義；第三章則透過章太炎的生命史和個人思想史去呈顯他如何在畢生的亡國／亡天下的焦慮和憂患中，以「小學」為根柢，把漢民族的語言文字建構為一個特定民族文化的基本單位，而賦予「小學」前所未有的沈重使命。在他那樣做時，其實已悄悄的改變了傳統小學的體質，小學已不僅僅是「求是」的「臧往之學」，更是肩負著「致用」的使命的「知來之學」。然而傳統狹窄視域內的小學其實並不足以擔當這樣的重任，學科的邊界勢必被溶蝕，因而他把經史之學、先秦名學、諸子學等等也都納入考量，而構建出一個龐大的集體記憶的結構。他把那已嚴重客體化的「經」還原為「經世」，再輔以歷史學中的歷史敘事——歷史記憶，以往古的史事和制度為參照，以先秦諸子的治國藍圖為考量，進而可以建構民國，退而可以「保國學於一線」。如此而在精神上改了「國學」，也使得傳統學術在大變動時代中持續保有它的活力，仍具有對應現實的效力，不致淪為抱殘守闕的學究之業。章太炎的意義也許便在這裡，他以自己的方式調和了保守與激進，這便是周啓明持禮受業時心折不已的「革命的復古論」。〔註1〕而時代卻無情的嘲諷了章太炎，他的關切被學術上的不

〔註 1〕 周作人在〈我的復古經驗〉一文中談到他早年頗受章太炎「革命的復古思想」的衝擊。收於氏著《秉燭集》，轉引自錢理群，《周作人論》第十二章〈周 1

肖子孫們遺忘了，激進的知來之學再度退化爲抱殘守闕之務。

第四章和第二章有著極密切的內在關聯；清代樸學的特徵之一便是在精神上不斷的召喚漢代，章太炎在實踐上把這樣的集體召喚推得更遠、更幽深，也更神秘；樸學的語言文字信仰在章太炎的身上獲得了極致的迸發，他不止在意識型態上取消了漢——清之間（「小學不修」）的朝代，更貫徹了樸學的內在邏輯，在《說文解字》上建構出他的「始源」。在觀念上他遵循的仍是「光復舊物」的文化信仰，一方面是受邀於時代問題（白話文、漢字拉丁化等等），一方面也是他受佛莊會通的啓發之後「昀然睹語言文字之本」而產生的理論的內在需要。然而也就在這裡，他比任何人在往溯既古的路上走得更遠，也爲我們提供了一個可堪診斷的封閉的意識結構。透過對一個隱蔽中心的揭露，希望能對一些邊緣問題（如：章太炎對出土文字的否定）進行結構性的解釋。

第五章涉及的是一套和二、三、四章共通的語言哲學相衝突的異質論述，章太炎如何在那樣的場域中安頓他的「小學」，是一件耐人尋味的問題。從他頗具詭辯色彩的論證的內部，確也可以找到「論釋」的秘密，進而可以理解章太炎是如何的「縫補」他的認識論斷裂。

第六章讓兩種不同的語言哲學在一個不同的場域再度相會，它涉及章太炎對於語言文字（的書面）表達的特殊構想。在那樣的構想中特別可以看出章太炎根柢於小學的本質主義邏輯。另外，刻意讓它和後結構主義在語詞上遭遇，是因爲章太炎的思辨方式和後結構頗有共通之處；〔註2〕然而章太炎根於語言文字的本質主義卻讓他們在許多根本的地方即已分手。維根斯坦的「家族相似」和章太炎的「家族指認」是一個顯著的例子；〔註3〕章太炎精神上的

作人與章太炎〉（久大，1994：227）。在我的行文中爲便於論述，有時把它稱做「革命的復古論」。

〔註 2〕孫萬國在〈也談章太炎與王陽明〉一文中指出，章太炎的思想頗近於西方廿世紀以來的「反唯理主義思潮」（收於《章太炎生平與思想研究文選》，頁 352、353）對於西方啓蒙時代的哲學的全面批判在路徑上也可以說是近於後結構。

〔註 3〕章太炎的「家族指認」是一種本質主義的「神聖約定」；而維根斯坦的「家族相似」卻可以說是「在場規定」，視具體的語境來決定語言（詞）的意義。「神聖約定」的封閉不止於它規定了字詞的本質意義，甚至還制約了語境——它潛在的決定了字、詞可能出現的上下文存在的合理性，字詞的「本義」就可以「合理」的否決可能讓它質變的上下文。因而「在場規定」的「在場」在那樣的認知之下被取消了當下的歷史性，一再的被還原爲「遠古的在場」，那也就是本論文第四章亟力揭露的幽森的集體意識的結構。

「文始狀態」和後期海德格存有論上的「與物同遊」、〔註4〕莊子「遊心於物之初」的精神狀態〔註5〕都大異其趣。這樣的比附並非沒有意義，因爲當前臺灣中文學界大致仍以「小學」爲基礎科學，語言文字仍然是他們共同的、存而不論的信仰；以章太炎思辨之敏銳在精神上尚且無法相契，智慧遠不如章太炎的，也就可想而知了。而當今許多中文系出身的學者在藉用後結構主義時，往往也只是語詞上的借用，蘊含的還是本質主義的假定。這一現象本身頗值得探究，章太炎難以跨越的封閉可以做爲他們共同的參照。

　　以上五章旨在透過五個相互關涉的結構切面的交叉網路，去揭露一種森嚴僵硬的、集體的意識結構；它不止呈現在那個時代的文化代言人章太炎的身上，而是早已安居在大中華文化系統的內部，語言文字便是該結構的「基本單位」。

　　再則身爲文化長老（的角色）的章太炎，在他的文化堅持與政治實踐之間，必然的會遭遇「保守」與「激進」的爭議；問題就蘊含在他那「革命的

〔註4〕「與物同遊」是後期海德格思想的重點之一。陳榮華如此描述：「思考不是根據它自己的意志去攫取思考之物。而是返過來，思考之物給出它自身，而思考順從它和接納它。……」（氏著，《海德格哲學：思考與存有》，輔仁大學出版社，1992：174）在這獻出與答謝（接納）中，人與思考之物（存有）各得其本性，而互相獲得存有論的基礎。「思考之物賜予，而思考順從著它並以思考去回報它。且在其回報中，思考之物與思考各得其性，正因此，思考之物更賜予，而思考又在順從而回報……。思考與存有就在此無止的賜予、順從、回報中互相懷抱在一起。」（175）對於這種情況，陳榮華把它叫做「與物同遊」，用海德格的話是「遊於事物本身」（同頁）。然而箇中的「物」的本性又並非實證意義上的現象界的物，而是透過藝術作品──繪畫、詩歌等等。晚年的海德格尤其注重詩歌，主張「語詞破裂處，無物存有」、「語言是存有的屋宇」，因而他那本體的、存有論上的神秘的「物」其實並不能捨語言而獨存，而毋寧是透過具有強烈「物性」的原始語言去讓它自我顯示。章太炎那種語言上的原始主義關注的並不是「物」，尤其是存有論意義上的「物」──他關注的始終是「名」本身。

〔註5〕《莊子・田子方》：「孔子見老聃，老聃新沐，方將披髮而乾，慹然似非人。孔子便而待之，少焉見，曰：『丘也眩與，其信然與？向者先生形若槁木，似遺物離人而立於獨也。』老聃曰：『吾遊心於物之初。』孔子曰：何謂邪？曰：『心困焉而不能知，口辟焉而不能言，嘗爲汝議乎其將。至陰肅肅，至陽赫赫；肅肅出乎天，赫赫發乎地；兩者交通成和而物生焉，或爲之紀而莫見其形。……』」在莊子，「遊（心）於物之初」是一種全然離於名相的精神境界；在那「物之初」尚未有物，物猶未顯形，道體渾沌；然而也因爲把它喚做「物之初」，既已有「物」之名，所以那也可以說是介於「未始有始」與「有始」之間的一種狀態。而章太炎的「物之初」卻是「有始」以後的事；他的「物之初」指的是「物命名之初」。

復古思想」中，同樣的也呈現為「啟蒙的辯證」，也可以說涉及了他對於「學隱」的特殊思考——在更根本的層次上其實涉及的是章太炎文化主義和種族主義意識型態之間的衝突和調和。以下略做補充。

二、革命的復古論

　　章太炎屢屢對於「革命」此一修辭感到不安且履欲以「光復」之名正之，在為鄒容的《革命軍》寫的序中他有意識的區辨此二者：

> 同族相代，謂之革命；異族擅竊，謂之滅亡；改制同族，謂之革命；驅逐異族，謂之光復。今日中國既滅亡於逆胡，所當謀者光復也，非革命云爾。容之署斯名，何哉？諒以其所規劃，不僅驅逐異族而已，雖政教學術、禮俗材性，猶有當革者焉，故大言之曰革命也。（《章太炎政論選集》，頁 193）

在這段文字中他把主要的關切都放在異族入侵的問題上（「夷夏之防」），且斥斥於語詞的「本意」。有趣的是，依照他對語詞的認知，倒是康黨在攬「革命」，他們的訴求其實是「光復」。而問題在於，當他因勢而援用「革命」之名且為求心安而重新做解釋時，卻顯露出革命／光復的內在矛盾。在種族問題上，「光復」遠比「革命」激進和徹底，它帶有著強烈的種族主義意味；然而在文化上，「革命」卻遠比「光復」來得基進和具批判性。在這一段文字中，章太炎十分曖昧而又矛盾的道出了他那一時期中種族上的光復主義和文化上的革命訴求。在當時的時代語境中，「革命」是激進的標幟，章太炎政治上的光復主義在「名」被遮掩的情況下默默的存在著；然而從他後來的表現其實可以看出，他之一再的企圖「正名」未始沒有更深層的考量——其實在文化上，他走的也是「光復」而非「革命」之路——用他的話來說那便是「光復舊物」——以發思古之幽情。「革命」的時代語義在章太炎個人的實踐裡最終仍被「正名」為「光復」；在他革命思想的內部、做為他革命思想的最幽深的動力其實便是他的「復古」。這便是「革命的復古思想」內在的辯證法和內在訴求：他意不在全盤的改造舊中國，而是企圖透過「光復舊物」來為新中國尋求存在的依據。以他對中國文化傳統的瞭解，太多被後世遺忘的資源都可以經由他的召喚及富於當代意義的解釋而重現活力，而寓開新於復古，〔註6〕關於這一

〔註6〕「寓開新於復古」是龔鵬程先生解釋中國文化變遷時習用的解釋模式。在〈傳統與反傳統——以章太炎為線索，論晚清到五四的文化變遷〉一文中，對於章太炎的「傳統」與「反傳統」之間的繁複辯證有一番比較豐滿的論證。本

點，他在《訄書・尊荀第一》就已開宗明義點出他對於古今的辯證觀點：

> 近古曰古，大古曰新，綦文理于新，不能無因近古。曰後王。
> 古也者，近古也，可因者也。……漢因于秦，唐因于周，因之曰以
> 其法爲金，而己形範之，或益而宜，或損而宜。損益曰變，因之曰
> 不變。仲尼、荀卿之于周法，視此矣。其傃古也，所以便新也。(《全
> 集（三），頁7》)

這段見於《訄書》初刻本而不見於改訂本、《檢論》的文字，是章太炎「從尊
清者遊」時期受「康黨」影響而帶有維新色彩的進化史觀「遺跡」，在他「進」
到革命之後便既悔少作而刊落。然而綜觀章太炎一生的革命實踐，這幾句被
他擦掉的文字卻是最佳的註腳、他最簡約的自我說明。在章太炎的精神世界
裡，在他後來的革命實踐中，「近古」無非是明代，而「大古」則是從「去古
未遠」的漢代以迄「五朝」；而「因」字道出了箇中的機制。章太炎的「有學
問的」革命，它的「學問」便在這裡：他具有一種超乎常人的、召喚古代幽
靈的能力，一種長老及巫者合而爲一的（學術上的）神通。古代的事物以它
長期被遺忘或掩埋的陌生性向世人展現它古樸的新意，而章太炎以自己衝決
羅網的革命行動來爲那被召喚而來的「舊物」提供嶄新的理解的上下文。然
而「寓開新於復古」在結構上卻又必然包含了一個結構性的反面：「寓復古於
開新」。〔註7〕抽離了他個人的革命活動，去除了時代語境，沉澱下來的便很
可能只是他那古意盎然的「學問」本身；革命的復古思想，也即是復古的革
命思想；反傳統的傳統主義者，也即是傳統的反傳統主義者。被文化長老召
喚來的「舊物」並非馴服的工具，在操作的復古主義不斷的操作之下，策略

論文從開始到結束原先都避免「傳統／反傳統」這樣的分析架構，那雖然方
便，卻十分容易把問題簡單化，或者把焦點帶回到一些特定的地方，而陷入
了前人二元對立的問題設定中去。然而不論是口考還是口試，發問者感興趣
的還是這樣的議題，且似乎總希望有一個明確的答案。在這補充的一章裡，
隨俗略做回答，強調的卻是：任何的問題架構都有它的權宜性。常常，當我
們選擇了問題架構幾乎就等於選擇了問題的答案——假使我們習於對理論缺
乏反省。

〔註7〕比較詳盡的討論參筆者〈隱沒於「寓開新於復古」之中的——一個「起點」
討論〉（刊於淡大中研所，《問學集》第四期）全文挪用龔先生自己的文字以
揭露他與及他同時代的中文系棲身者封閉的認知結構，此文的論點他完全不
同意，譽爲「零分」之作。我和龔老師觀念和立場上的分歧，到寫這篇文章
時業已全然結構化；碩士論文的寫作，不免全然是個人的「土法鍊鋼」，雖然
在方法上用的也許是「鍊金術」。

也因爲長久、恆常的存在而獲得了本質的意義。所有的正面都包含著一個或多個的反面，章太炎的尷尬也就在這裡。有趣的是，前面引的那段文字其實有著極爲強烈的維新色彩，也可以說是經過局部修正的維新史觀。因而在「維新」和「革命」之間或許也猶如章太炎的「革命」與「光復」之間，有著微妙的鏡像關係。而章太炎的「革命的復古思想」中蘊含的「保守的可能」也擴及了他的啓蒙實踐，涉及了象徵符號的更替或襲用、認知結構的調整等等問題。

三、啓蒙的辯證

在第三章論及章太炎的啓蒙策略時曾引用章太炎自己的話，大意是說：在啓蒙的考量之下，他對於新、舊思潮的援引常常是視啓蒙對象的需要而定，對於慕新者給予新，慕古者給予古。然而他在表達上卻一逕的出之以最「古意」的表達方式；這是一個頗值得玩味的問題。候外廬在討論顧炎武時也注意到顧炎武的啓蒙和表達，他認爲顧炎武在那個時代轉折期中已有許多超乎時代的洞識，然而在表達上卻沿用了舊有的語彙和方式，〔註8〕那似乎是轉型時代的啓蒙者的尷尬：他們一方面是找不到新的語彙，一方面卻也得顧及啓蒙的對象——必須用他們讀得懂的語言去表達。然而問題的嚴重程度實遠不止於此。運用傳統、固有的語彙來表達其實至少還有兩層意義：（一）表示那樣的（新）主張不（只）是他個人的意見，而是早已獲得傳統的認可，甚至根本就包含在傳統典籍未經解碼的某段文句之中。用列文遜的話來說，爲了表明那其實是「聖人的意圖」。〔註9〕（二）語言的邊界往往也就是世界的邊界，那樣的表達也無非是舊瓶新酒，因而也就隱喻著表達的侷限。舊的符碼有它過多的「原意」，重新注入的意義雖然業經個人的再度符碼化，卻難免時時經受著「聖人的意圖」的潛在顛覆，甚至掩沒。更要命的是，那其實意味著個人（或群體）認知結構調整上的失調。那些他們面對著的新的現象與事物，「卻不能與他們認識結構中原有的任何概念直接吻合和匹配」，因而

〔註8〕 候外廬說顧炎武「的還原術至爲純熟，沒有一句話不是披上經學的文句來講的」，而《日知錄》之所以「一條之成之所以費日至多，正因爲他善於披上經典的外衣而說當代人要說的話。」（氏著《中國思想通史》第五卷，頁217）。語詞是最初級的戰場，往往也是最終的戰場，在啓蒙時代的哲學家身上，尤其可以看出這一點。

〔註9〕 勒文森（Joseph R. Levenson）著，《梁啓超與中國近代思想》，四川人民出版社，1987：4。

所導致的卻是于不自覺中所萌發的對自身的認知結構進行内部調
整、補充乃至改組，以順應對該異質客體在自己的認識結構中予以
吸收的功能要求。〔註10〕

就章太炎而言，「光復舊物」的語言策略其實表徵了他在認知結構上沒能做根
本性的調整，新知、新的概念等等在他的認知結構中都被邊緣化了，或者只
侷限在工具／用）的層次。因而章太炎的文化啓蒙，其實一直帶有著「重新
認識中華文化」的訓誨意味，仍是以文化教養爲優先。章太炎的侷限同時也
是他同時代及我們這個時代的傳統主義者認知上的侷限。

從這一點又可以延伸補充討論做爲革命家／國學大師雙重身份的章太炎
在建構革命理論、反省文化問題時面臨的兩種不同的立足點之間的衝突及其
調，在這裡我們必須回到「學隱」的論題上。

四、「學隱」、文化主義與種族主義

章太炎對於改朝換代、異族入主或亂世中知識份子出處進退的思考，形
成了他那十分值得玩味的「學隱」論。從《訄書‧重訂本》到《檢論》都收
有題爲〈學隱〉的專文，文中對於乾嘉諸儒的埋首於考據頗致以同情的瞭解，
在論述上和梁啓超、錢穆的批判顯爲異途：

處無望之世，衒其術略，出則足以佐寇。反是，欲與寇競，即網羅
周密，虞候枷互，執羽籥除暴，終不可得。進退跋躓，能事無所寫，
非施之訓詁，且安施？（《全集（三）》，480）

章太炎把從事「古學」看做是異朝政權下明哲保身、不與政權共謀而保存性
命以「保國學於一線」的消極策略，著眼的是文化的考量。在這一考量之下，
文化較諸於「民族大義」實具有絕對的優先性。章太炎對於一些中國歷史上
「事二君」或「事二朝」的知識份子的寬諒，正是著眼於此。《檢論》中的〈楊
顏錢別錄〉、〈雜志〉（從《訄書‧初刻本‧雜說第四十八》、《訄書‧重訂本‧
雜志第六十、別錄甲第六十一》修改而成，文字無大更動。）論及易朝學者，
都有著一種審愼的同情。對於「事異主」的士大夫在文學辭章中對前朝君主
表露出的懷念，也都不以爲是虛偽造作，認爲那是人情之常：「同在禹域，則
各矜其主，無傷也。」（頁579）；而認爲錢謙益「不盡詭僞」：「其悲中夏之沈
淪，與犬羊之擾，未嘗不有餘哀也。」（頁 581）這是從人情的角度立論；在

〔註10〕 李存煜，《失去的地平線──帝國主義的侵略與民族心理的演變》，國際文化
出版公司，1988：41。

進行這樣的論述時，章太炎的核心關切仍在於文化統系的傳承，所以他在〈雜志〉文末不無感慨的下了總結，自秦大一統以來，歷數轉折期知識份子污名以守道的苦心：

> 儒阬于驪山，而伏生、叔孫獨脫。及秦之廢，通履漢朝焉。其違于守節？……夫以身衛禮樂儒術，不卹其汙，此誠非溝瀆之小諒所能歧也。及身弗能衛，幸猶有膚敏逸民，以守善道。而世又靡之，則弗卹其汙，以衛是人。如馮道、錢謙益者，亦盡瘁矣哉！不然，革命之際，收良以填溝壑，而天地之紀絕矣。（頁585）

「亡天下」較諸於「亡國」是他更深切的憂心，國可亡而文化不可亡，這是文化代言人對於民族文化最沈重的承擔。這種承擔在章太炎看來較諸於夷夏之防、盡忠殉國等等都更為困難，也更具有優先性，需要負出的代價也相對的大；它的首要條件是不能死，又不能逃避（否則在文化上毫無影響力）；必須有勢、有位，因而和異朝政權必然的會有一定程度的妥協；但又不能過於諂媚奴態，否則不但羞辱了自己也污辱了文化。這自然比「等閒一死」要難得多，也比隱遁於山林來得困難；所以章太炎在論述「學隱」時，同時也翼以另一個觀念：「朝隱」。在〈學隱〉一文中，談到在大清太平盛世之下，復明無望，而士大夫耽於利祿功名，東原「懼夫諧媚為疏附，竊仁義於侯之門者」：

> 故教之漢學，絕其恢譎異謀，使廢則中權，出則朝隱。（《全集（三），162》

自嘆「廢不中權」的章太炎（《訄書》初刻本、重訂本〈敘〉），充份的意識到「漢學」的政治性與道德性；在「出則朝隱」的理想性預設中，文化承傳必須是士大夫自我的道德與政治設限，在文化的考量下，身雖在朝而心態上卻仍然是「隱」的狀態——大隱隱於朝。反之，「廢則中權」，則為「學隱」。不論是朝隱還是學隱，對於異朝或二主都是有保留的接受，保留下來的部份則留給了學術，以讓「天地之紀」得以在最難堪的處境中永續。此所以章太炎在上海繫獄時會突發狂語，認為他萬一身殉，則「國故民紀，絕于余手」；十年後厄於龍泉又發舊歎：「吾死以後，中夏文化亦亡矣」。站在個人的立場他求「速死」，站在文化角色的立場卻又不敢輕易言死，這便是「學隱」之難。必須忍辱偷生，冒百世誤解與嗤罵之恥。

　　章太炎這「得之於憂患」的學隱說，在觀念上其實也隱然前有所承。在大清帝國一統漢疆之初，轉型期知識份子們切身的面臨了出處進退的問題，

在問題的情境上就和章太炎思索「學隱」的處境類似；而那也是一個做為革命家的章太炎精神經常投射的時代，對他而言那是一個感同身受的問題情境。

　　以清初三大家為焦點人物的三百年學術史的開場，在這些故老們受囑目的義正辭嚴的民族氣節及後世研究者／傳述者的囫圇渲染中，許多問題都被想當然爾的遮蓋了。根據何冠彪對於清初跨朝學者對「出處進退」的思考與爭議的研究，〔註11〕發現在表面的絕對「死忠」之下，其實大有文章。何先生大體把這些清初的爭論者因他們不同的立場而分為「種族主義者」與「文化主義者」（115～116），前者嚴守夷夏之防，後者以漢文化的存續為優先考量。前者如顧炎武、王夫之、呂留良等；後者如黃宗羲、陸世儀、陳確等。前者常不惜隱遁山林，或假空門以寄身，而絕跡於人世；後者卻可以在文化的考量之下，選擇出仕。不論前者還是後者，他們面對的許多問題其實是共同的。首先，在明亡之初，在復興無望之後，他們面對的共同問題是要不要或該不該殉國？如果選擇苟存性命於異朝，則必須有雄辯的理由以為支持。或者是持續的、地下的無望的革命活動；或者是「著書待後」的文化建構。就前述的「種族主義者」而言，他們和「文化主義者」的共同點恰恰在於：在學術上「著書待後」。殉國問題不成問題之後，他們都成了「遺民」，遺民面對的是（一）迫切的生計問題，及（二）清政府的威迫利誘；「種族主義者」是決絕的逃遁，而所謂的「文化主義者」卻也未嘗輕言妥協。因而他們之間的區辨恐怕也是非本質性的，〔註12〕只是程度上的差異。即使他們本身在出處進退上持守極嚴，時間的無情考核也無法經受——他們的後人，是否要以世代的布衣，以守隔朝的愚忠？所以後來遺民們發展出「遺民不世襲」的權宜說法，有保留的認可了異朝政權存在的合理性，或者積極的鼓勵、或者消極的不阻止子弟們出仕，充份反映出做為「遺民」的尷尬。

　　「尷尬」已是遺民們存在的屬性。何冠彪十分有意思的做了一個假設：有些遺民之所以可以維持遺民的純度，仍是「因為部份遺民派遣子弟出試及出仕，才能維持他們的生計，才能保障他們不失節。」（144～145）而清者自

〔註11〕　這兩段文字敘述的內容主要是參考何冠彪先生的幾篇文章：（1）〈論明遺民之出處〉；（2）〈論民遺民子弟之出試〉；（3）〈戴名世與八股文〉（均收於氏著《明末清初思想研究》，學生書局，1991）後文引用時只標明頁碼。這本書處理問題頗為細緻，也別有見地。

〔註12〕　何冠彪討論這些人時並沒有做那麼機械的劃分，此一劃分也僅見於頁 115～117 的註 88 中。本文為了討論的方便而做了簡化的處理，與作者無涉。

清，濁者自濁。同樣有意思的是，被章太炎譽為「最清」而被何冠彪稱做「對清初的治政、社會、文化等沒有半點貢獻」的王夫之，他那完全不涉入當世之務的隱居著述，同樣可以被批判——「把『今之世』的責任推卸給別人」，對於民生疾苦全不著意，一切現實的社會問題「他們都可以置身事外，不需負任何責任，而責任就由那些（被他們嗤罵的）『陋儒』去負擔了」（87）。進退兩難，出則有「佐寇」之嫌，退則有「自私」之疑，此所以為「尷尬」。

章太炎在建立他的革命理論之初，曾經主張激進的種族主義論調，可是不論他在種族問題上如何的激進，文化的存續仍是他最深切的考量。伴隨他一生的不是別的，是亡國／亡天下的雙重焦慮，所以年歲越大他越無法單獨的堅持其中一項，所以他透過繁複的學術建構，在兩者之間找到了一條綜合之路：把一個民族特有的文化建構成一個種族之為該種族的內在本質屬性，且以該民族的語言文字為基本單位。「種族」因而從生物學上的物種本質，轉而以文化為其本質，如此他必然的堅持文化上的本質主義立場。也就在這裡，他為「學隱」奠立了堅實的理論基礎。而中華文化深不可測的收編能力也透過歷史長期的合理性給予信心和情感上的保障——歷史上凡是入主中國的異族，下場都一樣，就是它原有的文化特性被消磨殆盡。因而保存文化也就幾乎是等於保障了種族的存在，也因而不管時局多壞，「學隱」都是知識貴族們最後的陣地。在這種情況下，出仕本身已不是問題，問題是：能否做到「繼天地之紀」？

然而也就在這裡，他同樣的為擅於鑽營的曲學阿世之徒大開方便之門，「學隱」在前提被加括之後，就很可能淪為政權的意識型態共謀，「吾心甚安」的和利祿權力掛勾。

五、最後的……

章太炎透過他那幽深的文化想像建構，而在語言文字上構建出一封閉的始源。如此而讓「操作上的復古主義」獲得了大規模的併發，從而讓中華文化「咬文嚼字」（這裏取望文生訓之義，尤其強調「咬」、「嚼」的動詞性）的文化憂鬱症從隱匿的狀態中浮露出它古舊森嚴的結構。章太炎提供了一個千載難逢的機會，甚至很可能前無古人、後無來者——因為他剛好生存在一個那樣的時代轉折期。秦漢以來千年的大帝國正面臨結構性的鬆動。而在它尚未瓦解前，和它相依存的文化、認知結構就已植入章太炎幽深的內在，在八年詁經精舍的詁經中。然而他同時也參與了帝國的瓦解，讓它的「根柢」去

接受新時代的挑戰；他可以是清帝國的遺老，然而他選擇做亡明的文化遺民，民國新人。一輩子活在亡國亡天下的危機之中的章太炎，爲保存國性不得不將語言文字建構成一種類似（文化）遺傳代碼式的歷史實在，以承載民族的集體記憶。而語言文字的每個單位，在章太炎建構的譜系中都有它固定的位置。身在晚清——民國，歷史的偶然性迫使中華帝國古典學術面臨了千載難逢的總結，章太炎是代表性的總結者之一，而轉折期的弔詭卻也讓他成爲被總結的對象。在那樣的時代，他要不是注定做一個「最後的」（「最後的國學大師」）；那就是注定做一個「最先的」（如：最先的甲骨文研究者——孫詒讓、羅振玉、王國維，最先的白話文倡導、實驗者——胡適及魯迅等五四同人⋯⋯）；他的視域、個性、際遇讓他選擇了前者。最後之爲最後，就在於那是「空前絕後」。他總結了前代，時代幫他總結了後代。在他之前，推論尚未至極，論述尚未窮盡；在他之後，只剩下餘緒、餘響、餘音。在章太炎的身世中浮露的大結構再度自地平線隱沒，卻仍舊以不可見的形式存活在這一個時代乾嘉樸學想像的繼承人（素樸的）森森意識中，構成了他們理解的視域、前理解和偏見，也扭曲了他們的認知結構，讓他們在那條往溯既古的逃逸之路中迷失了，而產生了「時空錯置」的錯覺。這種不可見形式，在今日可見的物質表徵便是「門檻」。他們和五四德先生賽先生及德、賽遺族共同「總結」了章太炎，章太炎的文化使命感在他們的「繼承」中腐化成優越感，且永遠失卻了「大體」的繁雜與豐富。（實踐）主體於是便安逸於太平盛世的「學隱」之中。

1994.7.8.補

引用及參考書目舉要

一、章太炎著作及相關研究

1. 《章太炎全集（一）》。1982。上海人民出版社。內含《膏蘭室札記》、《詁經札記》、《七略別錄佚文徵》。

2. 《章太炎全集（二）》。1982。上海人民出版社。內含《春秋左傳讀》、《春秋左傳讀敘錄》、《駁箴膏肓評》。

3. 《章太炎全集（三）》。1984。上海人民出版社。內含《訄書》初刻本、重訂本、《檢論》。

4. 《章太炎全集（四）》。1985。上海人民出版社。內含《太炎文錄初編》。

5. 《章太炎全集（五）》。1985。上海人民出版社。內含《太炎文錄續編》。

6. 《章太炎全集（六）》。1986。上海人民出版社。內含《齊物論釋》、《齊物論釋定本》、《莊子解故》、《管子餘義》、《廣論語駢枝》、《體撰錄》、《春秋左氏疑義答問》。

7. 《章太炎全集》（上、下）。1982。（台北）世界書局。（按：同於《全集》者不錄。含《文始》、《新方言》、《小學答問》、《國故論衡》、《菿漢微言》、《太史公古文尚書說》、《古文尚書拾遺》、《新出三體石經考》、《菿漢昌言》、《章太炎先生家書》。

8. 《章太炎的白話文》。1972。藝文印書館。

9. 《國學略說》。1974。河洛圖書出版社。

10. 《國學概論》。1974。河洛圖書出版社。

11. 《章太炎政論選集》（上、下）。湯志鈞〔編〕。1977。〔北京〕中華書局。

12. 《章太炎選集》。朱維錚、姜義華〔編注〕。1981。上海人民出版社。

13. 《章太炎先生家書》。湯國梨〔編〕。1985。上海古籍出版社。

14. 〈自述學術次第〉。《制言半月刊》。第二十五期。但植之記。〈菿漢雅言札記〉。《制言半月刊》。第二十五期。

15. 〈答馬宗霍論古文大篆書〉。《制言半月刊》。第三十四期。

16. 〈與馬宗霍論近人偽造碑版書一〉。《制言半月刊》。第四十三期。

17. 〈積古齋鐘鼎彝器款識語〉。《制言月刊》。第四十八期。

18. 〈答金祖同論甲骨文書〉。《制言月刊》。第五十期。

19. 〈論讀史之利益〉。王乘六、諸祖耿〔記〕。《制言月刊》。第五十二期。

20. 〈略論讀史之法〉。王乘六、諸祖耿〔記〕。《制言月刊》。第五十三期。

21. 〈國學之統宗〉。諸祖耿〔記〕。《制言月刊》。第五十四期。

22. 〈歷史之重要〉。諸祖耿〔記〕。《制言月刊》。第五十五期。

23. 〈春秋三傳之起源及其得失〉。諸祖耿〔記〕。《制言月刊》。第二十六期。

24. 〈白話與文言之關係〉。1935。《國學概論》附錄。

25. 〈論經史實錄不應無故懷疑〉。1935。《國學概論》附錄。

26. 〈論讀經有利而無弊〉。1935。《國學概論》附錄。

27. 《章炳麟傳記彙編》。存萃學社〔編集〕。1978。大東圖書公司。

28. 《章太炎年譜長編》（上、下）。湯志鈞〔編〕。1979。〔北京〕中華書局。

29. 《章太炎傳》。王有為。1984。廣東人民出版社。

30. 《章太炎的思想（西元 1868～1919 年及其對儒學傳統的衝擊》。王汎森。
    1985。時報。

31 〈獨行孤見的哲人──章炳麟的內在世界〉。傅樂詩〔著〕、周婉窈〔譯〕。
   傅樂詩等，1985。

32. 《章太炎思想研究》。唐文權、羅福惠。1986。華中師範大學。

33. 《章太炎生平與思想文選》。章念馳〔編〕。1986。浙江人民出版社。

34. 《康章合論》。汪榮祖。1988。聯經。

35. 《章太炎生平與學術》。章念馳〔編〕。1988。三聯書店。

36. 〈關於太炎先生的二三事〉。魯迅。《魯迅全集（6）》。1989。谷風。

37. 〈傳統與反傳統以章太炎為線索，論晚清到五四的文化變遷〉。龔鵬程。
    《傳統・現代・未來五四後文化的省思》。金楓。1989。

38. 《近代經學與政治》。湯志鈞〔編〕。1989。〔北京〕中華書局。

39. 《改良與革命的中國情懷》。湯志鈞〔編〕。1990。〔香港〕商務印書館。

40. 《章太炎研究》。汪榮祖。1991。李敖出版社。

41. 《章太炎》。姜義華。1991。東大圖書公司。

42. 《章太炎〈齊物論釋〉之研究》。蘇美文。1993。淡江大學中研所碩士論
    文。

三、其他著作

1. 《人論》。恩斯特‧卡西勒〔著〕。甘陽〔譯〕。1990。桂冠。

2. 《十駕齋養新錄》。《錢大昕讀書筆記廿九種之一》。錢大昕。1979。鼎文。

3. 《大乘起信論校釋》。眞諦〔譯〕。高振農〔校釋〕。1992。〔北京〕中華書局。

4. 《中國經學史》《民國叢書》第二編 3。馬宗霍。1937。上海書局。《清代學術概論》。梁啓超。

5. 《中國近三百年學術史》（上、下）。1980。錢穆。1937。東大。

6. 《中國思想通史》第五卷。1992。侯外廬。1956。〔北京〕人民出版社。

7. 《中國思想通史》第二卷。1992。侯外廬、趙紀彬、杜國庠、邱漢生。1957。〔北京〕人民出版社。

8. 《中國近三百年學術史》。《梁啓超學術論叢‧通論類（一）》。梁啓超。1978。南嶽出版社。

9. 《中國思想傳統的現代詮釋》。余英時。1989。聯經。

10. 《中國字典史略》。劉葉秋。1984。漢京。

11. 《中國文字學》。龍宇純。1984。學生書局。

12. 《中國甲骨學史》。吳浩坤、潘悠。1985。上海人民出版社。

13. 《中國小學史》。胡奇光。1987。上海人民出版社。

14. 《中國語言學史》。王力。1987。駱駝出版社。

15. 《中國古代語言學文選》。周斌武〔選注〕。1988。上海古籍出版社。

16. 《中國學術名著提要‧語言文字卷》。胡裕樹〔主編〕。1992。復旦大學出版社。

17. 《中世紀文化範疇》。A.古列維奇〔著〕。龐玉潔、李學智〔譯〕。1992。浙江人民出版社。

18. 《中國神話的思維結構》。鄧啓耀。1992。重慶出版社。

19. 《中國哲學文獻選編》。陳榮捷〔編著〕。楊儒賓等〔譯〕。1993。巨流。

20. 《王國維先生全集初編（一）》。王國維。1976。大通書局。

21. 《文字聲韻訓詁筆記》。黃侃〔述〕、黃焯〔編〕。1983。上海古籍出版社。

22. 《文學結構主義》。羅伯特‧休斯〔著〕。劉豫〔譯〕。1988。三聯書店。

23. 《文史通義》。章學誠。1980。華世出版社。

24. 《文化符號學》。龔鵬程。1992。學生書局。

25. 《方言與中國文化》。周振鶴、游汝杰。1986。上海人民出版社。

26. 《日知錄（集釋）》。顧炎武。1962。河洛。

27.《古文字學導論（初版、改訂本）》。唐蘭。1986。學海出版社。

28.《古漢語論集（第二輯）》。張之強、許嘉璐〔主編〕。1988。湖南教育出版社。

29.《古漢語詞匯綱要》。蔣紹愚。1989。北京大學出版社。

30.《史學與傳統》。余英時。1982。時報出版公司。

31.《民族主義》。李國祁等。1985。時報出版公司。

32.《同源字典》。王力。1987。〔北京〕商務印書館。

33.〈尼采・系譜學・歷史〉。Michel Foucault〔著〕。李宗榮〔譯〕。《島嶼邊緣》。1992。第五、六期。

34.《西方語言學名著選讀》。胡明揚〔主編〕。1988。中國人民大學出版社。

35.《老莊思想論集》。王煜。1986。聯經出版公司。

36.《在中國發現歷史》。柯文〔著〕。林同奇〔譯〕。1989。〔北京〕中華書局。

37.《印度哲學》。姚衛群〔編著〕。1992。北京大學出版社。

38.《近代中國思想學說史》（上、下）。侯外廬。1956。坊間盜印，無出版時地。

39.《狄爾泰》。H.P.里克曼〔著〕。殷曉蓉、吳曉明〔譯〕。1989。中國社會科學出版社。

40.《阿圖塞的馬克思主義》。柯林尼可斯〔著〕。杜章智〔譯〕。1990。遠流出版公司。

41.《社會語言學導論》。彼得・特拉吉爾〔著〕。周紹珩等〔譯〕。〔北京〕商務印書館。

42.《走向語言之途》。馬丁・海德格〔著〕。孫周興〔譯〕。1993。時報文化出版公司。

43.《佛家名相通譯》。熊十力。1977。洪氏出版社。

44.《佛教思想新論》。楊惠南。1982。東大。

45.《佛教思想發展論》。楊惠南。1993。東大。

46.《佛家哲理通析》。陳沛然。1993。東大。

47.《尚書學史》。劉起釪。1989。〔北京〕中華書局。

48.《兩漢經學史》。章權才。1990。廣東人民出版社。

49.《知識的考掘》。米歇・傅柯〔著〕。王德威〔譯〕。1993。麥田出版社。

50.《孟子字義疏證》。戴東原。1982。〔北京〕中華書局。

51.《保守主義》。傅樂詩等。1985。時報出版公司。

52.《春秋左傳與史稿》。沈玉成、劉寧。1992。江蘇古籍出版社。

53.《建國以來甲骨文研究》。王宇信。1981。中國社會科學出版社。

54.《音韻學辭典》。曹述敬〔主編〕。1991。湖南出版社。

55.《紀念王力先生九十誕辰文集》。《紀念王力先生九十誕辰文集》編委會〔編〕。1991。山東教育出版社。

56.《科學革命的結構》。孔恩〔著〕。王道還〔譯〕。1989。遠流・新橋譯叢。

57.《科學研究綱領方法論》。伊・拉卡托斯〔著〕。蘭征〔譯〕。1986。上海譯文出版社。

58.《神話思維》。恩斯特・卡西爾〔著〕。黃龍保、周振〔譯〕。1992。中國社會科學出版社。

59.《殷墟甲骨文引論》。馬如森。1993。東北師範大學出版社。

60.《訓詁學初稿》。周大璞〔主編〕。1987。武漢大學出版社。

61.《訓詁學》（上、下）。楊端志。1992。山東文藝出版社。

62.《訓詁學教程》。齊沖天。1992。中州古籍出版社。

63.《訓詁學概論》。齊佩瑢。1988。華正書局。

64.《哲學研究》。維特根斯坦〔著〕。湯潮、范光隸〔譯〕。三聯書店。

65.《索緒爾》。喬納森・卡勒〔著〕。張景智〔譯〕。1992。桂冠。

66.《真理與方法》。漢斯——格奧爾格・加達默爾〔著〕。1993。洪漢鼎〔譯〕。

67.《荀子集解》。王先謙。1988。華正書局。

68.《現代西方哲學論著選讀》。陳啟偉〔主編〕。1992。北京大學出版社。

69.《晚清思想》。張灝等。1985。時報出版公司。

70.《晚清政治思想研究》。小野川秀美〔著〕，材明德／黃福慶〔譯〕。1985。時報出版公司。

71.《晚清國粹派》。鄭師渠。1993。北京師範大學出版社。

72.《晚清佛學與近代社會思潮》。麻天祥。1992。文津。

73.《清代思想史》。陸寶千。1978。廣文。

74.《清代哲學》。王茂、蔣國保、休秉頤、陶清。1992。安徽人民出版社。

75.《清代古音學》。王力。1992。〔北京〕中華書局。

76.《梁啟超與中國近化思想》。勒文林〔著〕，劉偉、劉麗、姜鐵軍〔譯〕。1987。四川人民出版社。

77.《國語運動史綱》。《民國叢書》第二編 52。黎錦熙。

78.《國外語言學論文選譯》。岑麟祥〔譯〕。1992。語文出版社。

79.《商周古文字讀本》。劉翔、陳抗、陳初生、董琨〔編著〕。1989。語文出版社。

80.《許慎與說文研究論集》。中國訓詁學會。1991。河南人民出版社。

81.《野性的思維》。李維——史特勞斯〔著〕。李幼蒸〔譯〕。1989。聯經出版社。

82.《規訓與懲罰》。傅科〔著〕。劉北成、楊遠嬰〔譯〕。1992。遠流出版社。

83.《莊子集釋》。郭慶藩〔編〕。1983。木鐸。

84.《理解的命運》。殷鼎。1990。東大圖書公司。

85.《黃侃論學雜著》。黃侃。1964。〔北京〕中華書局。

86.《普通語言學教程》。費爾迪南・德・索緒爾。1985。弘文館出版社。

87.《結構主義時代》。伊・庫茲韋爾〔著〕。尹大貽〔譯〕。1988。上海譯文出版社。

88.《尋找家園——多維視野中的維特根斯坦語言哲學》。尚志英。1992。人民出版社。

89.《間若璩與古文尚書辨偽》。劉人鵬。1992。台大中研所博士論文。

90.《群經概論》《民國叢書》第二編 3。范文瀾。1937。上海書局。

91.《群經概論》《民國叢書》第二編 3。周予同。上海書局。

92.《經今古文學》《民國叢書》第二編 3。周予同。1937。上海書局。

93.《經學歷史》。皮錫瑞。1959。〔北京〕中華書局。

94.《經義述聞》。王引之。1978。商務印書館人人文庫本。

95.《揅經室文集》。阮元。1963。世界書局。

96.《詩補傳與戴震解經方法》。岑溢成。1992。文津出版社。

97.《漢學師承記》。江藩。1962。世界書局。

98.《漢代《春秋》學研究》。馬勇。1990。四川人民出版社。

99.《漢語音韻學》。董同龢。文史哲出版社。

100.《漢字學》。王鳳陽。1989。吉林文史出版社。

101.《漢字學通論》。黃建中、胡培俊。1990。華中師範出版社。

102.《漢字的文化史》。藤枝晃〔著〕。翟德芳、孫曉林〔譯〕。1991。知識出版社。

103.《漢字說略》。詹鄞鑫。1991。遼寧教育出版社。

104.《漢語語源學》。任繼昉。1992。重慶出版社。

105.《漢語詞義學》。蘇新春。1992。廣東教育出版社。

106.《廖平與近代經學》。李耀仙。1987。四川人民出版社。

107.《說文解字注》。段玉裁。1966。藝文印書館。

108.《說文釋例》。王筠。1984。世界書局。

109.《說文解字敘講疏》。向夏〔編寫〕。1986。〔香港〕中華書局。

110. 《夢的解析》。佛洛伊德〔著〕。賴其萬、符傳孝〔譯〕。1986。志文出版社。

111. 《語言和情景》。邁克爾・葛里高利・蘇珊・卡洛爾〔著〕。徐家禎〔譯〕。1988。語文出版社。

112. 《語言與神話》。恩斯特・卡西爾〔著〕。于曉等〔譯〕。1988。三聯書店。

113. 《語言學的轉向》。洪漢鼎。1992。遠流出版公司。

114. 《論戴震與章學誠》。余英時。1977。華世出版社。

115. 《論道德的譜系》。尼采〔著〕。周紅〔譯〕。1992。三聯書店。

116. 《廣雅疏證》。王念孫。1984。江蘇古籍出版社。

117. 〈廢墟的寓言──瓦爾特・本亞明的美學思想〉。楊小濱。《外國文學評論》。1989。第 2 期。

118. 《歷代漢語言韻學文選》。汪壽明〔選注〕。1986。上海古籍出版社。

119. 《戰國文字通論》。何琳儀。1989。〔北京〕中華書局。

120. 《雕菰樓集》。焦循。文選樓叢書。商務人人文庫。

121. 《聲韻學中的觀念和方法》。何大安。1989。大安出版社。

122. 《鮚埼亭集》。全祖望。商務印書館。四部叢刊初編縮本。

123. 《戴震文集》。戴東原。1980。〔北京〕中華書局。

124. 《繙經室學術文集》。楊向奎。1989。齊魯書社。

125. 《顧亭林詩文集》。顧炎武。1984。漢京出版社。

126. 《龔定菴全集類編》。龔定庵。1991。中華書局。

127. 《瘋狂與文明》。米歇爾・福柯〔著〕。孫淑強、余築云〔譯〕。1991。浙江人民出版社。

128. Benjamin A. Elman, From Philosophy to Philology, Harvard University Press, 1984.

129. Benjamin A. Elman, Classicism, Politics, and Kinship, University of California Press, 1990.

130. Jacques Darrida, Of Grammatology. The Johns Hopkins University Press. [1967] 1976.

131. Michel Foucault, The order of Things: Archaeology of the Human Sciences. New York: Vintage, [1966] 1973.

132. Raymond Williams, Marxism And Literature, Oxford University Press, （1977）1992.